浙江省普通高校“十三五”新形态教材
高职高专公共基础课系列教材

沟通与礼仪

朱向军　主编

熊淑瑛　余　斌　毛丽君　黄延锋　副主编
曹叶嘉　李首鹏　汪　珍　张银枝　申屠佩珍　参编

電子工業出版社
Publishing House of Electronics Industry
北京 · BEIJING

内 容 简 介

本书是将沟通的理论知识和实践相结合，同时结合丰富的资源，建设成为立体化的教材，被评为浙江省普通高校“十三五”新形态教材。本书分为沟通篇和礼仪篇上下两篇。沟通篇主要包括沟通概述、语言沟通、非语言沟通、情感沟通和职场沟通五个章节；礼仪篇主要包括礼仪概述、生活礼仪、职场礼仪、媒介礼仪及涉外礼仪五个章节。本书注重务实和创新。从心理学、美学、语言学、民俗学、伦理学、公共关系学和社会学等多学科、多角度总结了人际交往中所反映的沟通理念和各种礼仪规范。在每一章前设有“学习目标”“技能目标”“名人名言”。在知识讲解过程中引用大量案例，帮助学生理解掌握各个知识点，本书还设有“课堂互动”“实践训练”板块，以此提高学生“学以致用、解决实际问题”的能力。

图书在版编目（CIP）数据

沟通与礼仪 / 朱向军主编. —北京：电子工业出版社，2021.8

ISBN 978-7-121-37863-8

Ⅰ. ①沟… Ⅱ. ①朱… Ⅲ. ①心理交往—礼仪—高等职业教育—教材 Ⅳ. ①C912.1

中国版本图书馆 CIP 数据核字（2019）第 253885 号

责任编辑：贺志洪
印　　刷：三河市鑫金马印装有限公司
装　　订：三河市鑫金马印装有限公司
出版发行：电子工业出版社
　　　　　北京市海淀区万寿路 173 信箱　邮编 100036
开　　本：787×1092　1/16　印张：22.25　字数：569.6 千字
版　　次：2021 年 8 月第 1 版
印　　次：2022 年 7 月第 3 次印刷
定　　价：59.00 元

凡所购买电子工业出版社图书有缺损问题，请向购买书店调换。若书店售缺，请与本社发行部联系，联系及邮购电话：（010）88254888，88258888。

质量投诉请发邮件至 zlts@phei.com.cn，盗版侵权举报请发邮件至 dbqq@phei.com.cn。

本书咨询联系方式：（010）88254609，hzh@phei.com.cn。

前　言

当今世界，随着知识经济和信息社会的加速来临，信息的高效沟通、情感的有效交流、善于与人合作在人们的生活和工作中显得越来越重要。相应地，一个人的沟通能力和礼仪素养等职业通用素质越来越受到用人单位的格外关注。

然而，礼仪表现于与人沟通之中，离开沟通单纯地谈礼仪是没有意义的；同时，与人沟通中必须要讲究礼仪，不注意礼仪就很难形成有效沟通。从这点认识出发，我们认为：沟通与礼仪的关系密不可分，礼仪表现的出发点和目的都是为了有效沟通。因此，把礼仪与沟通整合到一起编写教材是有必要的，而且是可行的。另外，我们认为：有效沟通能力的形成和礼仪素质的养成都必须靠大量的实务训练，仅仅掌握一定的沟通和礼仪知识是远远不够的，只有人们在内心里树立起“尊重他人、以对象为本”的核心理念，同时经过大量的实务积累固化为一种外在的行为习惯才能真正说是掌握了沟通技能，形成了礼仪素养。

本书分为沟通篇和礼仪篇两个模块。沟通篇主要包括沟通概述、语言沟通、非语言沟通、情感沟通和职场沟通五个章节；礼仪篇主要包括礼仪概述、生活礼仪、职场礼仪、媒介礼仪及涉外礼仪五个章节。本书具有如下特点。

（1）体现时代性、实用性、新颖性，注重务实和创新。从心理学、美学、语言学、民俗学、伦理学、公共关系学和社会学等多学科、多角度总结了人际交往中所反映的沟通理念和各种礼仪规范。

（2）在每一章前设有“学习目标”“技能目标”“名人名言”。在知识讲解过程中引用大量案例，帮助学生理解和掌握各个知识点，本书还在章节末设有“课堂互动”“实践活动”板块，以此提高学生“学以致用、解决实际问题”的能力。

由于编者水平有限，书中难免有不妥之处，敬请广大读者批评指正。

编者

2021.6

目 录

上篇 沟通篇

下篇　礼仪篇

上篇　沟通篇

第一章　沟通概述

【学习目标】

- 明确沟通的含义
- 认识沟通的重要性
- 掌握沟通原理
- 清楚常见的沟通障碍及消除的方法

【技能目标】

- 具备沟通的基本知识
- 根据沟通的原理培养沟通能力，提升沟通水平
- 运用沟通理论分析现实案例

【名人名言】

柯利斯·阿格利斯（哈佛大学教授）：擅长沟通的管理者，也可能擅长于掩饰真正的问题。

戴尔·卡耐基：现实生活中有些人之所以会出现交际的障碍，就是因为他们不懂得忘记一个重要的原则：让他人感到自己重要。

亚里士多德：一个人不和别人打交道，不是一个神就是一个兽。

鬼谷子《权篇》：与智者言，依于博；与博者言，依于辨；与辨者言；依于要；与贵者言，依于势；与富者言，依于豪；与贫者言，依于利；与贱者言，依于谦；与勇者言，仍于敢；一愚者言，依于锐。

第一节 沟通的含义与作用

课堂阅读

教授的裤子

一位教授正在精心准备一个重要会议上的演讲，会议规格之高、规模之大都是他平生第一次遇到的。全家人都为教授的这次露脸而激动。为此，妻子专门为他选购了一套西装。晚饭时，妻子问他："西装合身吗？"教授说："上身还好，裤腿长了那么两厘米，倒是能穿。"

晚上，教授早早就睡了。他妈妈却睡不着了，她琢磨着儿子要进行这么重要的演讲，西裤长了怎么能行，就翻身下床，把西装的裤腿剪掉两厘米，缝好烫平，然后安心地入睡了。

第二天早上五点半，妻子睡醒了，想起丈夫西裤的事，心想时间还来得及，便拿来西裤又剪掉两厘米，缝好烫平，惬意地去做早餐了。

过了一会儿，女儿也起床了，看见早餐还没有做好，就想起爸爸西裤的事情，寻思自己也能为爸爸做点事情了，便拿来西裤，再剪两厘米，结果……

【思考】没有沟通，往往事倍功半，甚至阴差阳错。故事中的主人公们因为沟通不到位，付出了3倍的劳动，得到的结果却是废了一条裤子。究其原因，首先教授没有明确的目标和分工——裤子要不要剪短，由谁来剪；其次老妈、老婆、女儿在行动之前没有征询家庭其他成员的意见，所以造成吃力不讨好的结局。

一、沟通的含义

有生命的存在就有沟通的存在，任何一个人在达成他人生的各种愿望过程中，都难免会遇到需要与他人合作的机会，而别人对你的协助意愿和配合程度，往往决定了你是否顺利及是否能加速达成目标。你在一生中都面临着与他人沟通，人生发展的过程实际上就是沟通的过程，生命的品质就是沟通的品质。

其实我们每个人在生活中处处需要沟通，时时需要沟通，沟通可以说无处不在，无时不在。在工作中，我们需要和领导沟通，和同事沟通，和客户沟通，工作的配合及合作才能得以顺利进行。也许我们很多人因为设防、固执、懒惰、高傲、自闭而不愿意和别人沟通，使得协作没有效率，相处不够融洽，从而缺少了本来应该有的和谐氛围。在家里，我们要和爱人沟通、孩子沟通、父母沟通，才能更好地和家人相处，使婚姻更美满，家庭更幸福。不论我们走到哪里，只要有人的地方，就有沟通的存在，良好的沟通是我们与别人打交道的保障。很多人因为把握不准社会上的好人和坏人，所以害怕和别人沟通，但是现实告诉我们，只有沟通才会有良好的人际关系，所以，对于我们每个人，都要学会放下自己那独傲的自尊和怯懦的心理，主动并勇于沟通，大胆说出自己的心里话，微笑面对每一个人，用有声和无声的语言与这个世界沟通，让自己的人生更加完美。

（一）沟通的定义

到底什么是沟通呢？沟通是个外来语，译自英文的“Communication”。Communication 也有人译作“传播”，但就人际互动的角度来说，将 Communication 译为“沟通”更能显示出交流、互动、双向历程的含义。沟通，中文原意是指开沟使两水相通。如《左转·哀公九年》记载：“秋，吴城邗，沟通江淮。”沟通一词后来用于比喻两种思想的交流和分享等。信息社会又泛指信息沟通。对于沟通的定义，美国威斯康星大学教授 F·丹斯统计过有多达 126 种，这里概括为以下几种类型。①

（1）共享说：沟通是传者与受者对信息的分享。美国学者施拉姆认为：“我们在沟通的时候，是努力想同谁确立‘共同’的东西，即我们努力想‘共享’信息、思想或态度。”

（2）交流说：沟通是有来有往的双向交流活动。美国学者霍本认为：“沟通即用言语交流思想。”

（3）影响说：沟通是传者欲对受者施加影响和劝服的行为。美国学者露西和彼得森认为：“沟通这一概念，包含人与人之间相互影响的全部过程。”

（4）符号说：沟通是符号和信息的流动。美国学者贝雷尔森认为：“所谓沟

---

① 贾启艾. 人际沟通［M］. 南京：东南大学出版社，2000.7：2

通，即通过大众传播和人际沟通的主要媒介所进行的符号传送。”

基于此，本书把沟通定义为：沟通是指在社会交往中，人们借助符号系统（语言、文字、图像、记号）、形体手势及物质环境传递和理解信息与情感的社会行为。

（二）沟通的特征

案例

有一次，法国大作家大仲马去德国一家餐厅吃饭，他想尝尝有名的德国蘑菇，可是服务员听不懂法语，而他又不会讲德语，大仲马灵机一动，拿来一张纸条在上面画了一个蘑菇图，然后交给了服务员。服务员一看，恍然大悟，马上飞奔出去，大仲马拈须微笑，心想，总算让服务员明白了自己的意思，谁知，一刻钟后，服务员气喘吁吁地跑回来，递给他一把雨伞。

从上面的案例，我们不难看出，沟通具有如下四个方面的特征。

1. 沟通双方互为主客体

人与人之间的信息沟通不是某一发送系统发送的单向信息传递，而是沟通双方两个系统之间的双向信息交流。这里需要指出的主体就是沟通活动的发动者，客体是沟通活动的受体，也就是主体的沟通对象。例如，甲方发信给乙方时，甲方为主体乙方为客体，乙方发信给甲方时，乙方为主体甲方为客体。这一沟通中甲乙双方互为主客体。在上例中，大仲马和服务员在沟通的过程中，他们的地位随着他们谈话的进行而随时发生改变，他们的主客体地位在不断地变换。

2. 沟通双方在沟通过程中必须使用统一的符号系统

人际沟通常常借助共享的符号，如语言文字等。因此，双方必须使用能够共享的符号或对使用的符号所代表的意义有相同的理解。否则，沟通就难以进行，信息也就无法交流。例如，两个分别只懂英语或汉语的人不借助翻译就无法进行语言沟通。

在上例中，大仲马和服务员正是由于彼此的语言不通，无法使用统一的符号体系进行沟通，所以才带来了沟通障碍，不能达到有效沟通的目的。

3. 沟通双方必须对沟通的情境有相同的理解

案例

下岗女工兰妹通过一家中介公司找到一份在外国专家家里做保姆的工作。兰妹热情能干，第一天就给主人留下了不错的印象。她的主要工作就是打扫房间，包括布朗夫人的卧室。细心的布朗夫人特意给兰妹制定了一份时间表，上面规定了每天打扫房间的时间，让兰妹按照上面的计划严格执行。开始几天，兰妹都干得相当好，布朗夫人很满意。直到有一天，兰妹照例去打扫房间，却发现布朗夫人并没有像往常一样不在家，仍在休息。兰妹心想，我还是得按计划办事，而且我打扫并不会影响她休息。热情的兰妹开始认真地干起活来。这时，布朗夫人突然醒了，发现兰妹在她房间，很惊讶，马上用不是很流利的普通话叫起来："你来干什么？请出去！"兰妹还是一片好心，"您接着休息吧，我一会儿就打扫完了。"布朗夫人提高了嗓门，一字一顿地说："请-你-出-去！"并且用手指着门。兰妹不明白自己哪里惹了布朗夫人，怎么这种态度。她心想，不是你叫我按时打扫的吗？兰妹满肚子委屈地走了。

情境是指事先存在并将延续下去的所有人和自然的因素。沟通总是在某种特定的环境条件下进行的。不同国家不同种族受当地历史、文化等因素的影响和经济发展水平的限制，有着地区独特的社交礼仪和沟通方式。每个人在家庭、学校、社会及不同的场合会使自己的行为自觉、不自觉地调整和适应这些场合。在沟通中，双方对交往的情境必须有相同的理解，否则就无法沟通。

上例中，兰妹的行为在我们中国人眼里看来是待人诚恳热情、做事认真负责的表现。但在外国人的观念中，兰妹的行动侵占了他们的私人空间，妨碍了他们的私生活，是绝对无法理解的。兰妹坚持原则认真工作固然是值得赞扬的，但她心存中国的传统观念，认为熟人在一起距离越近越亲近，因此，在误闯了布朗夫人的私人空间后，仍以过度的热情坚持己见，自然会引起对方的不快。所以说在沟通过程中沟通双方对沟通情境的理解存在差异的话，容易产生误会和分歧。沟通自然就无法有效进行。

4. 沟通双方相互影响

古人云"近朱者赤，近墨者黑"，和什么样的人生活在一起，我们的思想、价值观、人生观都会受到相互的影响。例如，我们大家都听过的"狼孩"故事。

狼孩在诞生后即与狼群为伴，跟随着狼群长大，于是，狼孩不仅学会四脚走路，而且也学会了以“狼嚎”来表达情感与需求，对于“人话”却一无所知。另一个相近的例子就是家喻户晓的《人猿泰山》电影。电影里的泰山自幼与猩猩为伴，在猩妈妈的哺乳下长大，泰山因此学会了猩猩双手捶胸，发出怒吼来表达愤怒，也能够以“猩语”和猩猩们沟通，对于人类的语言却一窍不通。狼孩和泰山的例子正可以说明沟通双方是互相影响的。互动的对象是野狼，长此以往，可能就学会了狼嚎；沟通的对象是猩猩，就学会了猩猩的语言；互动的对象是人，当然就有了人类的生活方式。

（三）沟通的具体内涵

根据沟通的概念和性质，沟通的具体内容可以做以下几个方面的概括。

1. 沟通不只是说给别人听

有人认为，沟通是“我说给你听”。我是说话者，你是听话人，我发出信息并传递给你，你收到信息后，把它“译解”，然后采取令我满意的行动。

但是我说给你听，你未必都愿意听；就算听了，也不见得真正听懂了我的意思；即使听懂了我的意思，你也不一定就会按我的意图去行动。

因此，沟通并不是片面的“我说给你听”。

2. 沟通不是只听别人说

“世事洞明皆学问”，无论何时何地，对任何人都有学不完的东西，多听别人的话，可以学到许多书本上没有的东西，对自己有很大的帮助。

然而，仅仅你说我听也不能算是有效的沟通。因为仅仅你说我听，我以为听懂了，其实没有听懂，就照着去做，结果却证明“原来我听错了”，等于没有沟通，甚至带来了危害。

3. 沟通是通彼此之“理”

沟通是人与人之间传达思想、观念或交换情报、信息的过程。“你说给我听”加上“我说给你听”，以求得相互了解并且彼此达成某种程度的理解。

沟通他人，“理”是基础，但“通”理首先要寻求共鸣，常言道，“酒逢知己千杯少，话不投机半句多”。寻求共鸣便可以使你成为对方的知己，避免话不投机。所谓“共鸣”，是沟通双方思想情感上达到一致的体验，产生共鸣意味着沟通双方的情绪已经融洽，从而为通“理”铺平了道路，使双方从心理上愿意接受对方的观点和主张。

案例

一位行销电器的行销员，来到一所看来富有而整洁的农舍前叫门。敲门声后，对方只将门打开一条小缝，户主太太从门内伸出头来。当她看见来的是一位行销员时，猛然把门关上了。行销员再次敲门，敲了很久，她才又将门打开，但仅仅是勉强开了条小缝，而且还没有等对方说话，她就不客气地开始破口大骂。

虽然一开始十分不顺利，但行销员却不罢休，决心换个法子，碰碰运气。他改变口气说："太太，很对不起，我拜访你并不是来推销产品的，只是想向你买一点鸡蛋。"

听到这里，太太的态度稍微温和了一些，门也开大了一点，行销员接着说："您家的鸡长得真好，看它们的羽毛长得多漂亮。这些鸡大概是多明尼克种鸡吧？能不能卖给我一些鸡蛋？"

这时，门开得更大了。太太问行销员："你怎么知道这是多明尼克种鸡？"

行销员知道自己的话已经打动了太太，便接着说："我家也有一些鸡，可是像您这么好的鸡，我还未见过呢！而且我饲养的来亨鸡，只会生白蛋。夫人，你知道吧，做蛋糕时，用黄色的蛋比白色的蛋好。我太太今天要做蛋糕，所以我便跑到您这里来了。"

老太太一听这话，顿时高兴起来，到屋里去给他取鸡蛋。

行销员利用这短暂的时间，顺便看了一下四周的环境，发现她家拥有整套的务农设备，于是对老太太继续说道："夫人，我可以这样说，您的鸡赚的钱一定比您先生的奶牛赚的钱多。"

这句话说得太太心花怒放，因为长期以来，她丈夫虽然不承认这件事，而她总是想把得意之处告诉别人。

于是她便把这位行销员当作知己，带他参观鸡舍。参观时，行销员不时感叹，他们还交流着有关鸡方面的常识和经验。

这样，两人越来越亲近，可以畅所欲言。最后，太太谈到孵化小鸡的一些麻烦和保存鸡蛋的一些困难，行销员不失时机地向老太太成功推销了一台孵化器和一只大冰柜。

二、沟通的作用

（一）沟通的重要性

1. 沟通是个人身心健康的保证

正常的人际沟通是人的心理健康的一个重要保障，这可以从人际沟通的功能中看得出来。

（1）人际沟通具有协调功能。人际沟通可以使沟通者的心理得到满足；人际沟通可以调节自己的行为，从而消除人际交往的障碍，如隔阂、误会、矛盾等，增进情感，促进团结，使人与人之间的关系更加和谐。

（2）人际沟通具有保健功能。人是社会性的生物，人际沟通是其特有的需求，如果人的这种需求得不到满足，就会影响人的身心健康。保持人与人之间的、充分的思想情感的交流，保持实现沟通行为所必需的条件，是保证个人心理健康成长所必需的，这就是沟通的保健功能。实践证明，能够保持正常人际沟通的人更容易获得幸福感，更容易长寿，这正是沟通的保健功能的有力证明。

（3）人际沟通是形成和发展社会心理的必要条件。人的社会心理正是在与他人进行人际沟通的过程中，逐渐形成和发展起来的。心理学研究表明，社会心理现象主要包括个体在社会、群体和他人的影响下心理发展变化的规律，个人对群体、群体对个人的相互影响和心理效应，以及群体间的相互影响和作用，而这些心理现象和规律，又都是以人际沟通的信息交流为前提的。不难看出，没有沟通，就没有人际的信息交流，也就没有社会心理的产生。

2. 沟通是社会交往的需要

我们每个人都是生活在一定的社会群体之间的，人际关系是个人和社会交往的一个纽带。人际关系并不是凭空建立起来的，沟通在其中起了非常重要的作用。在现代社会，不善于沟通的人不仅会失去很多机会，而且也将导致自己无法与别人协作。我们每一个人都不是生活在孤岛上的，只有与他人保持良好的协作，才能获取自己所需要的资源，才能获得人生的成功。

3. 沟通是提高工作效率的关键

实践证明，各行各业的工作人员不仅需要专业知识和技能，而且越来越需要加强与他人沟通的能力。据统计，企业中75%的工作停顿、发生问题是因为沟通出现问题所产生的。管理上有个非常著名的双 50%理论：经理人 50%以上的时间用在了沟通上，如开会、谈判、指示、评估等；但同时，工作中的 50%以上的障碍也是在沟通中产生的。因此，在一个组织中，上下级之间的沟通，同事之间的沟通，部门与部门之间的顺畅沟通，是提高工作效率的一个有效途径。及时的沟通，能使下级很快知道上级交办工作的意图，使上级随时掌握下级工作中遇到的困难，能及时得到其他部门的大力支持，这对于干好一件工作能起到事半功倍的效果。

（二）沟通的作用

英国文豪萧伯纳说过：“假如你有一个苹果，我也有一个苹果，而我们彼此交换这些苹果，那么，你我仍然各有一个苹果；假如你有一种思想，我也有一种思想，而我们彼此交换这些思想，那么，我们每个人都将各有两种思想。”这段话生动地说明了沟通的作用。

（1）沟通是人际关系的构成条件和促成“人和”的措施。人们通过沟通与周围的社会环境相联系，而社会是由人们的相互沟通关系所组成的网络。沟通就像血液流经人的心血管系统一样流入社会系统，为社会这个有机整体服务。所以，沟通是一种在社会网络中自然而成的、必然的、无所不在的活动。

（2）沟通贯穿于我们生活的所有领域。人的绝大多数活动都是通过沟通进行的。我们把它用于劝说、协调关系，以及分享快乐、共同谋求发展和披露信息。良好的沟通是我们的工作和相互关系取得成功的关键。

（3）沟通是人们获取知识和信息的重要途径。据专家分析，在人们所掌握的知识中，20%来源于直接学习，80%来源于社会学习。社会知识可以从与朋友、同行、老师的聊天、讨论和聚会中获得，也可以通过演讲、上课等形式获得，而这些都是沟通的重要形式。人们通过沟通可以开阔视野、互通信息、获取知识与技能。

（4）沟通是衡量个人情商的一个重要尺度。它是衔接智商与情商的重要手段，是人们以智商为基础迈向成功的桥梁。

总之，沟通是人们分享信息、思想和情感的过程。当今世界，良好的沟通能力对于人们个体的发展乃至整个经济和社会的发展来说，关系重大。在个体发展中，良好有效的沟通对于个体素质的全面提高，很好地发展人际关系，发挥自身的内在潜力和事业的成果影响甚大。据权威的《工商管理硕士就业指南》（1995 年英文版）所载，美国普林斯顿大学曾对一万份人事档案进行分析，“专业技术”和“经验”只占成功的 25%，其余 75%取决于良好的人际关系；哈佛大学就业指导小组 1995 年的调查显示，在 500 名被解职的男女中，因人际沟通不良而导致工作不称职者占 82%①。可见，良好的沟通能力在人们的一生中具有多么重要的意义。日本著名的松下电器公司的创始人松下幸之助有句名言：“伟大的事业需要一颗真诚的心与人沟通。”松下幸之助就是凭借其良好的人际沟通艺术，赢得了他人的信赖、尊重和敬仰，使松下电器成为全球电器行业的巨星②。

课堂互动

沟通破冰游戏

在职场中，如何迅速、准确地找到彼此感兴趣的切入点，是良好沟通的关键。本次活动的目的是让陌生的学员相互熟络起来，锻炼大家在第一次见面时快速沟通的能力。

1. 规则和程序

（1）小组学员 5 人，围成一圈。

（2）第一个学员说：“我叫××，我喜欢跳舞。”

（3）第二个学员必须说：“我是站在喜欢跳舞的××旁边的喜欢打篮球的××。”

（4）第三个学员就必须说出前面两个人的名字和喜好，依次下去。

（5）最后介绍的一名学员就要将前面所有学员的名字、喜好复述一遍。

这样轮流一圈后，学员之间名字和喜好就被记住了，大家也就更熟悉了。

2. 相关讨论

（1）通过这个活动你是否觉得与他人的沟通更简单、快捷一些了呢？

（2）有了对他人名字和喜好的了解，能成为你们沟通的切入点。你还能找到别的切入点吗？

（3）假如你是最后的那一名学员，要记住前面所有人的名字与喜好，你有什么方法和窍门，可以与大家一起分享。

---

① 李谦. 现代沟通学［M］.北京：经济科学出版社，2002.

② 贾启艾. 人际沟通［M］.南京：东南大学出版社，2000.

3. 结果分析

这个游戏的目的在于活跃气氛，打破僵局，加深学员之间的了解。每个人的喜好是不一样的，对方的爱好将成为彼此沟通的一个很好的切入点。

第二节　沟通的原理

案例导入

你为什么不懂我

某商务酒店客人周先生到前台退房结账，此时外面正下着雨，客人提出让前台服务员帮他撑一下伞的请求，因为他要去马路对面坐出租车。当天前台值班的是两位女员工（前厅副经理和一名同事），听到客人提出的请求时，前厅副经理考虑到她们俩的个子都比较矮，不到 160 厘米，而客人个子相对较高，超过 180 厘米，给客人撑伞不太方便，于是转念一想店里的销售员同事身高 178 厘米，给客人撑伞比较合适。于是，前厅副经理就对客人说了一句："请您稍等一下"，然后就开始打电话给销售员同事。但电话刚刚打通，客人就走了。前厅副经理想叫住客人，但是客人没有回应就已走远了。最后，这名客人在宾馆满意度调查评分中给了 0 分评价。

【思考】从这个案例中不难看出，前厅副经理听说客人有打伞的需求后，考虑到自己与客人身高的差距，决定让个子高的销售员同事为客人打伞。其实她在心中为客人考虑了很多，但却只说了句"请您稍等一下"。这使得整个沟通的过程信息不对称，沟通堵塞，最终导致客人觉得自己受到了怠慢，所以在宾馆满意度调查评分中给了 0 分。

通常人们是怎么来理解沟通的呢？有人以为沟通很容易，不就是说几句话，做几个动作和表情吗？自己原本能言善道，还需要学习吗？纯粹是浪费时间。有人以为沟通很难，因为自身性格内向，常常感到社会上的人都戴着面具，很虚伪，使自身感到威胁，只有自己独处时才感到放松、真实，与人交流是一种负担。对有些人来说，沟通简直就是从小到大都不能解决的头疼问题，面对沟通不利所导致的错失良机或者遭遇伤害，虽然无数次地懊悔、哭泣，却始终难以有根本的改善，于是便归咎于自己的性格，以为这是天生的，后天没有办法改变。有人以为沟通很费时，很麻烦，现代人个个忙得四脚朝天，哪有时间去和人闲谈？

沟通讲究策略。根据沟通对象、沟通内容、沟通情境的不同应该选择合适的沟通策略。很多人对沟通认知都有偏差，沟通并不难，但也绝对不是说几句话，做几个动作和表情这么简单，有效的沟通还必须要求沟通双方明了沟通的基本原理，归结起来就是沟通内容的 6 个方面，称为“6W”。

一、Why—为什么

为什么要沟通？即沟通的目的是什么？沟通目的是整个沟通过程中所要解决的最终问题，整个沟通的行为都必须是围绕这个目的进行的。

在沟通过程中，我们要注意区分主动沟通方、被动沟通方和对等沟通方。主动沟通方是指在沟通过程中事先经过计划、具有明确沟通目的的一方。被动沟通方是指事先没有计划，也没有明确的沟通目的，只是被动卷入沟通过程的一方。一般来说，主动沟通方在沟通中处于有利的地位，但有时也会遭到被动沟通方的拒绝。对于主动沟通方而言，只要他能够避免被另一方完全终止沟通，就可以通过不断调整具体的沟通目标和范围获得利益。对等沟通则是指在沟通之前各方都具有一定计划和目的的沟通过程。谈判就是一种典型的对等沟通。在对等沟通中双方都具有一定的目标，就会产生双方目标冲突和协调的问题。

二、Who—谁

案例

前些日子出差，客户的公司门口有一家宠物店，看到宠物店中有一只小狗，经过一番讨价还价，把小狗买了下来带回家去。晚上给二姐打电话，告诉她我买了一条白色的博美，她非常高兴，马上询问狗是什么颜色的，多大了，可爱吗。晚上，大姐打电话来询问我最近的情况，小狗在我接电话的时候叫起来，大姐在电话里一听到有狗在叫，就问狗是否很脏，咬人吗，有没有打预防针……

同样是对于一只狗的理解，然而不同的人反应却差别很大。二姐从小就喜欢狗，所以一听到狗，在她的脑海中肯定会描绘出一副可爱的小狗的印象。而大姐的反应却是关心狗是否会给我们带来什么麻烦，在脑海中也会浮现出一副“肮脏凶恶的狗”的印象。

看来，同样的一件事物，不同的人对它的概念与理解的区别是非常大的，在我们日常的谈话与沟通当中也是同样的。当你说出一句话来，你自己认为可能已经表达清楚了你的意思，但是不同的听众会有不同的反应，对其的理解可能是千差万别的，甚至可以理解为相反的意思。这将大大影响我们沟通的效率与效果。在我们进行沟通的时候，需要体会对方的感受，做到用“心”去沟通。

“谁”是指沟通的对象。使用同样的沟通信息、方法和过程对不同沟通对象产生的沟通效果是不一样的。在沟通过程中，很多人把注意力仅仅集中在自身的沟通目标和沟通信息的清晰、简明、准确和完整上，而往往忽略了沟通的另一方的感受。事实上，评价沟通效果的最终标准是接收信息方的理解和接受程度，而不是信息传递者表达的清晰程度，有时一个十分准确的表达方式所带来的结果只能是信息接收者的一片茫然，甚至误解。

在沟通之前，有必要搞清楚以下几个问题：

（1）沟通的对象是谁。

（2）沟通对象属于哪一类人群。

（3）他们的性别、年龄、民族、受教育程度、身份、经历等。

（4）沟通对象对沟通信息了解多少。

（5）沟通对象对沟通本身和沟通信息的内容持什么态度。

三、Where—何处（沟通环境）

沟通环境是指沟通时周围的环境和条件，既包括与个体间接联系的社会整体环境（政治制度、经济制度、政治观点、道德风尚、群体结构），又包括与个体直接联系的区域环境（学习、工作、单位或家庭等），对个体直接施加影响的社会环境及小型的人际群落。这些环境都从一定程度上对沟通过程和效果产生一定的影响。沟通过程中要根据沟通对象、主题、目的，恰当选择环境、创造合适的沟通氛围。

沟通的环境通常被称为场合。场合在沟通中的重要性主要在于场合决定人们对信息的解读方式。人们通常会根据经验形成一些思维定势或习惯，这些思维定势和习惯是人们快速解读信息的线索。大多数人都知道，同样的信息或词汇在不同的场合的含义是不同的，因此，场合决定着人们如何理解信息的含义。在沟通过程中，必须注意沟通的场合，错误的场合比起含糊不清、不合时宜的表达来，其后果更加严重。

四、When—何时

时间对沟通效果有多方面的复杂的影响。

（1）不同的人作息规律存在很大的差异。在同一时间不同沟通对象在情绪、体力、注意力等方面差异很大，如果时间选择不当就会影响沟通效果。

（2）不同的人具有不同的时间观。在很多沟通场合，当事双方并不一定能够准时在同一时间到达约定地点，有时还会出现迟到情况。在通常的情况下，迟到会给另一方造成不尊重、不重视自己的感觉，影响沟通的顺利进行。但是，迟到可能是由多种原因造成的，如遗忘、临时变故、交通阻塞、时间安排不当等。即使是迟到相同的时间，不同的人由于不同的时间观，对此问题的理解和看法也会不同。

（3）时间的长度对沟通效率也有很大的影响。一般来说，交谈、谈判的时间越长，人们的注意力越差，头脑反应越慢。有些时候，也有人利用拖延时间的战术来麻痹对方，在谈判中达到自己的目标。

（4）不同的时间段会影响人们对信息的理解。例如，同事之间在工作时间所讲的内容往往被理解成正式沟通，在休息时间或下班后所讲的话往往被理解成非正式的私人沟通，不需要承担责任。

五、What—何事

“何事”是指沟通的主题。主题是指沟通活动紧密围绕的核心问题或话题。在沟通活动中，主题的作用主要体现在它是串起所有相关信息的线索。在沟通过程中，主题作为基本的背景和对象，是帮助沟通者理解和记忆沟通内容并做出反馈的主要依据。在时间比较长的沟通中，特别是作演讲和报告时，听众很难长时间全神贯注地倾听，会出现走神或中途退场的现象，这时如果主题很清晰，听众就比较容易把新接收的信息与前面的信息联系起来，否则就不知所云。

另外，有时由于沟通交流过程中的不确定性和随意性，沟通过程随时可能转入细节或一个不是很相关的话题。确定明确的主题并保持主题意识，是实现高效沟通的重要途径。

六、Which channel—途径、方式

通过什么途径或方式来实现沟通的目标，是沟通过程中最困难也是最复杂的部分。为了有效地组织和实施沟通，在选择沟通方式时需要考虑以下几个因素：

◆ 信息的表现形式。如文字、图片、多媒体、身体语言、符号标志和模型等。

◆ 采用的沟通媒介。主要分为口头和书面两大类型。口头形式包括面对面交谈、不见面的语音交谈、远程多媒体视频交谈等；书面形式包括书信、备忘录、通知等。

◆ 信息的组织形式。可以分为归纳法和演绎法。归纳法是从具体的事例出发，经过分析、解释，得出主要观点或一般性结论；演绎法则从一个一般的结论或主要观点出发，对具体的事例进行解释和说明。

◆ 采取的语气和表达风格。

◆ 应当避免的词汇和动作。

◆ 沟通场所的布置和安排。

◆ 沟通时间的选择。

放之四海而皆准的最佳表达方式是不存在的，应该根据不同的情况选择最合适的表达方式，特别是要根据沟通的需要创造出恰当的沟通氛围。

课堂互动

如果你的上司要你汇报前几天的工作情况，你能像下面这样回答吗？

上司：上次交代给你的事情办得怎么样了？

员工：还没办好，我前几天感冒发烧。

上司：什么？你还没去那家公司见刘总？

员工：我没去，但我后来托小李去办了。

上司：有什么结果呢?

员工：他刚好有事外出。

上司：那就是说，他也没去见刘总?

员工：不，后来我强撑病体去见了刘总。

上司：那快说呀，结果如何?

员工：他还是不愿接受我们的交易条件。

上司：啊!!

员工：但是……

上司：滚出去!

要求：请同学根据这个情景，结合自己的想法，进行至少两个版本的表演。并对几种不同的版本所展现出来的效果进行分析评判。

第三节　沟通的障碍

案例导入

故事一：小羊请小狗吃饭，他准备了一桌鲜嫩的青草，结果，小狗勉强吃了两口，就再也吃不下去了。过了几天，小狗请小羊吃饭，小狗想："我不能像小羊那样小气，我一定要用最丰盛的宴席来招待它。"于是小狗准备了一桌上好的排骨，小羊一口也吃不下去。

故事二：狮子和老虎之间爆发了一场激烈的冲突。到最后，两败俱伤。它们快要死时，狮子对老虎说："如果不是你非要抢我的地盘，我们也不会这样死去。"老虎吃惊地说："我从未想过要抢你的地盘啊！我一直以为是你要抢我的地盘呢。"

【思考】这两个故事之所以会出现这样尴尬的情况，是和平时人们习惯性地站在自己的立场去揣摩对方，将自己的判断视为理所当然的思维习惯分不开的。

一、沟通的过程和要素

沟通的过程，实际上是沟通要素不断循环的过程，研究和了解沟通的各种要素，对于提高沟通效果有着重要的意义。

（一）沟通过程图

沟通是由信息的发信者通过选定的信息渠道，把信息传递给接收者的过程。完整的沟通过程如图 1-1 所示。

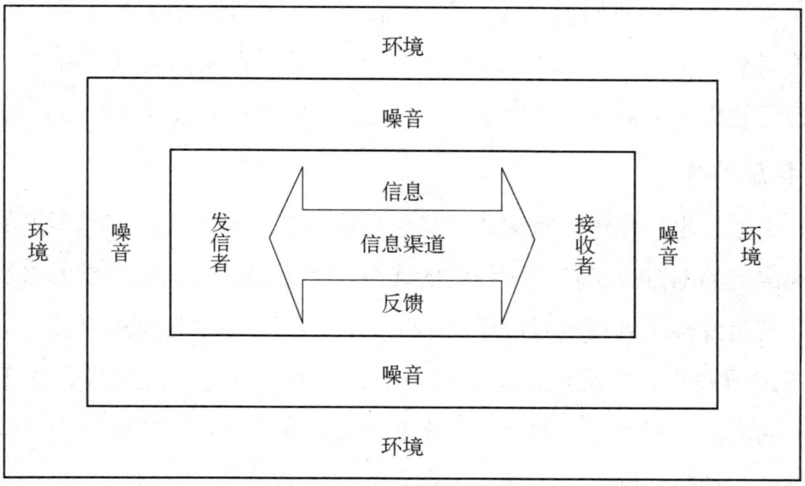

图 1–1　沟通过程图

（二）沟通的要素

1. 发信者

发信者，又称传者，是信息的发送者，是沟通过程的主要要素之一。发信者是利用生理或机械手段向预定对象发送信息的一方。发信者可以是个人，也可以是组织。发信者的主要任务是信息的收集、加工、传递和对反馈的反应。

2. 接收者

接收者是发信者的信息传递对象。因为人们有要分享的信息、思想和感情，所以要进行沟通。然而，这种分享不是一种单向的过程，即一个人表达思想，其他人接收，这个过程可逆向进行。在大多数情景中人们既是发信者又是接收者，在同一时间既发送又接收。在人际沟通中，发信者与接收者可以面对面地进行交流，接收者在交流中，可以及时地把自己的意见和情感反馈给发信者一方。因此，接收者的主要任务是把发信者的思想和情感接收，并及时地把自己的思想和情感反馈给对方。

3. 信息

信息就是发信者所发送的内容，是由发信者与接收者要分享的思想和情感组成的。所有的沟通信息都由语言和非语言两种符号组成，思想和情感只有在表现为符号时才得以沟通。

语言中每一个词都是表示某一种特定事物或思想的语言符号，语言符号也是非常复杂的。例如，我们说“杯子”，我们认同的是使用的某种东西，这样杯子就是一个具体的符号，一个代表物品的符号，然而当我们听到“杯子”这个词时，我们可能会产生各种不同的印象。它可以是陶瓷杯、玻璃杯或者塑料杯等。

4. 信息渠道

信息渠道，也称媒体，指沟通信息所采取的工具和途径。信息渠道的主要任务是保证沟通的双方信息传递所经过的线路畅通。渠道是信息经过的路线，或信息得以从发信者传递到接收者所凭借的手段。信息渠道是信息得以传送的载体，可分为正式或非正式的沟通渠道、向下沟通渠道、向上沟通渠道、水平沟通渠道。常见的沟通如面对面的沟通，声音和视觉是信息渠道；通过大众传媒沟通，电视、报纸、杂志、网络等是信息渠道；非言语的沟通，如有力的握手（接触）是信息渠道等。这些是沟通所要借助的手段，如同往返桥上的交通工具。

5. 反馈

反馈是接收者接收信息通过消化吸收后，传递给发信者的反应。例如，我给你说一个笑话，你付之一笑，“笑”就是反馈。在沟通中反馈是非常重要的一环，因为反馈让沟通参与者知道思想和感情是否按他们计划的方式来分享。面对面的发送与接收在没有干扰的环境中，我们有机会知道他人是否理解并领会信息传达的意思。教师上课时，往往根据学生的面部表情和眼神来判断学生是否理解了。学生的坐立不安和注意力分散可以断定他们对学习内容是否有兴趣等。在沟通中参与的人数越少，反馈的机会越多；参与的人数越多，反馈的机会就越少。

6. 噪音

噪音是沟通过程中的干扰因素，它是阻止理解和准确解释信息的障碍。噪音发生在发信者和接收者之间，它分成三种形式：外部噪音、内部噪音和语义噪音。

外部噪音来自环境，它阻碍倾听和理解信息。你与你同宿舍的人推心置腹地交谈，可能被一群人的叫喊声、飞机声及其他声音所干扰。另外，外部噪音不一定全部来自声音，如你在阳光下站着与人讲话，可能由于阳光对你的照射使你感到不舒服分散了你的注意力；在交谈中看到一些虫子乱爬，使注意力不能很好地集中起来等。内部噪音发生在发信者与接收者的头脑中，会影响正确的沟通。例如，还没有到下课的时间，一个学生就考虑吃午饭的事："今天午饭不知有没有饺子？"而没有好好地听讲。内部噪音有时也来源于信念和偏见。例如，有些人不相信女性能获得比较高的职位，因此，如果自己的上司是女的，对于女领导安排的事，就不愿意痛快地去做。

7. 环境

沟通环境是指沟通时周围的环境和条件，这里主要是指与个体直接联系的区域环境，如环境的舒适度、温度、湿度、照明、噪音等因素，都是影响人际沟通效果的重要因素，所以在沟通过程中，沟通人员座位安排要适当，沟通场所的光度和温度要适宜，无噪音及其他干扰物，沟通场所大小应适宜。

二、沟通障碍的类型及消除障碍的方法

一个消息或意见在传递过程中受到语言或其他因素的干扰，造成歪曲或失真，致使沟通不能收到预期效果，这些影响信息传递或接收的种种因素就是沟通障碍。沟通障碍是普遍存在的，几乎涉及我们每一个人、每一个家庭、每一个群体。据《中国青年报》报道，高等教育出版社社会学习资源分社对我国 28 所高校的 747 名学生进行了问卷调查，结果表明，59%的受调查者表现出不同程度的沟通障碍。现实生活中的一些沟通障碍常常阻碍我们畅快地与人沟通和创造和谐愉悦的工作与生活气氛。我们在成长中、在组建美好家庭和成就事业的过程中，都希望能够逾越各种沟通障碍。分析和研究沟通障碍，对于调节人们的沟通行为，搬掉沟通过程中的"绊脚石"，克服障碍，具有重要意义。

关于沟通障碍的类型，各个学者根据自己不同的研究目的或教学目的，划分出了不同的类型，如有的从"主观"与"客观"两方面来分类；有的从沟通的要

素出发，分为信息发送者的障碍和信息接收者的障碍；有的将各类沟通障碍的产生归纳为“文化因素”“社会因素”“个人个性因素”三大方面等。不管怎么划分沟通障碍的类型，只要找到了沟通障碍的原因，并想办法跨越这些障碍，就会在人际交往中得心应手，游刃有余。

（一）语言障碍

语言是以言语为物质外壳，以词汇为建筑材料，以语法为结构条件而构成的符号体系。语言又与思维方式不可分离，为人类所独有，是一种特殊的社会现象。语言是人类相互沟通的主要方式，人们只有借助语言才能表情达意、交流思想、协调关系。因而，语言是最重要的沟通工具。但语言又是一种极复杂的工具，掌握运用语言的能力绝不是一件轻而易举的事。语言障碍，就是指个人与他人的交往中，语言的使用受到障碍。由于语言方面的原因而引起的沟通麻烦到处可见。如：广东人说“郊区”，北方人常常听成“娇妻”；广东人说“经理”，听起来颇像“情侣”；四川话“鞋子”，北方人常常听成“孩子”等。类似的笑话有很多，甚至因语音误会而引起纠葛。

怎样克服语言障碍呢？

最重要的就是要推广普通话。其次要注意词语本身的运用，要加强语言的逻辑修养。

案例

一次聚会，连主人共4个人，都在等一位同伴，等久了，主人无意说了一句：“怎么搞的，该来的还不来。”其中一位听了，心想：那我就是不该来的了。于是准备走，主人挽留，但终于还是走了。主人又说：“不该走的又走了。”余下两位，其中一位自卑一点，心想：他不该走，那就是我应该走了。于是起身告辞，主人怎么也挽留不了，叹气道：“唉，我说的根本不是他们俩！”最后剩下的一位听了这句话也走了。这是典型的由于逻辑上的误差而导致的语义方面的障碍。

（二）文化习俗障碍

习俗即习惯风俗，是在一定文化历史背景下形成的，具有固定特点的调整人际关系的社会因素，如道德习惯、礼节、审美传统等。习俗世代相传，是经过长期重复出现而约定俗成的习惯，虽然不具有法律一般的强制力，但通过家庭、亲朋、邻里、社会的舆论监督，往往促使人们入乡随俗，即使圣贤也莫能例外。不同国家和民族由于历史文化差异会产生不同的社会规范和习俗。忽视习俗因素往往会造成误解，导致沟通失败，甚至会使沟通对象大受伤害，再也不愿往来。

1. 不同的礼节习俗带来的误解

案例

一位保加利亚籍的主妇招待美籍丈夫的朋友吃晚饭。在保加利亚，如果女主人没让客人吃饱，那是件很丢脸的事。因此，当客人吃完盘里的食品之后，这位主妇照例要为客人再添一盘。客人里正巧有一位亚洲留学生。在他的国度里，宁可撑死也不能以吃不下去来侮辱女主人。于是，他接受了第二盘，紧接着是艰难的第三盘。女主人忧心忡忡地准备了第四盘。结果，在吃这一盘的时候，那位亚洲留学生竟撑得摔倒在地上。

2. 不同的审美习俗带来的冲突

彼此误解也可能是由审美习俗的差异造成的。例如，一位英国男青年邀请一位中国女青年出游，为了取悦女友，他特地买了一束洁白的菊花带到她家，不料女青年的父亲一见便勃然大怒，结果他被轰了出去，却不知道祸因所在。在英国男青年看来，白色象征纯洁无瑕，他选择白色的花完全是一片好意，他压根也不会想到，在中国，白色的花是吊唁死者用的，只有在那样的场合才是美的象征。现在他将白花送给活人，在中国父亲看来，那是在诅咒他短寿，当然是不能容忍的。

审美习俗的深层是文化知识。对美好的乐曲，音乐细胞多的人会闻之起舞。可是，对于音乐细胞少的人来说，则视之为“丝弦之乱耳”，再好的乐曲也是“对牛弹琴”。因此，提高整个民族的文化素养和审美能力，也会在一定方面避免沟通障碍。

3. 不同的时空习俗带来的麻烦

比如，北美人和拉丁美洲人在交谈时就有不同的空间要求。在北美洲，如果谈话内容是业务联系，那么，双方之间的合适距离大约是 2 英尺（1 英尺≈0.3048 米）。这种距离在鸡尾酒会那样的社交场合会缩短，但任何时候，如果近到 8～10 英寸，就会使北美人感到不舒服。而对拉丁美洲人来说，2 英尺距离显得太冷淡、太不友好了。于是，他会主动接近谈话的对象，甚至无视北美人设置的“禁区”，这样的空间处理方式常常会引起紧张。

再如，北美人与拉丁美洲人对交谈的时间要求也不同。拉丁美洲人不习惯于太严格的准时约会，如果因为某种原因让对方久等了，他们一般不认为有认真解释的必要，只是略带表示一下歉意就心安理得了。而北美人则把迟到看作是靠不住的表现。如果不了解这种差异，用同一种时间观念为标准去判断不同习惯的人，会大错特错。

怎样克服习俗障碍呢？

一要知俗。在与各类沟通对象，尤其是同外国人打交道，推销产品时要注意了解他们的社会文化环境，了解其民情风俗、生活习惯、兴趣爱好、忌讳、节日等，掌握沟通对象的这些信息，使自己成为适应不同风俗的行家里手。

二要随俗。当与沟通对象，特别是与外国人交往时，要尊重和服从其特有的风俗习惯，做到入乡随俗，切不可把自己的习俗作为通行标准，强加于人。入乡随俗是对沟通对象的尊重，一定会赢得其好感。

（三）角色障碍

角色一词按其原意乃指演员在戏剧舞台上依照剧本所扮演的某一特定人物的专门用语，社会学中是指每个人作为社会一分子，在社会大舞台上都扮演的角色，都得按照社会对这些角色的期待和要求，服从社会行为规范。这些期待、要求和规范也是共性和个性的统一，既有对各种角色的普遍要求，又有对不同角色的特殊要求。例如，作为父母角色，至少要求关心爱护子女，而作为子女角色，又被要求敬老爱幼。对违背这些规范的行为，像父母虐待子女或子女虐待老人的越轨行为，社会不仅要通过舆论来进行道德谴责，必要时还诉诸法律来加以制裁。

每个人在社会生活中都会有一个特定的角色位置。不同角色位置上的人，其思想观念和行为方式也会有所不同。如果固守自己的角色，不注重对其他角色观念、角色行为的理解，就会导致角色与角色之间的冲突，造成角色障碍。生活中常见的角色障碍有以下几种。

1. 年龄不同形成的代沟

年龄是人生阅历的体现和反映，是时代的年轮和缩影。不同年龄的人所处的时代不同、环境不同，决定了每个年龄段的人无不带着所处时代的烙印，因此其思想观点、行为习惯甚至世界观也有所差别，这正是人们所说的“代沟”。代沟现象不仅限于家庭，也出现于群体和社团中。可以说，在不同的年龄阶段，代沟是人际沟通的主要障碍。比如，近二十年是社会变革非常大的时期，学生成长的环境和大部分老师成长的环境差别很大。这就使教师和学生的价值观念与行为方式有较大的差别，因此师生间缺乏认同感。学生看不懂老师，教师也搞不清楚学生。师生间没有共同语言，更不知如何进行有效的沟通。又如，现在的青年人横向联系错综复杂，各类松散的自发性的群体到处可见，形成了“全方位”的社会交往热。但有人对此看不惯，以为现在的青年人不稳重，赶时髦，不务正业。青年人对此很不满意，发出了“理解万岁”的心声。其实，青年人对老一辈也缺乏理解，往往将老一辈的丰富经验说成是“思想僵化”，将老一辈的正确忠告看作是“保守主义的绳索”，因而也曾刺伤了老一辈的心。

尽管代沟现象是反映两代人之间的差异现象，但这种差异并不是绝对的，两代人的生活有差异之处，但也有共同之处。在大目标一致的前提下，代与代之间的差异绝不是不可逾越的鸿沟，只要冷静思索、彼此尊重，就一定能架起相互体谅的桥梁，使新老两代人加强沟通，共同填平由年龄因素造成的鸿沟，真正拧成一股劲。

2. 行业不同形成的行沟

因社会分工而产生的千差万别的职业，也为从事不同职业的人之间的沟通增加了困难。行沟的主要表现是，行业与行业间的封闭与保守，造成隔行如隔山；从事不同职业的人的特殊行为方式，造成了人与人理解上的困难，如对从事艺术工作的人的落拓不羁行为方式的费解等。行沟会造成不同行业的人沟通方面的困难，但也会形成同行业人较一致的行为方式，这对青年职业社会化又是有利的。

3. 职位不同形成的位沟

通常存在于有地位差别的交往双方之间，这是由两者因为职位、地位不同而产生的“自我感觉差距”所造成的。例如，师生之间，人们普遍认为，老师就是管学生的，学生就应该听老师的话。但现在的学生自主性比较强，不会再俯首帖耳地把老师的话当作圣旨。而老师总觉得应该维护师道尊严，这样就使师生间出现了对立情绪。

由于地位的差距，下级怕得罪上级，向上级反映情况往往有“打埋伏”现象，报喜不报忧，造成信息的虚假。还有的是上级不深入下级，有的上级爱摆架子、发号施令，甚至对下级动辄严厉训斥。这样，很容易阻塞上下级之间意见的交流和感情的传递，表面看来关系密切，实际上信息不真、不多，上下级之间陌如路人。职位障碍不仅影响双方的关系和谐与感情交流，由于青年的自我感觉较低，还会加重他们形成“自我萎缩性人格”。

怎样消除角色障碍呢？

最佳办法是设身处地——扮演沟通对手的角色。例如，让售货员扮演顾客，让他在买东西时体验顾客的难处，体验在售货员冰冷面孔前的愤怒，以改变他对顾客的不良态度。有经验的沟通者会站在沟通对手的立场上，理智地考虑对方的需要和兴趣，有选择地按照最佳方式发出、输送使对方能靠近自己的信息，从而也使自己在理解对方中不知不觉地靠近对方，把沟通引向深入。

（四）个性心理障碍

在人际交往中，由于个性心理方面的缺陷造成的人际沟通困难，是青年社会化过程中遇到的最大困难。常见的个性心理障碍有自卑、嫉妒、恐惧等。

1. 自卑

自卑是个人由于某些生理缺陷或心理缺陷及其他原因而轻视自己，认为自己在某个方面或几个方面不如他人的情绪体验，表现为对自己的能力、品质评价过低，同时可伴有一些特殊的情绪体现，诸如害羞、不安、内疚、忧郁、失望等。具有自卑心理的人往往缺乏自信，自己看轻自己，在交往活动中想象成功的体验少，想象失败的体验多。这种情绪在与权威、长者、名人交往时，表现得更为突出。

自卑是一种消极的心理状态，它在人与人交往中起着严重的阻碍作用，往往使沟通双方难于形成一种平等的对话，进而影响彼此真情实感的交流。一个人如果长期被过重的自卑心理所笼罩、支配，就会失去自信，影响自身潜能的发挥，经常处于郁郁寡欢之中，一遇到竞争就甘拜下风，不战而退，失去应有的勇气，使许多成功的机会失之交臂。特别是当人的某种能力缺陷或失败的交往活动被周围人轻视、嘲笑或侮辱时，这种自卑心理会大大加强，甚至以嫉妒、暴怒、自欺欺人等畸形的方式表现出来，给自己、他人和社会造成一定的危害和损失。因此，我们应当采取适当的措施去克服自卑心理。

怎样克服自卑呢？

首先要提高自我期望。自卑者要善于发现自己的长处，肯定自己的成绩，并且让其长处进一步发扬光大。经常回忆那些经过努力做成功的事情，对一些做得不好的事情进行自我暗示——不要紧，别人也不见得就能做好，自己再努力一把也许就能把事情做好。一个人只有客观地评价自己和他人，与他人进行正确的社会比较，才有助于肯定自己，克服自卑感。

其次要积极参加交往活动，增强生活的勇气。自卑的人多数比较孤僻、内向、不合群，常常自我孤立，少与周围人群交往，由于缺少心理沟通，易使心理活动走向片面。自卑者如能多参与社会交往，就可以感受他人的喜怒哀乐，丰富生活体验；通过交往，可以抒发被压抑的情感，增强生活勇气，走出自卑的泥潭；通过交往，可以增进相互间的友谊、情感，使自己的心情变得开朗，自信心得到恢复。

最后克服自卑心理还要有信心，要相信自己是能够克服自卑的，只有这样，克服自卑心理的各种措施才会畅通无阻，发挥最大的效用。

2. 嫉妒

嫉妒心理是指在人际交往中，因为与别人比较，发现自己在才能、名誉、地位、境遇等方面不如别人而产生的一种由抱怨、憎恨、愤怒等组成的复杂情绪状态。一个针对企业员工的心理调查结果显示，47.37%的员工表示自己偶尔会有嫉妒心，31.58%的员工觉得经常有，只有约21.05%的员工表示从来不会。在人际沟通过程中，嫉妒心理主要表现在三个方面：一是嫉妒他人利益上的满足；二是嫉妒他人各方面的进步；三是嫉妒他人的独创与改革。在嫉妒心理的作用下，唯恐对方超过自己，因此，采用消极保守的方法对待对方，人为地阻止了相互间交往关系的发展。

常言道："铁生锈则坏，人生妒则败。"古人把嫉妒这一消极心理状态视若"灾星"。嫉妒古已有之，"既生瑜，何生亮"的故事就是突出的一例。三国时期，周瑜面对诸葛亮的足智多谋和超人的军事才能，没有把嫉妒之情化为自己奋起的雄心，而是将熊熊的烈火喷射出来，伤害他人，屡屡失策，终于在"既生瑜，何生亮"的悲鸣中倒下，断送了自己的宏伟业绩。

嫉妒心理是社交的大敌，它打击别人，贻误自己，腐蚀风气；以损人开始，以害己告终。由于嫉妒心理的作祟，一定范围内的人际关系可能因此而失去和谐，变得紧张起来。研究发现，经常有嫉妒心的员工的幸福感要明显低于从来不会有嫉妒心的员工。可见，嫉妒心理的影响远不止破坏人际关系和降低工作效率那么简单，还会让我们失去从工作本身获得的快乐感和满足感。

案例

有两个人是同班同学，研究生毕业后，一同去美国的一所名牌大学攻读物理学博士学位。临近毕业时，学校领导和导师决定从这两位博士中选留一位继续攻读博士后，最后选中的是甲生。此时，乙生很不高兴，心里难受，他想着俩人不相上下，为什么选他不选我？嫉妒情绪油然而生，而且很快发展到不可收拾的地步，他最后决定进行报复，“我留不下来，你也别想留下来。”一天下午，当学校最后公布去留结果时，乙生突然拔出早已准备好的手枪，对准自己的老同学连开几枪，直到他的同学倒在血泊中。接着他又把枪口对准自己的老师，包括两位知名教授和一位女副校长，向他们疯狂射击，直到他们全部倒下。最后，他把枪口又转向自己的头部……自杀了。这就是一个由嫉妒心理而引起的、以最悲惨的场面而结局的一个真实故事。

消除嫉妒心理的方法和途径有：

首先，纠正自己认知的偏差。嫉妒者在别人成功时，总以为别人的成功是对自己的威胁，是对自己利益的侵占。一个人的成功完全在于自己的努力，他有权获得这份荣誉。嫉妒者不应当把别人的成功等同于自己的失败，而应当学会比较的方法，善于学习别人的长处来克服自己的短处，而不是以己之短比人之长。

其次，积极乐观。嫉妒者在别人比自己强时应当把不服气的心理引导到积极的方面，化嫉妒为求上进的力量赶上甚至超过对方。如果不能通过努力很快超过对方时，还可以扬长避短，以自己之优胜对方之劣，以获取总的平衡。

最后，转移注意力。嫉妒总在闲暇时间产生，如果我们积极参加有益的活动，努力学习，勤奋工作，使自己的生活充实起来，也许就没有时间去嫉妒别人了。

3. 恐惧

恐惧，是指害怕与人交往或当众说话，担心在别人面前出丑或处于尴尬的境况，而尽力回避为特征的一种社交障碍。这种恐惧的突出表现是害怕社会交往。

成人在没有遇到危险或生命没有受到威胁的时候，一般是不会产生真正的恐惧感的，最多只是一些担心或紧张而已。但是有一种人在交往中却有强烈的恐惧感，与人交往对他们来说简直是如临大敌，生怕被人生吞活剥了，这就是所谓的交往恐惧症。其主要特点是害怕被人注视，一旦发现别人注意自己就不自然，脸红、不敢抬头、不敢与人对视，甚至觉得无地自容，因而不愿社交，不敢在公共场合演讲，集会时不敢坐在前面。

交往恐惧症主要发生在抑郁型气质的人和有交往挫折经历的人身上。有些抑郁型气质的人，一开始都有一些自卑或害羞心理，举手投足总是畏畏缩缩、顾虑重重，长期不与人交往使他们逐渐地失去了与人交往的念头，即使偶尔参加几次交往，也会表现出严重的不良情绪反应，甚至内心不由自主地恐慌起来，并伴随有心跳加速、呼吸短促、身体抖动等生理反应，即典型的一副胆战心惊的样子。如果这种人不注意改变自己的个性状况、不注意克服自己的心理障碍、不积极投身于交往活动之中，就可能由自卑、害羞转化为更为严重的交往恐惧症。

有交往挫折经历的人也可能产生交往恐惧症。有些人在某一次重要场合的交往中受到一次较大的刺激，产生了一种恐惧的情绪体验，随之形成条件反射，就会形成一种一提交往、一遇交往就感到恐惧的不正常心理状态，这就是交往恐惧症的最明显的症状。

作为严重心理障碍的交往恐惧症不仅使得一个人害怕交往，觉得与人交往与上刑场毫无两样，而且交往恐惧症还会进一步向坏的方向发展。例如，有些具有交往恐惧症的人还可能变得不敢到新的交往情境中，不敢见到生人，甚至于不敢跨出房门一步，从而影响了正常的生活、工作、学习，变成了比较严重的心理疾病。因此，交往恐惧症是万万不可有的，也是不应当有的，如果有了交往恐惧症，就要想方设法克服它，即使有一点交往恐惧症的苗头，也要赶快消灭它。

怎样克服社交恐惧症呢？

一是可以用“空椅子技术”。空椅子技术是格式塔流派常用的一种技术。此技术运用两张椅子，要求来访者坐在其中一张椅子上，扮演一个胜利者，然后再换坐到另一张椅子上扮演失败者，而让来访者所扮演的两方持续对话。来访者存在社交恐惧，不敢或者害怕和他人交往。此时，运用空椅子技术，模拟人际交往的场景，让来访者在这种类似真实的情境当中减轻恐惧和焦虑，学会或者掌握与人交往的技巧。例如，小刚非常内向，不善于交际，在寝室当中显得非常不合群。他也很想和寝室里其他几位同学打成一片，可是他害怕自己说不好会被别人笑话，或者伤害了别人的自尊心，因此，很多时候到嘴边的话，也说不出来。心理辅导教师就摆放了六张椅子，分别代表小刚自己和其他同学，并且创设了一个情境，让小刚与他人展开对话，让他揣摩别人的心理，体会对方的心理状态，从而使小刚逐步掌握了与同伴交际的技巧。

二是用“系统脱敏法”。心理学研究发现，人的心理反应有一种习惯化倾向，习惯化指每当某个新异刺激出现时，就容易引起人的心理反应，但当这种刺激不断重复出现时，人对它的反应性逐渐下降，直到最后不再对此反应，就好像产生了一种习惯似的。因此，不断地重复做某一件事，就可以对这事产生习惯化反应，从而降低人的反应性。同样，如果让人反复接受恐惧刺激物的刺激，使其逐渐适应这种刺激物，习惯就成自然了，便不再害怕这种刺激物。改变是不大可能一步就到位的，它是一个渐进的过程，我们需要一步一步地来战胜自己的紧张心理。先为自己设立一系列的行为目标，比如说想象10个自己以往紧张的交际场景，然后再根据自己的实际情况，将其按由易到难的顺序来排列。这样由易到难地去进行一项一项的社交实践训练，每一项练到很轻松自如了，就可以进入下一项的练习。

三是用“想象放松法”。放松训练是以一定的暗示语集中注意力，调节呼吸，使肌肉得到充分放松，从而调节中枢神经系统兴奋性的方法。可以找一个安静没有人打扰的地方，舒适地坐下来，闭上眼睛，想象自己来到一个青山环绕、绿树成荫的幽静地方，心境变得平和起来。现在开始放松，从头部、颈部、手臂、胸部、腹部、背部、臀部、大腿、小腿、脚部依次想象变松变软……每天至少练习一次，通过经常这样的练习，能帮助我们控制自己的身体，有助于克服紧张的反应。

4. 报复

所谓报复心理就是指一个人在社会交往中，对那些曾给自己带来伤害或不愉快的人耿耿于怀，而通过攻击对方以发泄心中不满的心理。报复是人性中的一处心结，每个人都有可能产生报复心理。但大多数人能够通过冷静的分析、理智的思考进行自我控制，不过却总有人在报复心理的驱使下，做出了本可避免的事。

案例

2003 年，28 岁的竺卫东在奉化一家化工厂上班，因为工作上的问题与老板发生了一些矛盾。有一次他在上班玩电脑游戏时，正好被老板娘看到，老板娘当众叱责了他。竺卫东是个内向、自尊心很强的人，在众人面前被人训斥，他感到无法忍受。于是，他串通了和自己一起进厂的年轻人，一起提出了辞职。老板以他主动提出辞职为由，扣除了他的部分工资。由于没有了工作，再加上家里人的唠叨，让他内心受到了强烈的刺激。想来想去，他觉得这一切都是老板刻薄造成的。于是他决心要实施报复。8 月 17 日深夜，他潜入公司放了一把火，结果把自己送进了监狱。面对着高墙铁窗，失去了自由的竺卫东终于感到了懊悔。然而，此时后悔已经晚了。

报复心理是一种不健康的心理状态，有报复心理的人，容易误解别人的意思，对别人经常有戒备心理。任其发展的话，它不仅会对报复对象造成这样或那样的威胁，而且有害自己的心理健康，心胸会越来越狭窄，与人相处困难，内心非常痛苦。那么我们该如何克服报复心理呢？

一是“心理换位”。在人际交往中，当受到挫折或不愉快时，不妨进行一下心理换位，将自己置身于对方境遇中，想想自己会怎么办。通过这样的换位，也许能理解对方的许多苦衷，正确看待他人给自己带来的挫折或不愉快，从而消除报复心理。

二是可以找个知心朋友宣泄。情绪是一种本能的能量，情绪作为一种能量是有积蓄效应的，积蓄到一定程度就需要发泄，这时，你可以找一个知心朋友倾诉、请教，以宣泄心理压力，听听他人的评论、劝解。经过情绪的宣泄之后，可能你心中的火会不知不觉地熄了一大半，甚至烟消云散。

三是可以试着转移注意力。当遭受欺侮，自尊心受到伤害时，愤怒之情会油然而生，甚至怒火中烧。这时，我们可以暂时离开一下你看不顺眼的人或环境，即所谓的眼不见，心不烦；转而从事一些自己最开心的活动以帮助转移注意力，从而淡化愤怒情绪。

四是学会宽容。有报复心理的人一般心胸狭窄，容易受情绪影响，恶劣心境的作用强烈而漫长。所以，要加强自身修养，开阔心胸，提高自制能力，让自己在阳光雨露下生活。只有团结友爱、宽容谦让，才能享受到快乐。

5. 逆反

逆反心理是指人们彼此之间为了维护自尊，而对对方的要求采取相反的态度和言行的一种心理状态。研究表明，处于青春期的青少年容易产生逆反心理。逆反心理在青少年成长过程的不同阶段都有可能发生，且有多种表现。如对正面宣传做不认同、不信任的反向思考；对先进人物、榜样无端怀疑，甚至根本否定；对不良倾向持认同情感，大喝其彩；对思想教育及守则遵纪的消极、抵制、蔑视对抗等。我们常常发现青少年“不受教”“不听话”，常与教育者“顶牛”“对着干”。这种与常理背道而驰，以反常的心理状态来显示自己的“高明”“非凡”的行为，往往来自逆反心理。

逆反心理是一种固执偏激的思维习惯，它使人无法客观地、准确地认识事物的本来面目，而采取错误的方法和途径去解决所面临的问题。其表现形式上与富有创造性的行为颇有类似之处，因此某些逆反倾向严重的青年也常对此津津乐道，或在心理上为自己的怪异行径寻求“科学”的根据。然而，逆反心理在本质上与创造性的个人素质有着根本区别，它往往是孤陋寡闻、妄自尊大、偏激和头脑简单的产物。因此，逆反心理经常地、反复地呈现，就构成一种狭隘的心理定势，其后果是严重的，它会导致多疑、偏执、冷漠、不合群的病态性格，使之信念动摇、理想泯灭、意志衰退、工作消极、学习被动、生活萎靡等。逆反心理的深一步发展还可能向犯罪心理或病态心理转化。所以必须采取有效的对策来克服和防治其发生。

一是要相互理解。学着从积极的意义上去理解长辈的行为，大多数时候长辈的啰唆和批评都是善意的，都是出于对你的关心。老师、父母也是凡人，也会犯错误、误解人，只要抱着宽容的态度去理解他们，可以减少因为逆反心理产生的冲动。

二是要学会合理的沟通方法。俗话说“有理走遍天下”，是金子总会发光的，不能得理不让人，过分逞强，盲目对抗，这只能使事情变得越来越难处理。合理的沟通方式有助于带来交往的双赢。

三是要克服偏见的不良影响。先入为主的印象一旦产生，方方面面都要受到暗示和影响。如果发现自己经常有无名火，就要冷静下来想想看，是否偏见在作怪，不要无端变成偏见的牺牲品。

四是要学会宽容和适应。在改变环境和改变自己中，选择后者往往更容易完成。所以要经常提醒自己，遇事要尽力克制自己，突显自己的个性并非是通过与他人的对抗来实现的。

6. 猜疑

猜疑是一种由主观推测而产生的不信任的复杂情感体验，是在无中生有的基础上自圆其说，结果本来并不存在的东西也会被他们说得像真的一样，从而越陷越深。《三国演义》中有这样一段描写：曹操刺杀董卓败露后，与陈宫一起逃至吕伯奢家。曹吕两家是世交。吕伯奢一见曹操到来，本想杀一头猪款待他，可是曹操因听到磨刀之声，又听说要"缚而杀之"，便大起疑心，以为要杀自己，于是不问青红皂白，拔剑误杀无辜。这是一出由猜疑心理导致的悲剧。

猜疑是人性的弱点之一，历来是害人害己的祸根。一个人一旦掉进猜疑的陷阱，必定处处神经过敏，事事捕风捉影，对他人失去信任，对自己也同样心生疑窦，损害正常的人际关系，影响个人的身心健康。

据报道，五名在校女大学生将一弱女子关在包间内，对其轮番施暴长达 5 小时，原因是其中一女生怀疑受害女勾引了她的男友。在长达 5 个小时的施暴过程中，以陈丹为首的 5 名大学生采取了一系列残忍的手段，对受害人进行了残酷的虐待。当被害人在她们的逼迫下用打火机烧自己的体毛时，5 个正在接受高等教育的女孩，竟然乐得在旁边笑作一团。

生活中我们常会碰到一些猜疑心很重的人，他们整天疑心重重、无中生有，认为人人都不可信、不可交。如有的人见到几个同学背着他讲话，就会怀疑是在讲他的坏话；老师有时对他态度冷淡一些，又会觉得老师对自己有了看法等。他们总觉得别人在背后说自己坏话，或给自己使坏。喜欢猜疑的人特别注意外界和别人对自己的态度，别人脱口而出的一句话很可能会让他琢磨半天，努力发现其中的"潜台词"。这样便不能轻松自然地与人交往，久而久之不仅自己心情不好，也影响到人际关系。这种人心有疑惑，却不愿公开，也少交心，整天闷闷不乐、郁郁寡欢。

猜疑似一条无形的绳索束缚了人的手脚，使人远离朋友，远离人群，可悲可怜。只有对症下药，才能抛弃猜疑心理。我们可以用如下方法克服猜疑心理。

一是优化个人的心理品质。也就是说要加强个人道德情操和心理品质的修养，净化心灵，提高精神境界，拓宽胸怀，以此来增加对别人的信任度和排除不良心理的干扰。

二是摆脱错误思维方法的束缚。猜疑一般总是从某一假想目标开始的，最后又回到假想目标。只有摆脱错误思维方法的束缚，扩展思路，走出“先入为主”“按图索骥”的死胡同，才能促使猜疑之心在得不到自我证实和不能自圆其说的情况下自行消失。

三是敞开心扉，增加心灵的透明度。猜疑往往是心灵闭锁者人为设置的心理屏障。只有敞开心扉，将心灵深处的猜测和疑虑公之于众，或者面对面地与被猜疑者推心置腹地交谈，让深藏在心底的疑虑来个“曝光”，增加心灵的透明度，才能求得彼此之间的了解沟通、增加相互信任、消除隔阂、排释误会、获得最大限度的消解。

四是无视“长舌人”传播的流言。猜疑之火往往在“长舌人”的煽动下越烧越旺，致使人失去理智、酿成悲剧。因此，当人们听到“长舌人”传播流言时，千万要冷静，谨防受骗上当，必要时还可以当面揭露。

要综合分析被猜疑对象的长期表现，识破各种离间计。当我们开始猜疑某个人时，最好能综合分析一下他平时的为人、经历及与自己多年共事交往的表现，这样有助于将错误的猜疑消灭在萌芽状态。

可见，尽管在沟通中会遇到各种各样的障碍，但只要我们找出了形成沟通障碍的原因，并采用科学的沟通渠道和方法，就能克服沟通中的障碍，实现有效沟通，使我们的人际交往更轻松，人际关系更和谐。

课堂互动

某大学一年级女生，因不想继续上大学，在父母的陪伴下来到心理门诊请求指导帮助。该同学来自某大城市一个富裕家庭，是独生子女，被父母视为掌上明珠。入学近一年，感到了大学生活的诸多困难，其中最大的困难是难以和同学，尤其是同寝同学和睦相处。目前，同寝的其他7位同学均已和她发生矛盾，她感到孤独、寂寞和巨大的精神压力。她也试图改变这种现状，但以失败告终，于是向父母提出了终止学业的请求。当医生向她问及和同学发生矛盾的原因时，她便滔滔不绝地如此道来：王某某睡在我的上铺，晚上睡觉总打呼噜，我实在忍受不了，向她提出了意见，她就和我发生口角；李某某有一个坏习惯，总是喜欢坐在我的床上和别人讲话，我平时最讨厌别人坐我的床，在家里连我爸妈都不可以坐我的床，于是我就和她发生了争吵；一次，孙某某在寝室里用我的水杯招待其他同学被我发现，我和她发生了争吵，因为我平时最讨厌别人用我的水杯……

她还讲了与其他同学关系紧张的原因，但总体看来，都是些非原则性小事。

思考并分析：

1. 你认为该同学在与别人沟通的过程中存在哪些障碍？

2. 请帮该同学分析其沟通障碍的原因，并给她提出建议帮助她。

实践训练

一、看一看谁能把球投进

在日常工作及生活中，人与人之间需要传递一些信息，本次活动的目的就是考验团队成员之间信息传递的准确性，让大家明白准确传递信息的重要性，从中获得提高沟通能力的训练方法。

（一）规则和程序

1. 以 4 人（及以上）为单位。时间 5 分钟。

2. 寝室长选一位同学甲和自己站在一起。

3. 让同学甲面向某一个方向站好，目视前方。不可以左顾右盼，更不能回头。然后把装有 40 个网球的袋子交给他。

4. 把垃圾桶放在同学甲的身后，距离他约 10 米，注意不要放正后方，而是稍微偏一点。

5. 告诉同学甲，他的任务就是要向身后的垃圾桶里扔球，要至少扔进三个球才算成功。告诉他不得回头看球是否进了及落在哪里。

6. 让寝室其他人轮流指挥同学甲扔球，以便获得进球，只允许用言语指挥。

7. 寝室其他同学轮流充当同学甲的角色重复这一活动。比比看谁扔进的球最多。看看谁指挥得最有效。

（二）相关讨论

1. 谁能在最短时间内投进更多球？

2. 怎么沟通才能更容易进球？

（三）结果分析

这个游戏的目的在于促进寝室同学之间更好的了解，每个人的沟通方式和沟通能力是不一样的，通过这样的游戏找到更适合的沟通方式，相处更容易也更融洽。

二、人际交往沟通能力测试

（一）情景描述

1．在和新认识的朋友聊天时，你认为比较重要的是应该了解对方的（　　）。

A．价值观念、心理特征　　B．个人习惯、家庭背景

C．个人修养、能力水平　　D．经济状况、社会地位

2．放寒假回来，你很高兴，而你的朋友对你在家的事情很感兴趣，这时你会（　　）。

A．详细叙说假期里你所看到和感觉到的有趣事情的所有细节

B．说些自己认为重要的

C．朋友问什么就答什么

D．感觉累了，没什么好说的

3．你正在兴致勃勃地给周围众多朋友叙述你认为有趣的一件事，而你的其中一个朋友却打断你的叙述并插话，这时你会（　　）。

A．幽默地劝告：先不要讲，听我讲完

B．直接制止：你先别说

C．心里很不愉快，但装作没发生，自己讲自己的

D．给那位朋友难堪，让其下不了台

4．当你的朋友有求于你，而你内心里又不想帮他，这时你会（　　）。

A．委婉地告诉他不能帮他

B．答应帮他，会调皮式地要点回报

C．不好意思拒绝，答应帮他，但是心里很不舒服

D．直截了当地告诉他不能帮忙

5．当去参加一个集体活动时，你会（　　）。

A．精心打扮一下　　B．换一件自己认为很合适的衣服

C．只要穿得不太糟就可以了　　D．像平时一样随便穿着

6．假期你的一位朋友和你约定好了一起去生态园游玩，因为他临时有事已经连续推脱了两次，第三次说好一起去，他又说要改时间，这时你会（　　）。

A．详细询问对方什么原因，视原因而定

B. 告诉他今天生态园可以免费采摘水果，机会难得，不能再推了

C. 你很生气，什么都没说就同意了

D. 你很生气，不理会他，自己约其他朋友去

7. 你刚到一个新的班级，教师就让你担任一个职务，不久，通过他人你了解到本来班级中有几个同学早就想担任你的职务，教师不同意他们，而选了你。对这几位同学你会（　　）。

A. 主动认识他们，了解他们的长处，争取成为朋友

B. 不理会这个问题，努力做好自己的工作

C. 暗中打听他们，了解他们是否具有与你进行竞争的实力

D. 暗中打听他们，并找机会难为他们

8. 与不同身份的人讲话，你会（　　）。

A. 不管什么场合，你都是一样的态度与之讲话

B. 在不同的场合，你会用不同的态度与之讲话

C. 对身份高的人说话，你总是有点紧张

D. 对身份低的人说话，你总是漫不经心

9. 听别人讲话时，你总是会（　　）。

A. 对别人的讲话表示兴趣，记住所讲的要点

B. 请对方说出问题的重点

C. 对方老是讲些没必要的话时，你会立即打断他

D. 对方不知所云时，你就很烦躁，就去想或做别的事

10. 当你在发表自己的看法时，别人却不想听你说，你会（　　）。

A. 仔细分析对方不听自己说的原因，找机会换一种方式去说

B. 等等看，是否还有说的机会

C. 不说了，但可能会很生气

D. 马上气愤地走开

（二）评估标准

每个问题选 A 得 4 分，选 B 得 3 分，选 C 得 2 分，选 D 得 1 分。

（三）结果分析

得分为 10～20 分：你的沟通能力欠佳，因不能很好地表达自己的思想，所以也经常不被别人所了解；许多事情你采取了不合适的方式，有时把事情弄得越

来越糟。但是，只要你学会控制自己的情绪，改掉一些不良的习惯，你随时可以获得他人的理解和支持。

得分为 21～30 分：你的沟通能力一般，你懂得一些沟通技巧，尊重他人；你能较好地表达自己，并能实现一定的沟通效果。但是，你缺乏高超的沟通技巧和积极的主动性，许多事情只有你继续努力一点，你就可大功告成。

得分为 31～40 分：你的沟通能力很好，你能不动声色地表达自己，有很高的沟通技巧和人际交往能力。只要你能明确意识到自己性格的不足，并努力优化它，定能取得更好的成绩。

推荐阅读

《情商》——韦秀英、顾长安著，青岛出版社出版（韦秀英：哈佛教育研究学者，深谙“头脑风暴”的理念和方法。知名图书策划人，策划过《哈佛凌晨四点半》《卡耐基写给女人一生幸福的忠告》等畅销书。顾长安：中文系毕业，学过哲学，读过经济学，从事教育工作多年，现定居美国。豆瓣阅读签约作家。代表作有：写给女人的修心书《穿越时光的优雅》、长篇小说《雾锁长河》《谁是谁暗夜里的萤光》、人生励志书《情商》）。

第二章　语言沟通

【学习目标】

- 明确语言沟通的含义
- 认识沟通中语言表达的重要性
- 了解掌握语言沟通的原则技巧，提升语言沟通能力

【技能目标】

- 具备语言沟通的基本知识
- 运用理论知识分析具体案例

【名人名言】

子曰：“言不顺，则事不成”“可与言而不与之言，失人；不可与言而与之言，失言。知者不失人，亦不失言。”《礼记·学记》：“善问者如攻坚木；先其易者，后其节目。”

阿尔文·托夫勒：“与其说我们已经进入信息时代，还不如说我们正处于沟通革命的时代。”

海涅：言语之力，大到可以从坟墓中唤醒死人，可以把生者活埋，把侏儒变成巨无霸，把巨无霸彻底打垮。

列夫·托尔斯泰：“与人交谈一次往往比多年闭门劳作更能启发心智。思想必定在与人交往中产生，而在孤独中进行加工和表达。”

拉罗什夫科：“赞扬是一种精明、隐秘和巧妙的奉承，它从不同的方面满足给予赞扬和得到赞扬的人们。”

艾比卡：“我只盼望能找到一所能够教导人们怎样听别人说话的学院……假如你要发动人们为你工作，你就一定要好好听别人讲话。”

苏格拉底：“自然赋予人类一张嘴，两只耳朵，也就是要我们多听少说。”

爱因斯坦：“提出一个问题往往比解决一个问题更重要。”

林肯："在预备说服一个人的时候，我会花三分之一的时间来思考自己及要说的话，花三分之二的时间来思考对方及他会说什么话。"

普列汉诺夫："有教养的头脑的第一个标志就是善于提问。"

第一节　语言沟通的原则

案例导入

一个犹太盲人，晚上出门的时候总会点着一个灯笼，每当人们看到灯笼的时候就知道是他来了。有一个人问他，你看不见，为什么还要点着灯笼呢？他回答说，我虽然看不见，但别人看得见我。

【思考】黑夜里，盲人走路将会发生三种可能：一是被别人撞倒：二是被障碍物绊倒：三是走进死胡同。如果盲人在黑夜里"点灯走路"则将会发生另外三种可能：一是照亮了别人，避免被撞倒；二是给别人以提醒有障碍物，避免被绊倒；三是别人善意地为盲人指明通路，从而没有走进死胡同。比起我们这些不盲的人，这位点灯的盲人是何等的睿智啊！

当我们换个角度想问题的时候，往往会发现："只要点上一盏灯，尽管是盲人，心里也亮堂多了！"

一、语言沟通的意义

在社会交往中，语言沟通非常重要。语言成为人们沟通的工具，成为个人、团体、国家乃至世界沟通的工具。人从出生开始，从不懂语言到学会使用语言，人们一切的生存和发展都离不开语言。人们在日常生活中运用语言进行交谈，表达思想，沟通信息，交流感情，从而达到建立、调整和发展人际关系的目的。用但丁的话来说："语言作为工具，对于我们之重要，正如骏马对于骑士。"由于语言是人类共同运用的思维工具，因此语言沟通也是最准确、最有效、运用最广的沟通方式。它可以超越时空的限制，使要表述的信息、思想情感世代传递下去，为众多的人分享、接受和理解。

二、语言沟通的原则

（一）礼貌尊重

一天一位穿着时髦的女孩去探亲，走到半路，看到一位老婆婆，于是说：“喂，到刘庄还有多少路？”老婆婆看了她一眼：“走大路一万丈，走小路七八千。”女孩纳闷地说：“怎么你们乡下人论丈不讲里吗？”老婆婆笑了笑，说：“你们城里人连叫个人都不会，还讲理啊？”女孩脸红红地道歉。

俗话说“良言一句三冬暖，恶语伤人六月寒”，我们要学会使用一些礼貌用语。例如，与人相见说“您好”，求人方便说“借光”，麻烦别人说“打扰”，与人分别说“告辞”，请人指点用“赐教”，托人办事用“拜托”，赞人见解用“高见”，途中离开说“失陪”等。常用敬词有“贵”（如贵校、贵公司）、“大”（如大作，用于称对方的作品）、“高”（如高见）、“尊”（如尊姓大名）、“拜”（如拜托）、“赐”（如赐教，请别人指教）、“雅”（如雅正，即请对方指正）、“惠”（如惠顾）等。

（二）区分对象

沟通时要注意对象的性别、年龄、生活背景、心理特征等因素的差异来选择恰当的语言。一把坚实的大锁挂在大门上，一根铁杆费了九牛二虎之力，还是无法将它撬开。钥匙来了，它瘦小的身子钻进锁孔，只轻轻一转，大锁就“啪”的一声打开了。铁杆奇怪地问：“为什么我费了那么大力气也打不开，而你却轻而易举地就把它打开了呢？”钥匙说：“因为我最了解它的心。”

案例

一秀才买柴，曰：“荷薪者过来。”卖柴者因“过来”二字明白，担到面前。问曰：“其价几何？”因“价”字明白，说了价钱。秀才曰：“外实而内虚，烟多而焰少，请损之。”卖柴者不知说甚，荷柴而去。

（三）区分场景

沟通时要注意当时的场合，有些话不符合“语境”氛围的，一定不能说。

案例

某饭店，一位老先生 80 岁生日宴会，宾朋满座，酒酣兴浓。有人提议点唱歌曲以助兴，某君高歌一曲电影《铁道游击队》主题歌——《弹起我心爱的土琵琶》：西边的太阳快要落山了，鬼子的末日就要来到，弹起我心爱的土琵琶，唱起那动人的歌谣……顿时主人容颜大变！尽管演唱被及时制止了，但是，整个现场的气氛已十分尴尬。

（四）宽容理解

理解是本，宽容是根。理解是修养，宽容是涵养，理解加宽容则是人的品德！

案例

孔子借伞

孔子有天外出，天要下雨，可是他没有雨伞，有人建议说：子夏有，跟子夏借。孔子一听就说：不可以，子夏这个人比较吝啬，我向他借的话，他不给我，别人会觉得他不尊重师长；给我，他肯定要心疼。

孔子用自己的行为告诉我们和人交往，要知道别人的短处和长处，不要用别人的短处来相处和考验，否则友谊就会不长久。

（五）换位思考

时时处处站在他人的角度来考虑问题，这是有效沟通的基本思维保障。在沟通过程中，你不能与 80 多岁的老太太去大谈流行时装；也不能与正在伤心、需要安慰的人，大谈自己如何得意、如何风光。常有人说“他说的话不但没让我高兴，反而让我更气愤”“他说话，简直不知道自己几斤几两”，等等，这都是没有能够用换位思考去沟通导致的抱怨及指责。

案例

有一位表演大师上场前，他的弟子告诉他鞋带松了。大师点头致谢，蹲下来仔细系好。等到弟子转身后，又蹲下来将鞋带解松。有个旁观者看到了这一切，不解地问：“大师，您为什么又要将鞋带解松呢？”大师回答道：“因为我饰演的是一位劳累的旅者，长途跋涉使他的鞋带松开，可以通过这个细节表现他的劳累和憔悴。”“那你为什么不直接告诉你的弟子呢？”“他能细心地发现我的鞋带松了，并且热心地告诉我，我一定要保护他这种积极性，及时地给他鼓励，至于为什么要将鞋带解松，将来会有更多的机会教他表演，可以下一次再说啊。”

上述故事中的表演大师不但能够入戏，还能处处为他人着想。戏品如人品，高超的换位思考能力是人品的基础，也是沟通的基本原则。

案例

有一位母亲很喜欢带着5岁的女儿逛商店，可是女儿却总是不愿意去，母亲觉得很奇怪，商店里琳琅满目五颜六色的东西那么多，小孩子为什么不喜欢呢？直到有一次，孩子的鞋带开了，母亲蹲下身子为孩子系鞋带，突然发现了一种从未见过的可怕的景象：眼前晃动着的全是腿和胳膊。于是，她抱起孩子，快步走出商店。从此，即使是必须带孩子去商店的时候，她也总是把孩子扛在肩上。

三、语言沟通中的禁忌

（一）喋喋不休

一个在你根本不想听时还坚持要长篇大论跟你说个没完的人，恐怕是你最厌烦的人。说话过多，难免失之轻率，且俗话说“祸从口出”。你可能常因说错了话而后悔，但你很少为你没说话而后悔。墨子曾教诲弟子不要说话太多，否则就像池塘里的青蛙，整日整夜地叫，弄得口干舌燥却从不为人注意。而鸡棚里的雄鸡，虽只在天亮时啼叫，却能一鸣惊人。

（二）一言不发

过去有一句话叫“沉默是金”，但这句话在现代社会，却不一定成立。一个除非有不得不讲的话才张一张嘴，否则就是沉默寡言的人，固然是一个经得起考验的友人，可他不可能给对方带来什么欢乐，除非对方以一个人发泄“独白”为快事。有时一味沉默也会造成对方的误解，以为你对他的话题不感兴趣。有些人认为：“宁可让你的嘴闭着而被人认为是个傻瓜，也不要开口让别人看出你的底细。”这未免自欺欺人，太过虑了。应该记住：真诚自然，表现你本色要比掩饰伪装高明得多。

（三）尖酸刻薄

尖酸刻薄的人容易树敌。尖刻机敏纵能使人望而生叹，但也会令人敬而远之。再者，每一句俏皮话后的喝彩声，久而久之成了尖酸刻薄者的一种享受，变成了像空气一样不可缺少的东西。看到一点什么就忍不住要立刻讥讽一番，纵使原来完全是心无恶意，不打算说半句刻薄话，也会遇事不能自制，就像吸毒者无法拒绝塞到他手中的毒品一样。

（四）无事不晓

毕生研究一门学问的学者，由于他们精神上的富有，总是很谦虚地发表意见。相反，井底之蛙才夜郎自大，自以为是。谦逊历来是我们尊崇的美德；骄傲只能使人疏远。骄傲的人自命不凡，目空一切，喜欢信口雌黄，发号施令，动辄批评别人"愚蠢""糊涂""错误"等。这种人冲进社交圈，被人们形容为大象撞进了花园，园丁们唯一的希望就是他们早些走出围篱。除非他们摒弃自己的优越感，与人为善，乐于助人，否则就没有人欢迎他们了。

（五）逢人诉苦

有很多人总是将他们的不幸、疾病和其他不愉快的事当作话题，使人听也不是，不听也不是。交谈中有一个基本而显见的原则就是大家谈一些双方都感兴趣的事，不要逢人就诉苦，夸张自己的苦恼、不幸和忧虑。家家都有一本难念的经，谁也不会以听你的诉苦为乐事。只有那些与你最接近、最亲密的人，才关心你在手术室里耽搁了多久，受了多少罪，每日吃几次药，吃什么药等。抱怨的人想获得帮助和抚慰，听的人却只有快意，甚至轻蔑。聪明的人应该从不张扬自己曾经受到的耻辱和轻侮，而仅仅宣传别人对他的尊敬。

课堂互动

语言沟通能力的测试

1. 在与别人交谈的时候，是否觉得自己的话常常不能被人正确理解？（　　）

A. 常常是　　B. 有时是　　C. 很少

2. 在与自己观点不同的人交流时，你是否会觉得对方的思想很怪异呢？

（　　）

A. 从不　　　　B. 有时是　　　　C. 经常是

3. 在与人谈话的时候，如果你对正确理解别人的观点没有把握，你是否会请求对方明确解释？（　　）

A. 总是　　　　B. 很难说　　　　C. 一般不会

4. 你在开会或上课的时候，是否能够专心听讲？（　　）

A. 一般会　　　　B. 很少　　　　C. 几乎不

5. 如果一个同事或同学对一个你看起来很无聊的笑话大笑不止，你会觉得他（她）无聊吗？（　　）

A. 会　　　　B. 难说　　　　C. 不会

6. 如果别人在回答你的问题时很含糊，你会把自己的问题重说一遍吗？（　　）

A. 会　　　　B. 有时会　　　　C. 不会

7. 在一次会议上，老板（老师）说出了一件错误的事情或者根据错误的信息得出了一个错误的结论，你会站出来反对吗？（　　）

A. 经常会　　　　B. 偶尔会　　　　C. 不会

8. 在一次会议中，当有人反对你的观点时，你认为他（她）是反对你这个人本身吗？（　　）

A. 不是　　　　B. 可能是　　　　C. 一定是

9. 当在通知别人一件事时，你喜欢用发手机短信的形式代替电话吗？（　　）

A. 喜欢　　　　B. 觉得无所谓　　　　C. 不喜欢

10. 当你不同意一个人已经发表的谈话内容时，是否还会认真听下去？（　　）

A. 是　　　　B. 难说　　　　C. 不会

评估标准

每个问题选择A得2分，选择B得1分，选择C得0分。

结果分析

得分为0～12分：你的沟通能力较差，必须加强这方面的学习。

得分为 13～16 分：你的沟通能力一般，仍需继续学习和锻炼，不断提高自己。

得分为 17 分以上：你的沟通能力很强。

说明：这个评价并不是对你的沟通能力的一个准确衡量，而是一种定性的评估。你的得分只表明你目前的沟通能力，而不表明你潜在的沟通能力，只要不断学习、积极实践，就一定能够提高自己的沟通能力。

第二节　语言沟通的技巧

案例导入

三个小金人的故事

曾经有个小国的使者到中国来，给皇帝进贡了三个一模一样的金人，把皇帝高兴坏了。可是这个小国的使者不厚道，同时也给皇帝出了一道题目："这三个金人哪个最有价值？"皇帝想了许多办法，请来珠宝匠检查，称质量，看做工，感觉都是一模一样的，怎么办呢？使者还等着回去汇报呢。泱泱大国，不会连这个小事都不懂吧？最后，有一位退位的老臣说他有办法。皇帝把他请到大殿，只见老臣胸有成竹地拿着三根稻草，插入第一个金人的耳朵里，这根稻草从另一边耳朵出来了。当稻草插入第二个金人时，稻草从嘴巴里直接掉出来，而当把稻草插入第三个金人时，稻草却掉进了肚子里，什么响动也没有。老臣说：第三个金人最有价值！使者默默无语，答案正确。

【思考】看完这个案例，相信你对倾听的重要性已经有所了解了吧。最有价值的人，不一定是最能说的人。自然赋予人类一张嘴，两只耳朵，也就是要我们多听少说。要想语言沟通顺畅、成功，就必须学会倾听，只会说话，而不会倾听是不行的。

一、学会倾听

美国宾夕法尼亚大学 Nichols 教授和 Stevens 教授认为，一般人每天有 70%的时间用于各种形式的沟通，而在人们用于沟通的所有时间中，30%用于交谈，16%用于阅读，9%用于书写，而45%用于倾听。由此可见，倾听是语言沟通的重要组成部分。倾听可以使人感受到被尊重和被欣赏；可以真实地了解他人，增加沟通的效力。在有效的倾听中，人们用耳朵去理解别人，表达的是一种尊重的态度。相对于说而言，听是较被动的，人们可以通过说来主动地表达自己的意见，但是当听的时候，就要力图去理解他人的想法和感情，所以倾听是很需要修养的一项沟通技巧。

（一）倾听的含义

国际倾听协会给倾听下的定义为：倾听是接收语言与非语言信息，确定其含义和对此做出反应的过程。

倾听是一种特殊形态的听，它是以听为基础的。第一，它必须是人主动参与的听。在倾听的过程中，人必须对接收到的声音有所反应，经过接收、思考、理解后做出必要的反馈。第二，它必须是视觉器官参与的听。在倾听的过程中，必须理解他人语言之外的面部表情、手势，尤其是眼神和感情的表达方式。如果没有视觉器官的参与，闭上眼睛听，那这种只有耳朵的听就不是倾听，如图 2-1 所示。

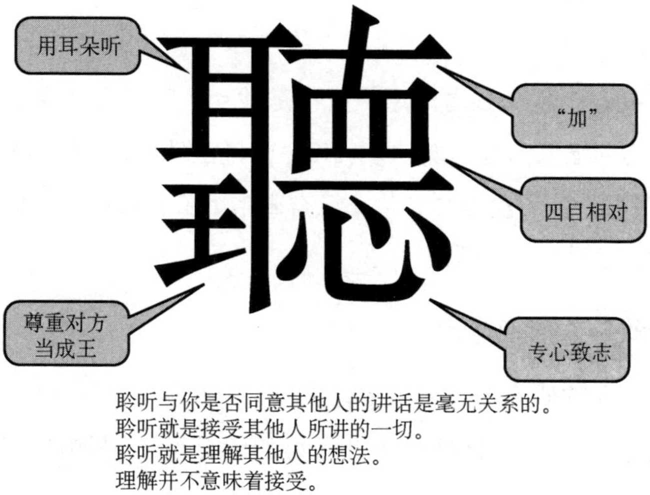

图 2-1　倾听的含义

（二）倾听的类型

1. 忽略倾听

这种倾听就是心不在焉，听而不闻，对别人所表达的信息置之不理，甚至随意中断或打断别人的谈话，如同耳边风，从左耳进、右耳出，完全没听进去。不管是有意的还是无意的，这种倾听，往往会导致人际关系的破裂，是一种非常危险的倾听方式。

2. 假装倾听

这种倾听是在别人说话时，倾听者假装对别人说的话题感兴趣，甚至还点头称“好”“嗯”，或者有时露出微笑，但实际上听者对于别人的话一句也没有听进去，只是应付或者敷衍了事，往往给人一种伪善的感觉。

3. 选择倾听

这种倾听往往有先入为主的观念，只听自己想听的部分，其他不想听的，如不感兴趣、不合自己口味的部分一概过滤掉。这种倾听会忽略很多重要的信息，从而导致沟通的障碍，影响沟通的效果。

4. 专注倾听

这种倾听是对于说者的所有信息都认真地倾听，并复述说者的话表示确实听到，但是否都能听出说者的本意或者真意就不确定了。因为这种倾听只是被动地关注说者讲话的全部内容和信息本身，而忽略了说者的情感，因而不能把握说者所要表达的全部信息。

5. 有效倾听

这种倾听是真正主动参与沟通，而不是被动地听对方所说的话。它是把感观、感情和智力的输入综合起来，寻求其含义和理解的智力与感情过程。换成通俗的讲法，“听着”的不仅是耳朵，还应有眼睛、脑和心。这种倾听可让人获取重要的信息，激发说者的谈话欲。

（三）好的和差的倾听者的特性

美国倾听方面的研究者迈克尔·普尔迪对900名年龄在17～70岁的大学生和军队学员进行了调查，归纳和总结出了好的倾听者与差的倾听者的表现特征，如表2-1所示。

表2-1 好的倾听者与差的倾听者的表现特征

好的倾听者	差的倾听者
适当地使用目光接触	打断讲话（不耐烦）
对讲话者的语言和非语言行为保持注意和警觉	不保持目光接触（眼睛迷离）

续表

好的倾听者	差的倾听者
容忍且不打断（等待讲话者讲完）	心烦意乱（坐立不安），不注意讲话者
使用语言和非语言表达表示回应	对讲话者不感兴趣（不关心，做白日梦）
用不带威胁的语气来提问	很少给讲话者反馈或根本没有（语言或非语言）反馈
解释、重申和概述讲话者所说的内容	改变主题
提供建设性的反馈（语言或非语言）	做判断
移情（起理解讲话者的作用）	思想封闭
显示出对讲话者外貌的兴趣	谈论太多
展示关心的态度，并愿意听	自己抢先
不批评、不判断	给不必要的忠告
敞开心扉	忙得顾不上听

（四）倾听的技巧

1. 消除干扰

倾听时所受到的干扰主要包括两种：一种是外在干扰，即物理性的干扰，如上课时手机响起；另一种是内在干扰，即受到来自内心深处的影响，如别人与你谈话时，你却在想另外一件事情。因此，要改进倾听技巧的首要方法就是尽可能地消除干扰。

2. 对方优先

让对方先说，非必要时，不要打断他人的谈话。可是通常在实际的语言沟通中，我们常常在别人把话刚说到一半时却硬生生地将它打断，这会严重影响交流话题的理解。

案例

一个母亲带一个驼背的小孩到家里玩，在这之前，母亲反复告诫自己的小孩，千万不要提及别人的“小残疾”。后来两个小孩在一起玩耍，玩得正高兴时，自家小孩就说话了，他说你猜猜你背上的东西是什么呢？母亲听了后，正想制止孩子，但还是忍住了。可孩子却接着说：“那是上帝送给你的一个盒子，盒子里有对翅膀，等到时机成熟，盒子就会打开，你就会飞起来了。”

3. 注意观察

倾听时一定要注意观察对方的肢体语言，不同的肢体语言通常代表着不同的行为含义，如表 2-2 所示。

表 2-2 肢体语言的含义

肢体部位	肢体动作	含　义
头部	抬头上昂	自信、果断、较为自我
	向左倾	享受谈话过程、放松
	向右倾	在思考与判断、紧张
眼神	正视对方	友善、诚恳、外向、有安全感、自信、笃定
	游移不定	紧张、不自信、不诚实、内向、人际敏感度较低
手	手抓住椅把	不自信、紧张
	手绕衣角或者其他东西	不自信、紧张，或心不在焉、不专注
	双手垫在屁股下面	保守、拘谨、人际交往能力弱
	手绕喉咙、手放在嘴唇上	不认同、准备发言反对
	双手放在背后或环抱双臂	不欣赏、质疑、防备、准备攻击
腿脚	跷二郎腿、脚抖动	清高、随意、有些自大
	两脚张开、脚尖朝对方	开放、诚恳
	两腿交叉、向内收回	封闭、不友好
坐姿	往后靠	放松、自我、骄傲
	往前倾	注意、感兴趣、谦虚
	坐在椅边上	不安、厌烦、警觉

倾听时还应注意保持适当的距离。交流双方之间的个人空间范围通常要因人而异，譬如，亲近的朋友或者家庭成员保持在 45 厘米左右；一般朋友或亲近的同事保持在 45～80 厘米；一般同事或熟人保持在 60～120 厘米；陌生人保持在大于 120 厘米。

4. 听取关键词

所谓关键词，指的是描绘沟通交流中具体事实的关键字眼，这些字眼会透露出某些重要信息，同时也会显示出对方的兴趣和情绪。如果在沟通中适时重复一些对方所说过的关键内容，对方会强烈地感受到你对交流话题的兴趣，他自然会感到非常开心。

5. 关注重点

倾听时要善于抓住对方所表达的主要意思，不要被枝节话茬所吸引，要把注意力集中表现于沟通交流的重点话题和主要想法上。同时也应分清主次，抓住事实背后的主要意思，避免造成误解。

案例

三只猎狗追着一只土拨鼠到了一棵大树下，土拨鼠看见树下有个洞，就钻了进去。猎狗们只好在外面默默地守着。一会儿，从树洞里跳出来了一只兔子！兔子飞快向前跑，爬上了树，猎狗正抬头仰望，突然，兔子从树上掉了下来，砸晕了三只猎狗，然后飞快地跑了。请问，你认为这个故事情节合理吗？你有什么感受？

6. 鼓励他人

在倾听时，要学会鼓励他人。鼓励他人的方式有很多，如重复他人说话的内容、体会到对方的情绪、注重反馈、时常微笑等，都会更进一步推进双方沟通交流的话题，使谈话得以继续进行。

7. 适时总结

倾听别人谈话时，我们在适当的时机应及时给予对方明确的话题反馈，并适时总结，以确认自己所理解的意思与对方是否一致。譬如小结时可以采用“如果我没理解错的话，你认为……”“让我们来小结一下……”“你的意思是……”“你是不是觉得……”等。

课堂互动

一、游戏：商店打烊

（一）活动目标

让学生体会倾听中存在的障碍。

（二）规则和程序

1. 老师向学生讲述一遍故事内容，学生需在5分钟内完成答题纸上的选择题；答完题后学生统计“对”“不对”和“？”（不知道）的数目。

2. 老师将正确的答案告知学生，并说明判断的理由。

（三）情景描述

请根据以下这个故事内容回答问题。

某商人刚关上店里的灯，一男子来到店堂并索要钱款，店主打开收银机，收银机内的东西被倒了出来而那个男子逃走了，一位警察很快接到报案。

仔细阅读下列有关故事的提问，并在“对”“不对”“?”（不知道）中做出选择，在你认为正确的答案上画圈，见表2-3。

表2-3 故事提问

1. 店主将店堂内的灯关掉后，一男子到达	对	不对	?
2. 抢劫者是一男子	对	不对	?
3. 来的那个男子没有索要钱款	对	不对	?
4. 打开收银机的那个男子是店主	对	不对	?
5. 店主倒出收银机里的东西后逃走	对	不对	?
6. 故事中提到了收银机，但没有说具体有多少钱	对	不对	?
7. 抢劫者向店主索要钱款	对	不对	?
8. 索要钱款的男子倒出收银机里的东西后，急忙离开	对	不对	?
9. 抢劫者打开收银机	对	不对	?
10. 店堂灯关掉后，一男子来了	对	不对	?
11. 抢劫者没有把钱随身带走	对	不对	?
12. 故事中涉及三个人物：店主，一个索要钱款的男子和一个警察	对	不对	?

（四）结果分析

结果分析如表2-4所示。

表2-4

1. 店主将店堂内的灯关掉后，一男子到达	不确定，商人可能是店主，可能不是
2. 抢劫者是一男子	不确定。“一男子”不一定是抢劫者，可能是乞丐
3. 来的那个男子没有索要钱款	错
4. 打开收银机的那个男子是店主	不确定。店主的性别不确定
5. 店主倒出收银机里的东西后逃走	不确定。不知是谁倒出来的
6. 故事中提到了收银机，但没有说具体有多少钱	对
7. 抢劫者向店主索要钱款	不确定。可能是“乞丐”索要钱款
8. 索要钱款的男子倒出收银机里的东西后，急忙离开	不确定。东西被倒出来，但不知是谁倒的
9. 抢劫者打开收银机	错。是店主打开收银机的

续表

10．店堂灯关掉后，一男子来了	对
11．抢劫者没有把钱随身带走	不确定，不一定是抢劫者
12．故事中涉及三个人物：店主，一个索要钱款的男子和一个警察	不确定。也可能是 4 个人：一个商人、一个索要钱款的男子、店主、警察

二、倾听能力测试

（一）情景描述

1. 你喜欢听别人说话吗？（　　）

A. 几乎都是　B. 常常　C. 偶尔　D. 很少　E. 几乎从不

2. 你会鼓励别人说话吗？（　　）

A. 几乎都是　B. 常常　C. 偶尔　D. 很少　E. 几乎从不

3. 你不喜欢的人在说话时，你也注意听吗？（　　）

A. 几乎都是　B. 常常　C. 偶尔　D. 很少　E. 几乎从不

4. 无论说话人是男是女，年长年幼，你都注意听吗？（　　）

A. 几乎都是　B. 常常　C. 偶尔　D. 很少　E. 几乎从不

5. 朋友、熟人、陌生人说话时，你都注意听吗？（　　）

A. 几乎都是　B. 常常　C. 偶尔　D. 很少　E. 几乎从不

6. 你是否会目中无人或心不在焉？（　　）

A. 几乎都是　B. 常常　C. 偶尔　D. 很少　E. 几乎从不

7. 你是否注视说话者？（　　）

A. 几乎都是　B. 常常　C. 偶尔　D. 很少　E. 几乎从不

8. 你是否忽略了足以使你分心的事物？（　　）

A. 几乎都是　B. 常常　C. 偶尔　D. 很少　E. 几乎从不

9. 你是否微笑、点头及使用不同的方法鼓励他人说话？（　　）

A. 几乎都是　B. 常常　C. 偶尔　D. 很少　E. 几乎从不

10. 你是否深入考虑说话者所说的话？（　　）

A. 几乎都是　B. 常常　C. 偶尔　D. 很少　E. 几乎从不

11. 你是否试着指出说话者所说的意思？（　　）

A. 几乎都是　B. 常常　C. 偶尔　D. 很少　E. 几乎从不

12. 你是否试着指出他为何说那些话？（　　）

A. 几乎都是　B. 常常　C. 偶尔　D. 很少　E. 几乎从不

13. 你是否让说话者说完他的话？（　）

A. 几乎都是　B. 常常　C. 偶尔　D. 很少　E. 几乎从不

14. 当说话者在犹豫时，你是否会鼓励他继续下去？（　）

A. 几乎都是　B. 常常　C. 偶尔　D. 很少　E. 几乎从不

15. 你是否重述他的话，弄清楚后再发问？（　）

A. 几乎都是　B. 常常　C. 偶尔　D. 很少　E. 几乎从不

16. 在说话者讲完之前，你是否避免批评他？（　）

A. 几乎都是　B. 常常　C. 偶尔　D. 很少　E. 几乎从不

17. 无论说话者的态度与用词如何，你都会注意听吗？（　）

A. 几乎都是　B. 常常　C. 偶尔　D. 很少　E. 几乎从不

18. 若你预先知道说话者要说什么，你也会注意听吗？（　）

A. 几乎都是　B. 常常　C. 偶尔　D. 很少　E. 几乎从不

19. 你是否询问说话者有关他所用字词的意思？（　）

A. 几乎都是　B. 常常　C. 偶尔　D. 很少　E. 几乎从不

20. 为了请他更完整解释他的意见，你是否会询问？（　）

A. 几乎都是　B. 常常　C. 偶尔　D. 很少　E. 几乎从不

（二）评估标准

每个问题选 A 得 5 分，选 B 得 4 分，选 C 得 3 分，选 D 得 2 分，选 E 得 1 分。

（三）结果分析

得分为 90～100 分：你是一个优秀的倾听者。

得分为 80～89 分：你是一个很好的倾听者。

得分为 65～79 分：你是一个勇于改进、尚算良好的倾听者。

得分为 50～64 分：在有效倾听方面，你确实需要再训练。

得分为 50 分以下：你迫切需要改善。

二、学会说话

语言沟通是双向的交流过程，我们除了需要拥有良好的倾听习惯，通过倾听获得他人的意见或者反馈外，我们还应该具备良好的表达能力，学会说话。比如，要建立良好的人际关系，我们需要从恰当的赞美别人开始；同时，为了让别人接受你的观点、想法和思路，我们需要说服别人；当然，如果别人提出不合理的要求时，我们常常也需要拒绝别人。在语言沟通中，善于赞美、说服和拒绝别人，不仅可以获得同学、老师的尊重、理解和信赖，而且有助于你拥有良好的人际关系，便于工作与学习的开展。因此，会表达、会说话在语言沟通过程中至关重要。

（一）赞美的技巧

要建立良好的人际关系，恰当的赞美他人是必不可少的。莎士比亚说过“赞美是照在人心灵上的阳光，没有阳光，我们就不能生长”。所以，我们需要掌握一些赞美的技巧。

1. 直接赞美法

直接表达自己对他人的羡慕，是我们用得最多的赞美法。一句发自内心的赞美，会让人信心倍增，精神倍爽。如，老朋友见面说：“啊！你今天看上去气色真好啊！”但这种赞美法运用的前提是，我们必须善于发现对方身上真正的闪光之处，找准赞美的切入点。

一般而言，赞美的切入点有以下三类。

（1）外在的、具体的，如穿着打扮（衣着、领带、手表、眼镜、鞋子等）、头发、身体、皮肤、眼睛、眉毛等。

（2）内在的、抽象的，如品格、作风、气质、学历、经验、气量、心胸、兴趣爱好、特长、做的事情、处理问题的能力等。

（3）间接的、关联的，如籍贯、工作单位、邻居、朋友、职业、用的物品、养的宠物、下级员工、有亲戚关系的人等。

2. 间接赞美法

每个人都有渴望被赞美的心理需求，当对方间接地听到你的称赞时，会更加觉得惊喜。通过第三者的赞美对方更容易接受。譬如，听某某人讲，你去年的销售业绩非常不错；或者在背后赞美，当赞美传达给对方后，能让对方感到你对他的赞美是真诚的，效果会更好；抑或是赞美行为而不是人，如对方是一名厨师，你告诉他，“我一周有一半的时间都会到你的餐厅吃饭”比“你真是一个了不起的厨师”会更让他感到自豪。

案例

19世纪的一年秋天，屠格涅夫在打猎时无意间捡了一本皱巴巴的《现代人》杂志，他随手翻了几页，竟被一篇题为“童年”的小说所吸引。作者是一个初出茅庐的无名小辈，屠格涅夫却十分欣赏，钟爱有加。他四处打听作者的住处，后得知作者是由其姑母一手抚养长大的青年人，又几经周折，他找到了作者的姑母，表达了对作者的欣赏与肯定。姑母很快写信告诉侄儿：“你的第一篇小说在瓦列里引起了很大的轰动，大名鼎鼎的《猎人日记》作者屠格涅夫逢人便称赞你。他说：这位青年人如果能继续写下去，他的前途一定不可限量！”作者收到信后欣喜若狂。他本是因生活的苦闷而信笔涂鸦打发心中寂寥的，由于名家屠格涅夫的欣赏，竟一下子点燃了他心中的“火焰”，找回了自信和人生的价值，于是他一发不可收拾地写了下去，终成为享誉世界的艺术家和思想家。他就是列夫·托尔斯泰。

【**解析**】让我们值得庆幸的是，幸亏屠格涅夫不吝啬他的赞美，要不我们世界文坛上可少了一位大师级别的作家；同时列夫·托尔斯泰也是幸运的，因为屠格涅夫是一位懂得欣赏，且不吝惜赞美的人，进而给他继续创作的勇气和力量。由此可见，赞美的魔力是巨大的。

3. 意外赞美法

出乎意料的赞美，会令对方高兴不已。因为赞美的内容出乎对方意料，会大大引起对方的好感。卡耐基在《人性的弱点》一书中提到：有一天，他去邮局寄挂号信，办事员服务质量很差，很不耐烦。但当卡耐基把信件递给她并充满羡慕地说“真希望我也有你这样美丽的头发”时，办事员惊讶地看了看卡耐基，接着脸上露出微笑，服务变得热情多了。

4. 肯定赞美法

在别人获得成功或者取得好的成绩时，如果能听到你一声真诚的赞美，无疑是锦上添花的。例如，在报上发表了文章，成功地完成了论文，苦心钻研多年的项目通过了鉴定等，人们都希望得到别人的肯定。这时，不失时机地给予对方真诚的赞美会使被赞美者高兴万分。

案例

有甲乙两个猎人，各猎得两只兔子回来，甲的妻子看见后冷漠地说："你一天只打到两只小野兔吗？真没用！"甲猎人不太高兴，心里埋怨起来。第二天他故意空手而回，让妻子知道打猎是件不容易的事情。

乙猎人遇到的则恰恰相反，他的妻子看到他带回了两只兔子，欢天喜地地说："你一天打了两只野兔吗？真了不起！"乙猎人听了满心喜悦，结果第二天他打了四只野兔回来。

【解析】从这个案例中，我们可以看出两句不同的话，产生的结果是截然相反的，究其原因是赞美产生了神奇的效果。人的根本天性就是喜欢自己主动地去做一些事情，通过赞美可以促成人积极主动、乐意去做而不是被动去做，自然效率或者结果也是最佳的。

5. 目标赞美法

赞美别人时，为他树立一个目标，往往能让他坚定信念为这一目标而奋斗。一般领导对下属常常运用这种方法。如果你希望对方做事能有创造性，就赞美他是一个富有创造力的人。慢慢地，你会惊奇地发现，对方正朝着你预设的目标前进。

课堂互动

赞美能力测评

一、情景描述

1. 不管有事没事，你喜欢微笑吗？（ ）

A. 不喜欢　　B. 一般　　C. 常常微笑

2. 如果有人夸奖你，你会有什么反应？（ ）

A. 对方肯定有求于我　　B. 对方夸得过了，不好意思

C. 表示感谢

3. 如果一个人给你看了他小孩的照片，你会（ ）。

A. 无声地放回去　　B. 一带而过，借机谈自己的孩子

C. 夸他的小孩

4. 如果你的朋友升职了，第二天你见到他，你会（ ）。

A. 和以前一样打声招呼　　B. 表示祝贺

C. 用新的职务称呼他

5. 如果对方给你送上他的名片，你会（　　）。

A. 直接装到兜里　　B. 看一看，然后装到兜里

C. 读出名片上的文字，有不了解的请教对方并适时夸奖

6. 你碰到邻居买了一辆新车，你的反应是（　　）。

A. 视而不见　　B. 看看然后说我也要买车了

C. 你看着他的眼睛，真诚地说：“我真喜欢你新车的颜色。”

7. 如果被邀请去参观朋友的住宅、办公室或公司，你会（　　）。

A. 没反应

B. 告诉他，我哥哥的房子比这还要好

C. 告诉他，真不敢相信你竟有这么豪华的房子

8. 如果你是老师，若学生回答问题信口开河或牛头不对马嘴，你会（　　）。

A. 批评他，让他下次注意思考成熟后再开口

B. 请他坐下，对其他同学说，让我们听听正确的答案

C. 表扬他的勇气，鼓励他再想想

9. 你的好朋友买了一件首饰，她让你做评价，你会说（　　）。

A. 没什么，我早就买了　　B. 嗯，挺好看的，多少钱

C. 非常漂亮，它太符合你的脸型了

10. 你的女朋友烫了发，她问你的看法，你会说（　　）。

A. 好看，很有女人味，不过太成熟不适合你

B. 挺好看的，挺适合你

C. 太成熟了，不适合你，不过很有女人味

二、评估标准

每个题目选A得0分，B得1分，C得3分。

三、结果分析

得分为25分及以上：你是一个懂得赞美并且有技巧的人，你很有人缘，大家很愿意和你在一起。

得分为15～24分：你可能知道在人际交往中需要赞美，但是赞美的技巧需

要加强。

得分为 15 分以下：你是一个自我意识超强的人，可能不怎么在乎别人的感受，要注意改善自己。

记住，对你得分相对低的问题，请你抄下来贴在桌子上，每天看一看，至少持续 21 天，这样将有助于提高自己，你将意识到自己在哪里需要改进。

（二）说服的技巧

早在春秋战国时期，人们就懂得用游说去获得职位了，著名的张仪、苏秦、公孙衍等莫不如此。从某种意义上说，他们每个人都是推销员，每个人都在推销自己，推销自己的主张、价值观、能力，推销自己的产品、方案、成果等，并且都获得了不同程度的成功。那么，要使自己的说服更有力，更能达到目标，就需要掌握一定的说服原则和技巧了。

1. 创造说服氛围

谈话一开始，就要积极营造一个说“是”的氛围，而不要把对方置于不同意、不愿做的处境，然后再去反驳他、劝说他。在说服他人时，应从积极的、主动的角度去启发对方、鼓励对方，比如说“我知道你会反对……可是事情已经到这一步了，还能怎样呢？”和“我知道你能够把这件事情做得很好，只是不愿意去做而已”相比，显然后者能够帮助对方提高自信心，并接受说服者的意见。

案例

先“得寸”后“进尺”

在澳大利亚墨尔本，女记者帕兰要采访一位权威人士，打算请他就海洋动物保护问题做 15 分钟的广播讲话。这位权威人士非常忙，曾经拒绝过很多记者的要求。如果直接提出占用他 15 分钟时间，他可能会拒绝。

帕兰在电话里是这样说的：“在百忙中打搅您很过意不去，我们想请您就海洋动物保护问题谈谈看法，大概只要 3 分钟就够了。听说您日常安排极有规律，每天下午四点都要走出工作室，到户外散步。如果可能的话，我想是不是可以在今天下午的这个时候拜访您？”

结果这个权威人士接受了这个要求，采访于下午 4 点准时开始。当帕兰告别时，时间过去了整整20分钟，帕兰出色地完成了任务，20分钟的录音编制为15分钟的广播讲话，材料是足够的。

【解析】在这个案例中，女记者帕兰运用说服的技巧，从谈话开始，先预设了说服的小目标，创造了一个让权威人士说“是”的氛围，到最后竟然圆满地完成了采访任务，这就是说服的力量。

2. 同理心说服法

当你要说服对方时，必须先了解对方，必须站在对方的角度，设身处地地为对方想一想，充分考虑对方的观点或行为存在的客观理由。也只有建立了设身处地体验对方感受的思考模式，对方才会信任你，进而说服的效果将会十分明显。

3. 先扬后抑说服

说服别人之前，不妨先真诚地赞美别人，然后再说服，往往会取得意想不到的效果。因为每个人都有这种心理，当我们听到他人对自己的优点大加称赞以后，再去听一些不愉快的话，自然觉得好受一些。所以如果你想说服他人，应该首先从真诚地欣赏并赞美开始。

4. 暗示委婉说服

在说服中，有些事情不便直言相劝，会引起对方的反感。因此，我们可以运用暗示说服法，通过委婉的语言形式，从其他侧面将自己的思想观点巧妙地传递给对方。比如借此说彼、旁敲侧击等暗示说服法，不仅可以使问题简化，而且能收到事半功倍的效果，说服力很强。

案例

触龙说服赵太后

春秋战国时期，秦国趁乱大举进攻，赵太后向齐国求救，齐国提出条件，一定要以长安君为人质才能出兵。

长安君是赵太后最小的儿子，赵太后对他的疼爱使她拒绝了齐国的要求。大臣们纷纷劝赵太后以国家为重，赵太后完全听不进去。

左师触龙来见赵太后，先是抱歉说自己年老体衰，但好久没见赵太后，特来问候一下。赵太后与触龙聊了起来，触龙问赵太后饮食如何，然后请求太后为自己的小儿子安排一个职位，顺理成章地把话题引到自己如何疼爱小儿子上。等引起赵太后的共鸣之后，又说起赵太后的女儿燕后的事情来，点明父母疼爱自己的孩子，就必须为他的长远利益考虑。触龙自始至终都没有提到让长安君做人质的事，但是他以聊家常的方式，让赵太后明白了个中道理，最后同意长安君去齐国做人质。

【解析】这个案例，触龙采用了暗示委婉说服的方式。他见到赵太后先说生活起居，营造出一种同病相怜的氛围，又通过自己对小儿子的关心，引出赵太后对长安君的关心，最后站在很高的角度讲清楚真正的母爱是什么样子，在循循诱导下，赵太后被触龙说服。这样以委婉的语言形式，从其他侧面将自己的思想观点巧妙地传递给对方，动之以情、晓之以理的恳谈，任何人都无法拒绝。

5. 对比说服法

鲁迅先生说："如果有人提议在房子墙壁上开个窗口，势必会遭到众人的反对，窗口肯定开不成。可是如果提议把房顶扒掉，众人则会相应退让，同意开个窗口。"当提议"把房顶扒掉"时，对方心里的"秤砣"就变小了，对于"在墙壁上开个窗口"这个劝说目标就会顺利答应了。

对于一个想要一杯热水的人，如果你想让他接受"一杯温水"，为了不使他拒绝，不妨先让他试试一杯"冷水"的滋味，再将"温水"端上，如此，他就会欣然接受了。

课堂互动

说服力测评

一、情景描述

我们每天至少会碰到一次别人照我们的意思行动的情境。为此，这里特别把日常最容易发生的情境搜集了 10 种，每种情境各有 5 个说服的方式，如果是你的话，你将采用怎样的措辞，才能使人欣然乐为呢？

1. 请公寓的房东粉刷墙壁。(　　)

A. "我们已住三年了，多少也照顾照顾我们吧。"

B. "比起我们所付的房租来，这点费用是微不足道的。"

C. "我也帮点忙吧。"

D. "最近有两三个外地朋友要来这里做客，他们很想找个合意的公寓租下来，如果他们欣赏的话，说不定会成为你的顾客呢。”

E.“如果我是你的话，一定二话不说就会大大粉刷一番的。这里又不是只你一个人有房子。”

2. 在宴会中想使一个醉鬼安静下来。(　　)

A.“明天一清醒，你就会后悔的。”

B.“那边有个好漂亮的小姐在看呢，安静一点吧，我来介绍介绍。”

C.“你还不知道吧，大家都在看你呀！”

D.“安静一点，不要那么大声，好不好？”

E.“刚才听说，你在最近的高尔夫球赛里获到优胜奖，可以告诉我一些详情吗？”

3. 你儿子的成绩不及格，他的老师知道大部分的作业都是你代他做的，可是你却和他商量要求他让你儿子及格。(　　)

A.“可是我的儿子是确实用功的，请给他加点分数奖励吧！”

B.“你们的校长是我的老朋友呢！”

C.“是我糊涂，怪我不对，请给他一个发奋图强的机会吧！”

D.“我那位当明星的弟弟最近要来，我给你介绍介绍吧。”

E.“只要这科让他及格，他就会进入大学的。”

4. 你正在为一慈善事业募捐，对方却是个吝啬成性的人。(　　)

A.“只要你捐一点钱，我就写一张两倍数目的收据，好让你少付一些所得税。”

B.“我想本地的问题应由本地人来共同解决，不要让官方插手进来，不知贵意如何？”

C.“请你了解，这是身为市民应尽的义务。”

D.“如果你能捐款，就够给我赏脸了。”

E.“这是十分有意义的慈善活动。”

5. 暴徒拿枪顶着你的背，你不想让他抢你的钱。(　　)

A.“你真倒霉，我身上恰好没钱。”

B.“小心一点吧，我是空手道三段呢！”

C.“老天爷，这是我一周来的血汗啊！”

D.“我的皮夹子在裤子后面的口袋里，尽管拿去吧。”

E. “拜托拜托！没有钱叫我怎么回家见老婆呢？”

6. 你比老资格的同事高升了，却需要他的携手合作。(　　)

A. “这种工作只有靠你的协助才能顺利进行。”

B. “上司快要退休了，我坐了他的位置后，就升你为科长吧。”

C. “真惭愧，他们把我提升了，其实你才是最合适的一位。”

D. “现在我是上司，今后请听我的命令行事。”

E. “这是你的新机会，可以表现你的才能。”

7. 你的儿子想看电视你却要他练钢琴。(　　)

A. “你弹得好的话，爸爸多么开心呢！”

B. “好孩子该听话的，每个人都不得不做些不喜欢做的事呀。”

C. “我们来做个约定吧，我让你看完这个节目，你就乖乖练琴，不要再啰唆了。”

D. “你把琴练好了，会很讨人喜欢的。”

E. “不练琴，那所有的学费不都白费了！”

8. 你的秘书有个约会，你却不得不请她加班工作。(　　)

A. “把约会取消吧，打完这个报告我就请你吃一顿好的。”

B. “上头吩咐，今天非把这个报告书发出不可。”

C. “我明知这是不情之请，可是事非得已，拜托拜托啦。”

D. “你必须打完这个报告，不然就回到以前的打字部工作。”

E. “我相信这件工作只有你才可以做好。”

9. 你想丈夫和你一起去度假。(　　)

A. “今天我见了王大夫，他说你得休息休息。”

B. “你常常因工作出差旅行，我想偶然也去旅行一下。”

C. “你说，到风景宜人的××去休假十天，不是很惬意吗？”

D. “亲爱的，我好想去度个假呀！”

E. “一想到只有我们两人一起去度假，不是很妙吗？”

10. 你超速驾车，想请警察通融通融。(　　)

A. “仅此一次，请高抬贵手吧。”

B. “我送给你一些钱，就这样算了吧。”

C. “也许你不相信吧，我一直都是很规矩的。”

D. “可能是稍稍开快了些，我只是一时糊涂没有觉察而已。”

E. “实在是不得已，我有个急事非赶快不可啊！”

二、评估标准及结果分析

我们在进行语言沟通时，想要说服对方，技巧固然很重要，但是人心不同，重要的还是能有随机应变、逢凶化吉的态度。美国得克萨斯州休士顿的约翰·伍尔夫研究社做过一个调查，训练过无数的售货员，教授他们说服的技巧。然而专家经过多年的观察与研究发现，在回答以上十种情境时，下面的答案总是较有效的。

1. D。一般来说，人只要知道接受你的意见是有利可图的，那么他必会欣然顺从你。尤其最能打动人心的，是金钱上的利益。

2. E。醉鬼往往是不可理喻的，要是你能转移他的方向，诱导他大谈其得意事，让他尽情发泄，必会使他安静下来。

3. C。自己不对时应该勇于认错，大大方方地低头。

4. A。吝啬的人只要让他觉得自己不吃亏，还能得到好处，自然会答应。

5. D。好汉不吃眼前亏，碰到不得已的场合，与其犹豫不决，不如干干脆脆认命！

6. A。要使别人为你做事，最重要的是抬高别人，使人感到自己很重要。

7. C。此时父母该妥协，若想大胜一战，有时你得小败一场。

8. E。人在被信赖而激发起自尊时，最能努力工作。

9. A。这是单刀直入的战术，是可以奏效的少数情况之一，我们对于医生的命令通常都会低头的，只要诉诸人类自我保存的本能，总不难达到目的。

10. D。当你碰到警察这种无可奈何的场合，乖乖地、谦逊地低头往往是再好不过的方法。

这10个问题中如能答对8题，你的说服力便及格了。如果答对的题数在7题以下的话，那就有再研究一下你的说服技巧的必要了。

（三）拒绝的技巧

在生活及职场中，很多场合都要学会拒绝别人。比如：当遇到他人无理或过分的要求时，当上司的决定明显影响你的工作时，面对诱惑时……然而，拒绝是一门学问，处理不好，会给自己留下隐患，甚至可能发生冲突。那么，我们应该怎样发出“拒绝”之声呢？

案例

一个大公司总裁想要录用一位贴身司机。他出了一道题目：在一个悬崖边上有一堆黄金，很危险，要想取到黄金，有随时掉下悬崖的可能，请问，你把车子停在多远处去取黄金？第一位应试者回答：停在3米处；第二位应试者说：停在安全地带，下车去取；第三位应试者说：我会远离悬崖，而且越远越好。录用结果不言而喻。

【解析】前两位应试者可以说是一种勇敢，可是他们只看到面前的诱惑而忘掉了危险；第三位应试者却清楚地看到了眼前存在的危险，从而成功地拒绝诱惑远离危险。

1. 直接拒绝法

遇到很明显的无理或过分要求，应该直接拒绝，但是要把拒绝的原因讲明白，让对方体会到你的难处，让他产生同感。采用此法时，重要的是应当避免态度生硬，说话难听。譬如某牛奶推销员要求你订购他们的牛奶，可你不想订购，你可以很有礼貌地说：“谢谢。你们的服务很周到，可是我家已经订购了别家的牛奶，请谅解。”

2. 巧妙转移法

此种方法要考虑照顾对方的自尊心，不要立即否定，先肯定对方的要求，表示同情、理解和尊重，然后再阐述无法满足对方要求的理由。如你的朋友问你，“某某电影拍得很不错，你觉得怎么样？”你可以这样回答：“还行，不过我更喜欢某导演拍的某某电影。”

案例

你能保密吗

美国总统罗斯福在就任总统前，曾担任海军要职。有一次，他的一位好友向他打听海军在加勒比海一个小岛上建立潜艇基地的计划。

罗斯福很神秘地向四周看了看，压低声音问道：“你能保密吗？”“当然能。”罗斯福微笑地看着他：“那么，我也能。”

【解析】罗斯福的言外之意就是，既然你能保守秘密，那么我也能保守秘密，所以建立基地的事情我不会告诉你。罗斯福用幽默机智的语言拒绝了他的好友，化解了一场泄密风波，这样既不会损害他与好友的关系，而且又不让好友陷于尴尬境地。

3. 微笑打断法

人在说话时都喜欢别人倾听，而不是被打断。但你遇到别人提出一个你已经预感到有困难的问题时，你可以用这个方法。在对方谈问题或在做铺垫的时候，就可以用微笑的语言打断对方的谈话，进而把谈话的话题引到其他方面。比如："今天咱们先不谈这个，还是说说你关心的另外一件事吧……"

4. 另做选择法

当对方提出一个非常棘手的问题，而你无法解决或者满足对方时，可以与对方商量找到一个你们都能接受的替代方法，这样从侧面来拒绝的方法，往往是处理矛盾和预防危机的一种非常适合的手段。如你的同学说："今天我们去看话剧好吗？"而你不愿意去，你可以说："去看电影怎么样？"这种回答不会引起对方的反感，对方可能会同意你的意见。

5. 李代桃僵法

有一次，马克·吐温向邻居借阅一本书，邻居说："可以。但我定了一条规则：从我的图书室借的书必须当场阅读。"一个星期后这位邻居向马克·吐温借割草机，马克·吐温笑笑说："当然可以，毫无问题。不过，我定了一条规则：从我家借的割草机只能在我家的草地上使用。"当对方提出的要求你不想满足或者你目前无法满足的时候，可以用这个方法。

课堂互动

拒绝力测评

一、情景描述

1. 你已经计划好了要利用晚上的时间把你家里的事情做完——这些事是你已经推辞过的，你最终决定要腾出时间来把它们完成。这时一个好朋友给你打电话，她说需要你晚上去她家里，因为她感情上出现了危机，她必须找人谈谈。这时你会（　　）。

A. 立刻赶到她家

B. 你开始很着急拿不定主意，但认为她的问题更紧急，于是耽搁了片刻后你去了她家

C. 告诉她你会过去但是你需要先花几小时把事情做完，而且你问她能不能把两个人的饭准备好

D. 告诉她你今天太忙了，但是可以找别的时间和她谈谈

2. 一个电话推销员晚上给你打电话想要卖给你一件你并不需要的商品。电话另一端的女推销员声音甜美，而且你不想伤害她的感受，你会（　　）。

A. 在电话里听她讲大概 20 分钟

B. 先听几分钟，然后说对不起，告诉她你得出去因为你的狗病了

C. 听一会儿后告诉她你没时间听她多讲，并且你不需要这种商品，告诉她你不希望她再打电话过来，并说“谢谢”

D. 你厉声地对她呵斥，并把电话挂断

3. 到吃饭的时间了你还很忙，因为你必须再做几件事情，比如把一个新包裹送到邮局。这时你的朋友打电话要请你共进午餐，并要告诉你一些令人激动的消息，你会（　　）。

A. 去和她一起吃午饭，希望自己会有足够的时间

B. 和她共进午餐，但是你不停地看表，如坐针毡

C. 同意去见她，但是告诉她你只有半小时的时间

D. 告诉她你太忙了，能不能再约个时间

4. 你姐姐或你的好朋友请你帮忙照料一会儿小孩，这样她就可以和她的闺蜜外出了，你会（　　）。

A. 如同平时一样立刻答应

B. 感觉有点被利用不过还是答应了

C. 告诉她这次可以，但不是每次你都随叫随到

D. 告诉她你现在也很忙碌，你今天没有时间

5. 办公室里的一个家伙总说要和你一起吃顿饭，讨论下你们如何共处。办公室里只有你俩了，他强烈要求这周的某一天一起出去吃饭，你会（　　）。

A. 不假思索地同意

B. 有些顾虑，但由于你不想破坏他的感受还是同意了

C. 一起去吃饭，但把谈话的主题放到工作上

D. 明白地告诉他你只想保持工作关系，不想单独和他交往

6. 你在一家饭店订了午餐，但你只有一小时。当你到达那家饭店后，服务员告诉你今天预订的人太多了，你需要等一会儿才有座位。这家饭店看起来的确很“火”。这时你会（　　）。

A. 坐在那里等，希望很快会有你的位子

B. 问清楚要等多长时间，并向服务员解释你还有重要的安排

C. 告诉他你没有时间等了，离开那家饭店

D. 抱怨饭店的失误，然后离开

7. 你报名参加了晚上的一门课程，这门课程是你一直盼望学的。然后你发现你的爱人想在那天晚上用车，并且她（他）认为她（他）的需求比你的更重要，你会（　　）。

A. 放弃上课的念头，尽管你感到很失望

B. 跟她（他）解释一下上课的事，提议你们应该达成协议，比如让她（他）下课后去接你

C. 告诉她（他）这次该你用了，并且这次你一定要用这部车

D. 你没必要和她（他）商量，你已经告诉她（他）你有课了

8. 你正在进行一次商务贸易，你要出售一百件你最昂贵的产品，虽然价格打了折扣，不过你对目前这个价格感到满意。但就在商品要脱手的时候，你的客户打来电话，说他们遇到了经济危机，只能支付原价格的60%，你会（　　）。

A. 同意按照客户能够支付的价格出售

B. 和他们商议一个新价格——比如，你们各让一步取折中价

C. 你可以负担商品的运费，但价格不能再变动

D. 告诉对方除非按照商定的价格，否则交易中止

9. 你正在安排和一群朋友一起去度假。在商量出行时间的时候，别人很明显都比你愿意早出发几天，这时你会（　　）。

A. 确定别人都在哪天有空，去适应他们的时间，尽管这意味着你要错过几个重要的约会

B. 很不情愿错过你的约会，但最终你还是选择了和别人一起出发

C. 让别人和你一起解决这个问题，互相达成妥协，并且你希望可以不耽误你的约会

D. 告诉他们如果你错过约会的话，你就不和他们一起去旅行了

二、评价标准及结果分析

你的选项如果多数为A，你是不是还不太懂得如何拒绝别人呢？你灵活变通，但你通常要为此付出代价。别人会“剥削”你，而且他们确实这样做了。有时候人们很难对不维护自己利益的人怀有敬意。你传达给别人的信息是：你是个“逆来顺受”的人。

你的选择如果多数为B，你是一个出色的外交家，你不愿伤害别人的感受。当你真心地想说“不”的时候，你却说了“好吧”。你倾向于把别人的需求放到你的前面，之后才会考虑到自己的需求。

你的选择如果多数为C，你可以很得体但又很坚决地拒绝别人。你可以很好地平衡你与别人的需求。当你的确有必要拒绝别人，而且你打算拒绝的时候，你不会害怕说“不”。你有能力决定什么事情最重要，并且会坚持把它做下去，但同时又不丧失灵活性。

你的选择如果多数为D，你按照自己的方式生活，你可以毫无困难地说“不”。你在自己认为可以接受和不可以接受的事情中间划分了一条清晰的界限。很久以前你就学会这么做了。这是你行为方式的基本部分，它可以帮助你集中精力完成你要做的事。另一方面，这种行为方式表明你在表达拒绝时态度很生硬，因为你想居于控制地位。

三、学会提问

语言沟通的完整过程既包括信息的发送者即说话的人，又包括信息的接收者即倾听的人，同时还包括信息的反馈，如“提问”。其实语言沟通的基本形式，要么“你问我答”，要么“我问你答”。好的提问方式具有强大的力量，能拉近彼此之间的距离，引导谈话得以继续，而不好的提问常常会使话题终结。因此，提问也是一门艺术，相同的问题，由不同的人去提问时，往往结果是不一样的。

案例

两个信徒的故事

甲乙两个信徒都很爱抽烟，一天祷告时，甲问神父：“我祷告时可以抽烟吗？”

神父生气地说：“绝不可以！”

乙问神父：“我抽烟时可以祷告吗？”

神父和蔼地说：“当然可以！”

【解析】从这个案例我们可以看出，提问不在于多，而在于善问；提问应根据交谈对象、内容和目的的不同，采取不同的提问方式。因此当你拥有了好的提问技巧与方式时，你就拥有了话语权，谈话自然会朝着你预期的目标迈进。可见学会提问，具备提问的能力，便能实现与他人真正有效的沟通。

（一）学会提问，受益无穷

1. 提问有助于获取信息

提问是获取信息的重要来源。当你对某个问题或者关键点不明白时，可以以提问的方式，表明你的疑惑。提问时，为了使你想获得的信息正好是被提问者所回答的，一定要做好功课，搞清楚自己到底是哪里不懂，然后再以清晰的发音、和缓的语调谦敬地说出问题的症结在哪里。比如：你是如何应聘上这家知名企业的？

2. 提问有助于确认事实

提问的出发点应立足于增进彼此的了解，而不以致别人于尴尬境地为目的。在某些场合谈及需直言相告的话题，如果改为提问的方式，既不失礼节，也有利于确认沟通成效，弄清事实，不失为好的方法。比如：“下周的年会，你和刘经理都会去吗？我来联系。”

案例

古希腊哲学家苏格拉底的故事

雅典当地一位青年一心想当政治家，为帮助这位青年认清正义与非正义问题，苏格拉底和他进行了下面的对话，以下都是苏格拉底问，青年答。

问：虚伪应归于哪一类？

答：应归入非正义类。

问：偷盗、欺骗、奴役等应归入哪一类？

答：非正义类。

问：如果一个将军惩罚那些极大地损害了其国家利益的敌人，并对他们加以奴役这能说是非正义吗？

答：不能。

问：如果他偷走了敌人的财物或在作战中欺骗了敌人，这种行为该怎么看呢？

答：这当然正确，但我指的是欺骗朋友。

苏格拉底：那好吧，我们就专门讨论朋友间的问题。假如一位将军所统帅的军队已经丧失了士气，精神面临崩溃，他欺骗自己士兵说援军马上就到，从而鼓舞起斗志取得胜利，这种行为该如何理解？

答：应算是正义的。

问：如果一个孩子有病不肯吃药，父亲骗他说药不苦、很好吃，哄他吃下去了，结果病治好了，这种行为该属于哪一类呢？

答：应属于正义类。

苏格拉底仍不罢休又问：如果一个人发了疯，他的朋友怕他自杀，偷走了他的刀子和利器，这种偷盗行为是正义的吗？

答：是，他们的行为也应属于这一类。

问：你不是认为朋友之间不能欺骗吗？

答：请允许我收回我刚才说过的话。

【解析】从这个案例我们不难看出，苏格拉底不愧为提问界的鼻祖。苏格拉底在上述的提问中，首先采用开放式提问“虚伪应归于哪一类？”引导对方先定义本质的东西，紧接着又以开放式的问题追问“偷盗、欺骗、奴役等应归入哪一类？”促使对方再次定义本质；再接着他又连连抛出若干具体问题追问对方，迫使对方改变了原有的定义。他提问的整套方法，如今被称为“苏格拉底之法”。

3. 提问有助于启发思考

提问的行为本身是会对人的大脑产生刺激的。你会惊喜地发现，每一次提问都可以调动被提问者的积极性，让被提问者主动思考，进而收到让人意想不到的效果。比如：“阅读心理书籍有助于调整人们的心态。”我们可以转化为一个问题，效果就会很不一样。“你认为阅读心理书籍是如何帮助我们调整心态的呢？”

案例

乔布斯用一个提问挖走了百事可乐总裁

1983 年，乔布斯希望挖走百事可乐总裁约翰·斯卡利（John Sculley）。但斯卡利思考了很久，还是不想放弃自己现在的事业，表示双方还是做朋友吧。这时，乔布斯说出了至今仍然被视为“最好的销售广告词”的话：“你究竟是想一辈子卖糖水，还是希望获得改变世界的机会？”斯卡利瞬间被乔布斯这句话打动，离开了百事可乐，成为苹果的首席执行官。他和乔布斯一起创造了最棒的产品（“第一部 Mac”）和最棒的广告（“1984”）。

【解析】乔布斯也是一个善于提问的高手，他在沟通中运用提问的力量主导了对方的思维，在沟通中占据主导权，引发了百事可乐总裁约翰·斯卡利的思考，进而也改变了他的人生轨迹。

4. 提问有助于自我觉察

通过提问，可以让人自我觉察，能够使人更好地了解自己，让人更深刻地理解自己为什么要做这些事情，为什么不做那些事情。比如：“你们对自己的成绩满意吗，为什么满意呢？”这样的问题，能帮助人们了解他在当下的行为结果对自己产生的意义。“你们刚刚的活动一直进行到最后一分钟，为什么没有放弃呢？”这个问题，能帮助人对事情进行价值方面的判断。

苏格拉底说，不经反思的人生是不值得过的。提问的过程就是一个不断反思的过程。我们内心思考着什么问题，就会牵引着我们走向什么方向。正是这些内心的提问控制着我们的行动。我们向自己提问，得出答案，引发行动，产生结果，循环往复。

（二）提问的类型及选择

1. 提问的类型

一般来说，提问可分为两类：封闭式提问和开放式提问。

（1）封闭式提问。封闭式提问是指提问者提出的问题带有预设的答案，需要倾听者给出一个明确的答案，“是”或“不是”，或者在几个答案中选择一个，从而使提问者可以明确某些问题。例如：①你喜欢这所学校吗？②你是哪所学校毕业的？

（2）开放式提问。开放式提问是指提出比较概括、广泛、范围较大的问题，对回答的内容限制不严格，让倾听者对有关的问题、事件给予较为详细的反应。开放式问题常常运用包括“什么”“怎么”“为什么”等词在内的语句发问。例如：①你为什么喜欢这所学校？②你从这所学校毕业后准备做些什么？

2. 选择合适的问题类型

关于问题类型的分类，一般来说，可以分为封闭式问题和开放式问题。但是，我们在语言沟通的过程中，往往提问的目的会更多样化，有的是为了收集信息，有的是为了确认对方的想法，有的是希望对方进一步说明，有的是希望对方拓宽思路，鼓励创造性的思维等。因此，不同的目的，问题类型的选择也是不一样的。具体情况见表 2-5。

表 2-5　合适问题的选择

问题类型	目　的	举　例
澄清型问题	澄清事实，确认内容，保证理解正确	听起来你说的是……对吗？ 你刚刚所说的意思是……是吗？
探究型问题	探究，认为对方的说法与自己的理解有出入，或者需要对方额外进行解释说明	有何证据可证明此点？ 这个原因如此重要是因为……
反思型问题	引发进一步的思考，认为对方目前的谈话不够深入	……的背后是什么呢？ 你为什么……
度量型问题	把抽象的问题具体化，便于彼此交流讨论	如果用 1～10 分代表你对于目前成绩的满意度，1 分表示最不满意，10 分表示最满意
学习型问题	鼓励认可，而非批判评论	你觉得这次活动哪里做得比较好？ 哪里还可以做得更好？
假设型问题	探索新的可能或需要突破思维	假设您的竞争对手……会发生什么样的情况？ 假如不考虑任何资源约束，你会怎么做？
引导型问题	对方思考不够全面，需要激发使其进一步思考	除了刚刚提到的合作有问题，还有什么问题呢？刚刚谈到了团队合作、沟通等，请问我们在共同解决问题方面做得如何呢？

（三）如何提问

在《SPOT 团队引导》一书中对如何修炼提问进行了阐述，书中指出提问要有结构，要做到有章可循，我们不妨在实际运用提问时使用这些提问的结构，参见表 2-6。

表 2-6　提问的结构及问句示例

提问的结构	问句示例
Highs & Lows 亮点与缺点	你认为刚刚活动中哪里做得比较好？ 你认为刚刚活动中哪里还可以做得更好？
3Do：Do-Again，Do-Differently，Don't-Do 保持好的行为；改善意见与建议；停止的行为	你建议团队互动中可以继续保持的是什么？ 你建议哪些方面可以改善？ 你建议应该停止的是什么？
3-2-1 3-有意思的；2-应用；1-行动	你从这次研讨会收获的：描述三个有意思的发现，两个应用点和一个将会采取的行动
4R：Retain，Revise，Remove，Recommend 保留；修改；去掉；推荐，增加	根据你在学习活动中体验的：你要保留什么？你要改变什么？你要去掉什么？你建议我们增加什么？
ORID 焦点讨论法： Objective：客观性 Reflective：反映性 Interpretive：诠释性 Decisional：决定性	客观性：活动中发生了什么？你记住了什么？你注意到了什么？你看到、听到了什么？ 反映性：你的感觉是什么？让你感到惊奇的是什么？让你感觉意外的是什么？你比较喜欢什么地方或不喜欢什么地方？让你感到兴奋的是什么，为什么？ 诠释性：这对你意味着什么？这次活动为你带来了什么？对你有什么启发？ 决定性：对于这些问题，我们能做些什么？未来我们可以采取什么行动向前迈进？

（四）提问的技巧

（1）避免无用的问题，提出的话题要能吸引对方，要具体，不要太空洞。

（2）为了引起对方对某个问题的注意，可以这样说："这件事您也许早听说了"，这样能引起对方的兴趣。

（3）对自己没有把握的或拿不准的问题，可以以问的方式引导对方自己说出结论。如说到一部小说，你可以说："你觉得××人物怎么样？"让对方把思路和结论告诉你。

（4）如果对方不愿直接说出自己的看法，你可以这样问："你的朋友是怎样看待这个问题的？"

（5）有时提出相反的看法，可以使交谈深入展开。如说："事情不是这样的吧？""有这么回事吗？"等。

（6）避免使提问变成类似于审讯。通常以"为什么"开头的提问会让人感觉不舒服，甚至会出现抵触情绪。因此，可以尝试把"为什么"改成"是因为什么”的陈述句，如把“为什么你觉得这件事情如此重要？”可以改成“这个事情如此重要是因为……”

（7）必要的沉默能使人有思考的余地。但为了避免过于冷场，或者当大家对某个问题兴趣不大时，可以引发新的问题。

课堂互动

提问能力测试

一、情景描述

请你根据最近语言沟通中的表现，如实回答以下10个题目，每个问题请回答“是”或“否”。

1. 在谈话前，你会预先准备好提问。（是/否）

2. 在提问时，你会避免提出那些可能阻碍对方让步的问题。（是/否）

3. 你不会强行追问或者接连不断地提出问题。（是/否）

4. 你会避免以法官的态度来询问对方或者避免将提问变成类似于审讯。（是/否）

5. 提出问题后，你会闭口不言，专心致志地等待对方做出回答。（是/否）

6. 你在提问时会注意言简意赅。（是/否）

7. 你在提问时态度是诚恳的。（是/否）

8. 提问时，你会注意不提有关对方私人方面的问题，或不提带有敌意的问题。（是/否）

9. 你所提的问题常常会引起对方对某个问题的注意。（是/否）

10. 你会以提问的方式引导对方就自己没有把握或者拿捏不准的问题得出结论。（是/否）

二、评估标准

以下所示10个问题的正确答案，是根据提问技巧的理论得到的。

1.是 2.是 3.是 4.是 5.是 6.是 7.是 8.是 9.是 10.是

三、结果分析

这10个问题中如能答对8题，说明你的提问能力及格了。如果答对的题数在7题以下的话，那就需要好好地研究一下自己的提问技巧，相信你的提问能力会更上一个台阶的。

实践训练

活动一：课后戴高帽游戏

（一）活动目的

学习发现别人的优点并欣赏，促进相互肯定与接纳。学会赞美，体会赞美的力量。

（二）活动步骤

1. 分组：5～10人一组。

2. 坐圈：组成员围圈坐，请一位成员坐或站在团体中央，其他人轮流说出他的优点及欣赏之处（如性格、相貌、处事）。每个成员到中央戴一次高帽。

3. 分享与讨论：被称赞的成员说出哪些是自己以前察觉的，哪些是不知道的。大家分享交流赞美他人及被赞美的感受。

（三）活动规则

1. 必须说优点，态度要真诚，努力去发现他人的长处，不能毫无根据地捧，这样反而会伤害别人。

2. 参加者要注意体验被人称赞时的感受如何？怎样用心去发现他人的长处？怎样做个乐于欣赏他人的人？

活动二：如何说服

（一）活动目标

学会使用说服技巧。

（二）情景描述

1. 单位让你去请一位专家来做专题报告，且要付报酬，你如何去请他大驾光临呢？

2. 某人不止一次向你复述同一件事或同一个笑话，而且讲一次要花很长时间。这次他又开始讲了，你如何说服他别讲了？

3. 某部队文工团的一位演员，在第一次登台演出时，由于缺乏经验而产生怯场心理，任别人怎么劝说她死活不肯上台。你若是领导，此时该如何说服她上台？

4. 学生宿舍内有的学生在睡午觉，可有一个学生却唱着歌走进来。你若在场，怎么劝他不要唱了？

5. 大家正在排队买火车票，这时有一个人挤到窗口要插队买票，大家很不满意。你若在场，怎么说服他到后边排队买票？

6. 你怎么说服自己的好朋友换下不适合她颜色的衣服？

（三）活动形式：情景演绎法

每个情景请一组同学进行分角色表演，其他同学进行点评。

活动三：沙漠奇案

（一）活动目的

领会封闭性提问方式的局限性。

（二）活动规则

1. 时间为 5 分钟。

2. 由老师交代案情：一个男人，在沙漠当中一丝不挂地躺着，死了，周围没有痕迹。

3. 学生通过提封闭性问题的方式去判断案情的起因。

4. 老师只负责学生的问题，但只能说“是”或“不是”。

（三）结果分析

案情的起因：一对夫妇乘坐热气球在一望无际的沙漠当中探险，因为途中热气球燃料不足，需要减轻热气球的重量，该夫妇想尽办法，将一切可以扔的东西都全部扔掉，甚至包括衣服，但是这仍不能解决问题。最后，丈夫为了他心爱的妻子能够逃出生天，就舍弃了自己的生命，跳下沙漠身亡。

推荐阅读

1.《争辩力：10%的沟通决定你的成败》作者：（日）和田秀树著，张瑞丰译，出版社：北京科学技术出版社，出版时间：2016 年 3 月。

2.《打动人心的 160 个口才技巧》作者：孙和，出版时间：2009 年 2 月。内容简介：《打动人心的 160 个口才技巧》将传授你一些说话技巧，教你在不同的场合与不同的人交谈时，如何在最短时间内引起对方的兴趣，打动对方，掌握对方的心态，使你在面对各式各样的人时，都能应对自如。在日常生活中，想把话说得明白、说得到位、说得得体、说得出色，就必须学习和掌握一些基本的技巧。打动人心的说话方式，是让双方从陌生到熟悉，进而顺畅交流的开始！在你翻阅《打动人心的160个口才技巧》之后，你会发现语言的魅力超乎你的想象，当你已能口若悬河、应对自如时，成功就离你不远了。

3.《有一种能力叫说话》作者：周芳，出版社：江西科学技术出版社，出版时间：2010年。本书运用了大量的心理学理论，用真实的案例使读者在阅读过程中产生共鸣，学到很多实用的知识。

第三章　非语言沟通

【学习目标】

- 掌握非语言沟通的含义与特点
- 掌握各种非语言的沟通方式

【技能目标】

- 把握非语言沟通的运用方式
- 运用非语言沟通实现沟通的有效性

【名人名言】

卡尔·施皮特勒：微笑乃是具有多重意义的语言。

稻盛和夫：人生的道路都是由心来描绘的。所以，无论自己处于多么严酷的境遇之中，心头都不应为悲观的思想所萦绕。

里德：美是力量，微笑是它的剑。

戴尔·卡耐基：做一个好听众，鼓励别人说说他们自己。

格拉西安：在交谈中，判断比雄辩更重要。

爱默生：有许多隐藏在心中的秘密都是通过眼睛被泄露出来的，而不是通过嘴巴。

伏尔泰：要根据一个人的发问来判断这个人，而不要根据他的答复来判断他。

第一节　非语言沟通的方式与特点

案例导入

沟通不仅仅需要语言

某公司举办了一场单身联谊会，刚毕业的小周是这家公司的新员工，单身的她也参加了这次活动。在联谊会上，主持人按照流程让大家展示才艺并分组游戏，到了自由沟通五分钟的环节，小周和刚才做游戏的一个男同事聊天，由于两人家乡离得比较近，刚开始两个人相谈甚欢，可是聊了几分钟，男同事便经常看自己的手表，两人聊天的话题也逐渐减少，小周也不知道该聊什么，就看起了手机。最后两个人虽然都留了联系方式，但是之后很少再交流。

【思考】你觉得小周和同事聊天过程中有哪些问题？你认为他们的动作表达了什么心情？如果是你，会怎么与对方进行愉快顺利的沟通？

非语言沟通（Non-verbal Communication）是相对于语言沟通而言的，即信息发送者通过仪表、姿态、神情、动作、空间距离等方式将信息输送到信息接收者的视觉器官，再通过信息接收者的视觉神经作用于大脑，达到信息发送者交流信息、进行沟通的目的。

早在原始社会时期，人类的语言还未形成，作为非语言沟通之一的身体语言就曾在人类生活中起着举足轻重的作用，无论是日常捕猎或农作，还是信息传递，原始社会的人类都是运用非语言沟通进行交流的。即使语言形成后，非语言沟通也一直在人类社会中发挥着极其重要的作用。哺乳期的母亲通过婴儿的身体语言可以了解其某种需求；身处异国他乡，在不懂得任何当地语言的情况下也可以通过身体语言来寻求当地居民的帮助。

国际肢体语言专家艾伯特•梅拉比安研究发现，一条信息的传达，通常只有7%靠有声语言，38%靠声音，55%靠身体语言。人们大部分时间都还是利用非语言方式进行交流的，利用非语言方式传达信息不仅便捷，而且信息量大，相当于有声语言的数倍。由此可见，在人们的日常工作和生活中运用好非语言沟通，可以让我们的沟通更加有效、方便。

一、非语言沟通的方式

非语言沟通主要还是通过身体语言来进行表达的，人的内在情感都可以通过身体语言进行外部显现。通过眼神、面部肌肉运动、手势等诸多无声的体态将有声的语言进一步形象化、生动化，以实现沟通的有效性。具体的非语言沟通方式可分为广义和狭义两种。

（一）广义的非语言沟通方式

（1）标记语言，即主要通过运用某种肢体动作或符号标记进行信息传递的一种沟通方式。运用肢体动作的标记语言通常有：聋哑人的手语，航海员的旗语、交通警察的指挥手势、裁判的手势，以及人们惯用的一些表意手势，如“OK”和胜利的“V”等，如图 3-1 所示。

图 3–1　动作语言

运用符号的标记语言有：医院的“十”字、道路交通指示牌、公园的指示牌、人民币的￥符号及许多现代企业的标志等，如图 3-2、图 3-3 所示。

（2）动作语言，即通过人的动作来充分展现人的内心反应或个人素质的一种沟通方式。譬如饭桌上的吃相通常能反映出一个人的修养；一位顾客在排队，他不停地把口袋里的硬币弄得叮当响，这就能较明显、清楚地表明他很着急；再如顾客挑选物品时拿起又放下，显示出他犹豫不决，拿不定主意。

（3）物体语言，即通过对个人物品的使用及摆放习惯来判断一个人的性格、工作态度、行为习惯的一种沟通方式，它通常具有个人主观特点。譬如，总把办公物品摆放得很整齐的人，一般就能看出他是个干净利落、讲效率的人；手表戴在手腕，牢固不松懈，通常表明这个人执行力强，如图 3-4 所示。

图 3–2　标记语言

图 3–3　现代企业的标志

图 3–4　物体语言

（二）狭义的非语言沟通方式

（1）表情语言，是表情达意的主要媒介，是一种重要的交流工具，通常包括眼睛、眉毛、鼻子、嘴巴、头部，如图 3-5 所示。

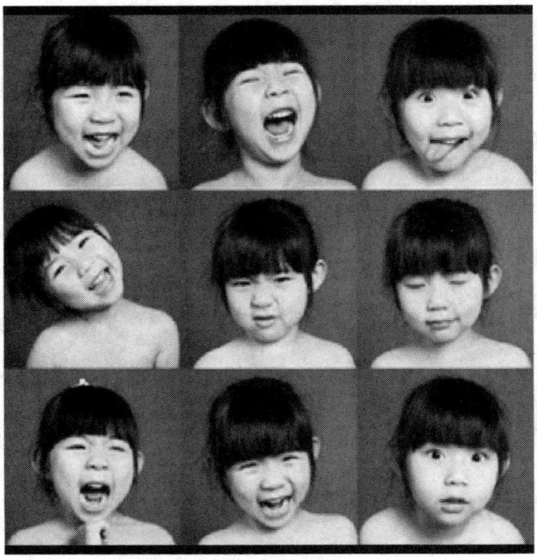

图 3–5　表情语言

（2）动作语言，是指人的肢体各部位产生具有情绪传递、体现性格的动作。如手、双臂、腿脚及站立、落座、行走都可以传递情绪，体现性格特征，如图 3-6 所示。

图 3–6　动作语言

（3）形象语言，是指人的仪表、风度、着装向他人无声地传递自己的社会地位、个性、职业、教养等信息，如图 3-7 所示。

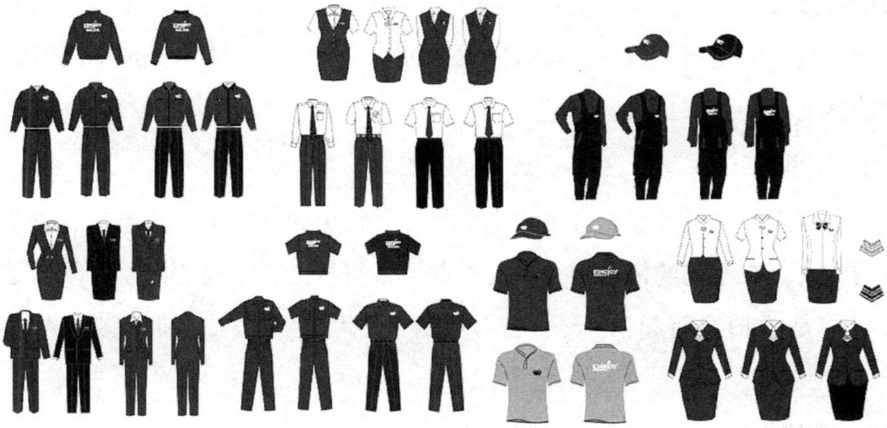

图 3–7　形象语言

（4）环境语言，是指人们利用自身因素之外的环境因素传递信息，实现沟通的过程，如图 3-8 所示。

图 3-8　环境语言

二、非语言沟通的特点

非语言沟通具有无意识性、情境性、可信性、个性化、差异化与统一性、多样性等特点。

1. 无意识性

奥地利心理学家西格蒙德·弗洛伊德认为，没有人能够绝对地隐藏秘密，假如他的嘴不说话，则他会用指尖说话。一个人的非语言行为更多的是一种对外界刺激的直接反应，这种反应基本上都是无意识的。譬如，与自己不喜欢的人站在一起时，保持的距离比与自己喜欢的人要远些；有心事，不自觉地就会给人忧心忡忡的感觉。

2. 情境性

与语言沟通一样，非语言沟通也会显现于特定的语境中，情境左右着非语言符号的含义。在不同的情境中，相同的非语言符号会有不同的内涵。同样是拍桌子，可能是“拍案而起”，表示怒不可遏；也可能是“拍案叫绝”，表示赞赏至极。

3. 可信性

由于语言信息受理性意识的控制，因此容易作假。人体语言则不同，人体语言大都发自内心深处，极难压抑和掩盖。当某人说他毫不畏惧的时候，他的手却在发抖，那么我们更相信他是在害怕。英国心理学家阿盖依尔等人的研究表明，当语言信号与非语言信号所代表的意义不一致时，人们更愿意相信非语言所代表的意义。

4. 个性化

一个人的肢体语言，与说话人的性格、气质是紧密相关的，爽朗敏捷的人和内向稳重的人的手势或表情肯定是有明显差异的。每个人都有自己独特的肢体语言，它体现了个性特征，人们时常通过一个人的形体表现来解读他的个性。

5. 差异化与统一性

文化的差异导致不同文化背景的民族在非语言理解上存在差异，譬如，当我们在国内看到国外的小朋友时，与之友好地打招呼，难免会因为喜爱而产生拥抱、亲昵的亲切举动，由于文化的差异，在有些人眼中这种亲切举动会让他们感到不适应或没礼貌；但是各民族对某些行为又有着统一的理解，如握手、微笑、点头、摆手等。

6. 多样性

同一语言符号在不同人的解读下会有不同的理解，呈现出多样性特征。这种多样性与人的成长经历、知识储备、心理状态有着密切的关系。

三、表情沟通——观人颜面可知心

观察一个人的面部表情可以在一定程度上了解和洞察他的内心世界。许多西方著名学者的研究表明：在解释矛盾的信息过程中，人们更加看重的是脸部的表情，而不是语言内容或声调，因为表情往往是“未经反省”的自发性反应，如图 3-9 所示。

脸是一个人“情绪的投射”。有人把面孔比喻为一个人情绪变化的“晴雨表”，这是因为人的面部储备着异常丰富的表情。正如法国作家罗曼•罗兰所说：“面部表情是多少世纪培养成功的语言，是比嘴里讲得更复杂千百倍的语言。”生物学家达尔文在《人类与动物的表情》一书中指出，现代人类的表情、动作是人类祖先遗传下来的，因而人类的原始表情具有全人类性、普遍性。正因为面部表情具有生物和社会特征，人们也就不自觉地运用它们来表达自己的思想情感。面部表情作为一种“无师自通”的本能，其他社会成员也可以读出这种特殊的“语言”。

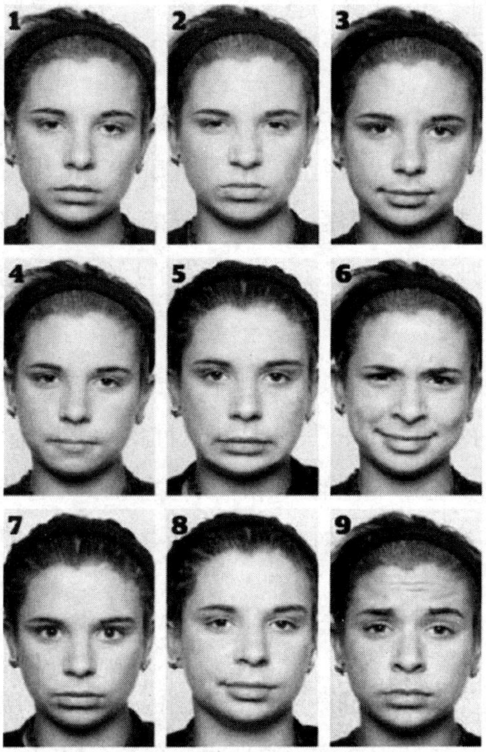

图 3–9　自发性反应表情

复杂的生理机制决定了人的面部表情。首先是肌肉的扩张与收缩，如愉快时，面部肌肉横向拉动，面孔显得短而圆；生气时，面部肌肉纵向延伸，面孔就被拉长。据研究，人的面部有 72 对肌肉，可以进行上千种组合。然后就是面纹路的横竖、深浅与弯曲，如人笑起来，脸上的纹路呈现出较多的曲线。会心地笑，左右两边纹路的深浅是对称的；而那种皮笑肉不笑的人，笑起来却可以看出左右两边纹路的深浅是有差异的。面部肌肉颜色的变化也影响到了人的面部表情，如高兴时面色红润，失意时面色蜡黄，恐惧时面色灰白，羞愧时面红耳赤等。

经研究发现，在全世界范围内至少有 6 种常见的面部表情是人类与生俱来的，而不是后天习得的，如图 3-10 所示。这些表情有快乐、悲伤、惊奇、恐惧、生气和厌恶等。

图 3-10　6 种常见面部表情

每一种表情都需要面部各个部位进行某种令人难以置信或微妙的组合与排列，然后才能传递出独一无二的信号。人们往往能够迅速地辨认和识别出这些表情及其含义。我们的面部有三个能够独立运动的部分，即额头和眉毛，眼、眼睑、鼻子，脸颊、嘴、下巴。下面结合面部变化，描述 6 种常见的面部表情。当然，这里描述的表情通常是伴随着非常强烈的情绪而产生的，而非表现微妙感情的表情。

（1）快乐。当一个人尽情快乐时，对面部产生影响的部位主要涉及眼、嘴和脸颊。这时脸颊会上升，并鼓胀起来；下眼睑微微上扬，在下眼睑下面会出现皱纹，鱼尾纹可能会分布在眼角外围；唇角向外和向上运动，嘴巴会变长；双唇可能会分开，并露出牙齿（通常会露出上面的牙齿）。

（2）悲伤。从整体上来说，嘴最能表露出人的悲伤情绪。悲伤的时候，嘴角下垂，会凸显出整个面部松弛呆滞和无精打采的表情。如果一个人因为悲伤而流泪哭泣，其双唇可能会颤抖，眉端上扬，因此，双眉之间的空间、鼻子根部及两只眼睛会呈现出一个三角形形态。在这个三角形的上方，额头可能会出现皱纹。同时，噙在眼睛里的泪水也会闪闪发光。

（3）惊奇。当一个人感到惊奇的时候，眉毛会向上，额头的皱纹会形成波状，横向分布在额头上；双眼睁得很大，会露出更多的眼白；下颌下垂，嘴微张。

（4）恐惧。当一个人受到惊吓或感到害怕的时候，其面部各个部位做出的反应也非常多。当然，因地域与民族的不同也会存在着细微的差别。当一个人感到恐惧时，眉毛就会上扬，并自然地皱缩在一起。相比在惊奇中的表情，眉毛看上去没有那么弯曲，额头也会出现皱纹，但是，也不是完全横向分布的，只是眉间往往会出现纵向的皱纹。抬起上眼睑，露出眼白。下眼睑会变得紧绷，并且上扬。嘴会张开，双唇会紧紧地向后拉伸。

（5）生气。当一个人感到生气和愤怒的时候，肌肉会将其眉毛往下拉，并向内紧缩，眉头紧锁，会让两眉之间出现纵向的皱纹。而当上眼睑和下眼睑向着彼此移动得越来越近的时候，双眼会变细，其眼神看起来严厉而冷酷，像是凝视他人的样子，甚至眼睛看起来像要突出来一样。双唇很有可能紧闭，形成一条线，嘴角向下，或者嘴巴张开，双唇紧张，就像要爆发出大声的喊叫一样。一些处于盛怒中的人还会皱起鼻子，或者张开鼻孔。

（6）厌恶。当某些东西或事情让一个人感到讨厌或憎恶的时候，这种情绪主要会反映在其眼睛里面，以及面部的下部分。下眼上扬，在眼睑下方会出现一些皱纹。自然也会皱起鼻子，脸颊上移，双唇可能会上扬，或者仅仅只是向上牵动上嘴唇，下嘴唇下拉，嘴巴微微皱起。

通过一个人的面部表情能够洞悉一个人的心理。因为每个人的表情都蕴藏着其丰富的生活经历、学识修养、心态人格。但表情也许会表里不一。

四、动作沟通——小动作背后的大秘密

人的日常生活都离不开肢体动作。一个人的肢体动作往往传递着一定的情绪和性格特征，可以让对方捕捉到沟通中的一些信息，为了解对方提供重要线索。常见的肢体沟通动作主要包括头部运动、手臂运动、腿部动作、脚的动作等。

（一）头部运动

头部属于人体的“司令部”，是口头语言和肢体语言的指挥中心，情急之下顾“头”不顾“尾”的本能反应便形象而生动地印证了其重要的地位。

在现实生活中，人们除了通过语言进行交流，头部的姿势和动作也能起到一定的沟通作用。因为人的头部会随着情绪和心理变化而做出截然不同的反应，它们能够很清晰地传递人体所蕴藏的丰富内涵与情感变化。对此，心理学家表示：人们头部的变化是根据人的心理变化而发生的自然条件反射，它是反映人们内心世界最直白的信号之一。

心理学家还发现：当人们同意别人的观点或者是对别人的话感兴趣时，通常

会把头倾到一边以表达认同或者顺从的心理。当一个人讲话时，对方不知不觉将头靠了过来，说明他正在认真思考对方所说的内容，由此可断定他对这个人说的话很感兴趣；但是如果在演讲中，大多数人都低下了头，那么说明这是一次非常糟糕的演讲。因为心理学家研究证明，低头代表人们对某件事情的否定和不满。另外，心理学家在研究过程中还发现：我们平时认为最容易理解的点头和摇头，其实在所有头部动作中，是最能表达人复杂心理的信号。

无论一个人的心思有多复杂，都能通过外在的肢体动作有所表现。人的肢体动作通常有一定的规律，尤其是头部的动作，它是人的心理变化反应最迅速的部位。要想抓住人的内心变化情况，就必须找准如何打开头部信息这扇大门的关键，只有这样，才能收获更有价值的信息。因为头部是人心最真实的体现。

（二）手臂运动

手臂是人体最重要的肢体部分，人们日常的学习、生产和劳作都需要它来实现。相对于其他肢体语言，手臂肢体语言是最容易让人理解的，我们的一举一动都会显露出内心的情绪和想法。

多“情”之手，巧“手”能言。成功的演说家、教授都清楚人与人之间的沟通有着许多表达意思的有效方法。每个人都有一双多“情”的手，手除了能让人们灵活地抓举东西之外，也同样能刻画人们的情绪。

（1）如果在说话的时候，情不自禁地将双手藏起来，那就说明他心有隐藏，想隐瞒谈论中的关键信息。

（2）双手不停地摆弄东西，或者手指不停地动等这些都说明了行动者的烦躁，心理有较大的压力，但人们无意识的动作，会将其表现得更明显。有时，这些举动也意味着无比的愤怒。

（3）当说话时紧握拳头，说明这个人一定处于较为愤怒或难过的状态，只是不想把自己的情感表达出来而已。这时埋藏的怒火很可能难以压抑而瞬间爆发。

（4）当一个人在表达意见时很坦诚，那么他的双手通常是手心向外摊开的，这是接受别人意见的手势，说明此人对谈话的坦诚和对他人的真挚。不过，常使用这种动作的人也非常容易受到外界的影响。

（5）当一个人把双手的手指交叉，显露出了情感和理智基本平衡的状态，表明的是一种自我封闭。

因此除了面部之外，最能直观地表达说话者情绪的部位就是手。说话的人将他们的手形呈特定形状的同时，再配合敲击和挥动的节奏，就像乐队指挥的指挥棒一样，通过模拟出相应的动作或传达的情境，手部姿势和动作就不知不觉地增强了说话者所表达的意思。

做手势还包括砍劈、请求及其他动作，说话的人经常用这些手部姿势和动作来强调自己不同的意图。

（三）腿部动作

人的腿部动作主要表现为两个方面的用途：一是向前移动以获取食物，二是快速逃跑以规避危险。由于人类的大脑直接关联着腿部动作的根本动机，因此腿部能够显示出内心的动向。换句话说，通过观察别人的腿部，你就能大致知道对方能否跟你继续交谈。不同的腿部姿势表现出不同的心理秘密。

（1）抖动腿部。说话的时候，有人喜欢用腿或者脚尖带动整个腿部颤动，有时候还用一只脚尖磕打另一只脚尖，或者以脚掌拍打地面。做这种动作的人大多是较自私的人，凡事以自我为中心，占有欲极强。他们待人吝啬，但善于思考问题，经常能为他人提供一些意想不到的主意，如图 3-11 所示。

图 3–11　抖动腿部

当一个人在与他人谈话的时候，不停地抖动一只脚或者整个身体都斜躺在椅子上，晃动双脚或者用脚轻轻拍打地面，幅度稍大，而眼睛也看着地面，或者四处张望，表明这个人现在很烦躁、厌烦，甚至厌倦。

人们在心神不宁的时候，身体也容易抖动。所以，当内心情绪混乱或者遇到棘手的问题无法解决时，就会紧皱眉头，不由自主地抖脚。因为他们希望快点思考出问题的解决方案和策略。

（2）拍打腿部。当你看到一个人不断地、有节奏地拍打大腿。其实这人就是在给对方传递“谈话到此结束吧。我想走了”。

（3）扳动腿部。即双腿交叉，用两只手紧紧扳起另一条腿，这一动作被广泛地使用在各种场合。假如有人在你说话的同时，扳起腿部，这表示他对你的谈话未必认同。因为扳动腿部动作在身体语言中可以被解释为固执，是在给对方传递“不要再劝我了，我的身体和想法都一样，是固定的，不会有任何改变”。

（4）伸出右脚但又缩回去。当我们对交谈话题或者交谈对象感兴趣的时候，就会不自觉地将脚伸向前方，拉近与交谈对象之间的距离。倘若我们不感兴趣或者不想发言，就会缩回自己的脚；若是坐着的话，还会把脚缩回反倦在自己所坐的椅子下。

（5）两腿交缠。即一条腿交叉置于另一条腿上，并紧紧相贴，害羞和胆小的人们经常使用这种姿势，这种姿势给对方传递着当事人的不安全感。

（6）两腿交叉而略微保持平行。由于女性的腿部、髋部的骨骼构造都较男性有较好的优势，所以这个姿势极具女性气质，也被男性认为是最钟爱的女性坐姿。

（四）脚的动作

在肢体行为语言的研究中，德国心理学家保罗·巴尔特斯认为，人们往往会注重对肢体行为的观察，而忽略了对肢体末梢的注意，但一个人肢体末梢的变化则更能准确地透露一个人的心理。比如当一个人从背后与他人打招呼时，如果对方并没有转动脚的方向，只是略转了一下身回应了一下，表明这个人并没有想停下来准备继续交谈的意思。也就是说，当一个人的内心打算接纳对方时，他一定会做出与其心意相对称的肢体行为。下面就介绍几种常见的脚部动作。

（1）晃动足部或用脚尖拍打地面，所传递的意思与抖腿动作相仿，同样也表示焦躁、不安、不耐烦，或为了摆脱某种紧张感。

（2）脚踝交叉的坐姿，往往表现出人在心理上压制自己的表面情绪，如对某人某事采取保留态度，表示防范或克制自己的紧张与恐惧。特别是从事公共关系工作的人要尽量不用这种姿势，要尽量创造出一些开放而亲近的气氛。

（3）晃动架在另一条腿上的足部，这是心情轻松的表示。如果用脚尖挑着拖鞋或鞋跟在摇晃，则有着较强的放纵意思。

（4）脚尖朝内，有着刹车的意思，这种动作常常表现在内向性格的人群身上。

（5）双脚在一条水平线上分开，这是一种放松的脚部摆放姿势，可以表现出人的自信感，不管是站立还是坐着，能做出这种脚部姿势的人，通常在人群中表现出处于领导或上级等优势地位。

五、形象沟通

在人际交往中，初次见面时，对方的仪表、风度、着装往往就是日后能继续交往的前提。一个人的形象不仅体现在表情、形体语言上，也体现在衣着装扮、服饰佩戴等细节部位，它们是展现个人风姿和特色的关键，向他人无声地传递着自己的社会地位、个性、职业、教养等信息，透过对方的穿着细节可以了解其内心的思想、品性或气质。以人为镜，反观自己，我们应当注重从细节上修饰自己的形象，以创造良性互动的沟通局面。形象沟通大体有两类，即工作形象类和社交形象类，它们也分别有不同的款式和颜色进行搭配。

（一）工作形象类

工作形象是形象沟通中非常重要的一类，主要用于工作场合，工作内容相同的企业都会有相应的着装要求，这是为了更好地让形象沟通统一化和规范化。如空乘人员的职业套装、政务大厅工作人员的接待正装，如图 3-12 所示。

图 3–12　工作形象

（二）社交形象类

没有特别明确的环境要求，如对外工作时的工作社交、企业之间洽谈时的商业社交、公众之间的日常社交等。但是，环境对着装都有一定的要求，如服饰的款式、颜色搭配与社交的环境、社交人的角色都有着需要匹配的要求，如图 3-13 所示。

图 3–13　社交形象

六、环境沟通

环境沟通主要包括物理环境，如场所设计、布置、光线等；空间环境，如座位安排、空间距离等；时间环境，如时间安排、等待时间的长短等。下面从两个方面进行介绍。

（1）沟通者所处的环境，主要是指沟通时的环境或条件，既包括与个体间接联系的社会整体环境（如政治制度、经济制度、政治观点、道德风尚、群体结构等），又包括与个体直接联系的区域环境（如学习、工作、单位或家庭等），还包括对个体直接施加影响的社会情境及小型的人际群落，如记者发布会、办公室、会议室、咖啡厅等。

（2）个体自身在工作、家庭中的环境布局也能折射出人的性格、爱好和习惯。一般来说，做事有条理，按照程序化工作的人，他的办公环境整洁度相对较高，文件柜内文件摆放也会有序；而创造力强，有开拓精神的人，他的办公桌通常都会隔很久才整理一次。

课堂互动

【案例 1】不要忽略个人的行为细节

小王是一位大一的学生，眼看暑假即将到来，便想去找一份兼职，既可以锻炼自己的能力，也可以把老师布置的“三下乡”社会实践完成。这一天他看到了某火锅店招聘暑期服务员的宣传单，他觉得自身条件与招聘单上面的要求完全符合，就拿起手机对着自己整理了一下发型和衣服，准备进去应聘。

到了店内，值班经理刚好不忙，便带他到办公室进行面试。到了办公室后，可能是因为天气太热再加上一直走路，有点累了，小王便一屁股坐在沙发上，后背靠在沙发背和扶手上，整个身子瘫软在沙发上。值班经理开始询问小王的情况，小王也逐一回答着，一边回答一边用招聘的宣传单当扇子扇，并用脚敲碰着茶几支架。询问结束后，值班经理让小王回去等通知。

问题：

（1）你觉得小王的肢体语言表达是否得当？

（2）如果你是小王，该如何表现自己的肢体语言？（请同学进行现场表演）

【案例 2】人的身体会说话

张先生是一家跨国公司的总经理，平时业务繁忙，今天刚好要洽谈业务，便跟 A 公司领导约好了时间。由于洽谈业务内容过多，张先生想快点结束对 A 公司的业务洽谈再回公司忙其他事情。到了 A 公司后，张先生与 A 公司的李老板互相交换名片，李老板把名片收到了上衣的贴身口袋里，而张先生拿着名片看完后便将它夹在了笔记本里。到了会议室，双方开始洽谈，洽谈期间，张先生多次将名片夹在拇指和食指间，在桌子上来回颠倒。洽谈没有多久就结束了，这次合作没有谈成，张先生郁闷地回到了公司。

问题：

（1）张先生的肢体语言出现了什么问题？

（2）你认为张先生向李老板传达了何种信息？

（3）如果你是张先生，该怎么做呢？

第二节　运用非语言沟通实现沟通的有效性

案例导入

王小姐是一家法律咨询公司的顾问，一天她接待了一位有法律纠纷的客户张女士。两人在约定好的时间见面了，王小姐发现，张女士的情绪非常不好，她先邀请张女士坐到了办公室的三人沙发上，倒了杯茶水递给了她，并面对她坐下，开始进行询问。在了解情况后，王小姐知道张女士遭遇了金融诈骗，自己的半生积蓄全部赔进去了。这时王小姐换了位置，挨着张女士坐在了沙发上，拉起了她的手，一边安慰她一边从法律角度来分析。张女士很受感动，情绪也逐渐好转，并希望可以通过法律途径争取自己的权益。

【思考】王小姐充分发挥了肢体沟通的积极作用，让他人在不知不觉中感受到她的温暖。王小姐的非语言沟通告诉了我们在生活中运用非语言沟通来实现沟通的有效性是非常好的一种方式。

人类的动作、表情是本能性的，每个人平时说话都会不知不觉地做出某些表情、动作。人们说话时变化的目光，喜怒哀乐的神态，举手投足的动作，常常与其所表达的内容密切相关，同时也反映出说话人的修养水平。因此，在口语交际过程中，就需要我们有意识地培养解读他人身体语言和运用自身身体语言的能力。

一、非语言沟通的运用

在远古时代，人类的有声语言还不太发达，交际时要运用表情和动作来辅助沟通，后来有声语言发达以后，交谈时的表情、动作就日益丰富完善了。

战国时期，伟大的思想家、教育家孟子是一位十分擅长辩论的人，他从大量的口语交际实践中发现，有声语言的不足，需要用神态去补充，才能更好地达到交际的目的。

再如“蔺相如完璧归赵”的故事，赵国使臣蔺相如在维护国家尊严、完璧归赵的动作情节中，“持璧”的行动和“睨柱”的神态同铿锵有力的语言相呼应，取得了十分突出的表达效果，以致强悍的秦王也不得不赶紧道歉。如果只说“臣头今与璧俱碎于柱矣”，而表情木然，站在那里没有任何行动，就绝不可能取得上述的表达效果。

（一）解读身体语言——善解人意善沟通

身体语言的运用不是短时间内便能够掌握的，而在运用身体语言之前，必须懂得如何解读身体语言，也必须得把握以下三个原则。

（1）连贯性原则。解读身体语言要有连贯的理解，这不仅包括前后相关动作的联系，还包括表情与动作的关联。同说话一样，身体语言也有词组、句子和标点之分，每一个表情或动作就好比一个单词，而每一个单词的含义都不是唯一的。为了能更精准地解读，我们应该把词语放到句子里，配合其他词语一起理解，如此才能便于弄清楚具体含义。例如，挠头所表示的含义有很多，具有尴尬、不确定、头痒、健忘、撒谎等意思；又如用手触摸嘴唇，也有撒谎、不确定等意思，如果将每个表情、动作孤立起来，忽视其他关联表情、动作及大环境，片面地解读他人的身体语言就是撒谎或不确定，也无法精准解读身体语言。因此，在解读身体语言时，我们切不能孤立地去看某个动作或表情，而要充分认识到综合、连贯理解问题的重要性与必要性。如果一个人能够读懂无声语言的长句，并且准确地将它们用有声的话语表达出来，那么，其“感知力”就会增强，或者说其“直觉”一定很灵敏。

（2）一致性原则。要注意观察对方的身体语言与其口头语言表达的一致性，这样才能更准确地理解身体语言的内在含义，从而更有利于分析传递信息的真实性。当两方面信息完全一致时，就可以判定这个人的话是真实的。比如，当你发出一个提议时，对方若表示赞同，而身体却往后仰或者回避眼神，这种不一致的表现有可能代表着对方只是表面赞同，内心有拒绝或者有其他意见。

（3）环境性原则。准确解读身体语言，还要注意结合具体“语境”来考察。同口头语言一样，人们的所有动作和表情都是发生在具体环境之中的，而相同的身体语言置于不同的环境背景下，其表意亦是有所区别的，有时大相径庭。例如，在寒冷的冬天，当你看到某人走在路上，摩擦着双手，你会意识到这不是表现期待，而是感觉到寒冷，而当这个场景换到一个温暖的室内，这类身体语言却又表现出这个人对某件事情有所期待。

（二）学习身体语言——察言观色掌主动

如果你能准确地破解身体语言密码，你就是一位识人高手，而一旦你能恰当地运用身体语言举一反三，那你无疑将成为交际大师。据科学研究数据统计，一般人一天传递的非语言信息（绝大多数为身体信息）是语言信息的5倍之多。学习解读他人的身体语言，不仅能够让我们更加准确地明白他人控制和操纵事物的方法，而且也会让我们更加关心和在乎他人的感受和情绪。

（1）每天15分钟有意识的观察。只要你每天坚持利用15分钟的时间来观察别人，并有意识地观察自己的姿势，对自身的身体语言获得一种更深入的认识，将会使你的工作和生活大受裨益，能让你在理解他人的真正意思、了解他人的为人方面有较大提升，这样你才可能真正成为阅人高手。

（2）选择利于观察非语言沟通的环境。凡是有人际交往的地方，都是我们学习身体语言的好场所。譬如在机场或车站，人们往往会将自己心中的渴望、慌怒、悲痛、快乐、不舍及焦虑和其他各种情感通过身体语言的形式公开地表现出来。除此之外，公共集会、商业会谈及各种聚会也都是学习和研究他人身体语言的好机会。你可以选择一个角落，安安静静地坐在那儿观察人们的身体语言，揣摩他们的心思，这就是一种异常美妙的体验。

（3）正确利用身体语言。不过，现实中的某些人在某些情况也会有意地制造虚假的身体语言来获取某方面的优势。当然，要想长时间地利用虚假的身体语言来隐藏自己的真实想法，也是一件十分困难的事情。但是，我们应该意识到，学会正确地利用身体语言与他人进行交流，避免使用容易让人产生误解的身体语言，扬长避短，让身体语言达到其沟通有效性的目的。

二、运用非语言沟通实现沟通的有效性

通过上面的内容，我们知道如何解读他人的身体语言以察言观色，并恰到好处地运用自身的肢体语言，以突出沟通重点。有时非语言沟通会比语言沟通更富有感情、形象生动，因而更具吸引力和感染力。在日常工作和生活中要运用非语言进行沟通应做到如下几点。

（一）真诚的微笑

俗话说“三分沟通，七分微笑。”微笑是人类最美好的动作。在真诚的笑容

中，弥散着温暖、自信、幸福等感受，让生活充满着一定的喜悦和幸运。在平凡的生活里，一抹微笑就是一道阳光，它不仅能够照亮自我阴暗的心空，还能温暖周围潮润的心灵。当我们在一个个长夜里反思白天的得失时，或许我们最应当反问自己的一句话就是“今天，你微笑了没有？”。

在双方互动的过程中，微笑如同直通人心的世界语，它能深深地打动别人冷漠的心灵。微笑的确是一种艺术，而且是成功的艺术，它能让人敞开心扉，更好地沟通，并创造命运的奇迹。

微笑最深层的含义就是要传递一种幸福与快乐。当某人感到发自内心的幸福时，面部就会焕发出愉悦的光彩。这一动作流露出一个人内心世界的快乐，并展示给人以迷人的力量。

微笑还能给人们留下良好的形象。一个拥有微笑的人总比一个板着脸的人形象更好。任何人都愿意与面带笑容的人打交道。在经济学家眼里，微笑是一笔巨大的财富；在心理学家眼里，微笑是最能说服人的心理武器；在服务行业里，微笑是服务人员最和谐的脸谱。

（二）积极的上肢动作

基于解剖学的角度，人的上肢与下肢相比，骨骼轻巧，关节松弛，韧带少，肌肉多，肌形较小而细长，故运动相对灵活。

（1）开放的手臂。开放的手臂是肢体动作积极而正态的表现形式之一，这种上肢动作通常富有丰富的情感，也表示能接纳与包容他人。在我们的日常交际过程中，合理运用开放的手臂能让对方感受到你的亲切和友好，对于非语言沟通的有效性具有积极影响，如图 3-14 所示。

图 3–14　开放的手臂

那么如何判断自己和他人的手臂姿势处于开放状态呢？其实，当手背朝下或斜下，手心朝上或者斜上都可以归结为开放的手臂姿势。若当我们要请某个人站起来或者做其他指向性动作时，正确的姿势不是用手指指向对方，而是将手掌自然摊开，手心朝上来进行邀请。这种姿势对于发起者本人来说显得优雅得体，对于接收者来说也是一种尊重。

（2）自信的肩膀。一个人单手的力量或双手的力量都不如肩膀的支力，肩对人们生活的影响确实至关重要，是人体负重的部位，是压力和责任的象征。由它延伸出来的典型肢体语言，也与责任和承担压力相关。

无论人们是站着、坐着、低头还是后仰，肩膀都总与整个身体共同动作，而且在这些细微的动作变化里，它们也传播着点点滴滴的非语言。譬如低头耸肩，即将头低下，锁在两臂之间，双肩上耸，表示的是人们自我保护和柔弱的心理。这种姿势似乎要保护上半身的躯干，尤其是脖子和喉咙，免受伤害。当猛然听到身后有巨大或者奇怪的声音时，人们常常会不自觉地做出这种姿势。

所以在我们的日常交际中，要让自己的肩膀展现出一种自信的姿态，这也是承担责任的一种象征。当你抬头挺胸，双手向外拉伸，身体挺直，肩部挺立并稍微耸着时，说明你有着某种积极承担责任的意愿，对眼前的事情跃跃欲试。

（三）稳健的下肢动作

这里的下肢动作主要包括腿部和脚部的动作，在一般社交过程中，我们常用的下肢动作有走姿、站姿和坐姿三种。

1. 稳重的走姿

步行姿势可以透露出一个人的性格，特别是在第一次与他人见面的时候，难免会遇到趋步向前与对方问好的情况。稳重、自信的步行姿势，是被大众所认可和易于接受的，而这样的步行姿势传递的信息也是较为积极的。根据行为心理学的相关研究，可以从一个人的步行速度和动作来判断其相应的性格。

（1）步行速度较快，且五指伸出笔直。这类人常常显现出认真严肃，言出必行，只要想好的事情，就一定会努力去做，直至达成目标。这类人对自己通常要求非常高，能遵纪守法，为人稳重、成熟且富有责任感。

（2）步行速度一般，手掌自然握成拳状。这类人属于行动派，说干就干，不喜欢办事拖泥带水之人。这类人有正义感，喜欢帮助弱者，敢于仗义执言，在人际交往中，也容易受大众喜爱。

（3）步行时习惯将手插在口袋里。这类人一般心思细腻，看重情感，容易多愁善感。

（4）步行速度较慢，双手五指自然弯曲。这类人属于自律性极强的人，但对他人却很宽容。他们看上去有点懦弱，但实际上非常有思想、有主见，是一个能成就大事的人。

（5）一边走路一边回头看。这类人在步行时总喜欢一边走，一边回头看，好像后面随时会出现与他有关系的人或事一样。这类人一般存在猜忌心理，且有着较强的嫉妒心。

（6）步行时姿态柔弱。这类人往往精神也很衰弱，即便有着强健的体魄，有时也会经不起打击。因此，在遇到不幸时，常常伴有精神崩溃的风险。

在生活和工作中，人们不可避免地要与各种各样的人打交道。交往未深时，单单仅从话语的只言片语中去了解一个人，显然不会获得太多信息，因此，需要配合非语言沟通才有可能对对方有一个全面细致的了解。而一个人的步行姿势，从某种意义来说，是能够传递其个性中的一些真实信息的。因此，在人际交往中，不要疏于这方面的观察。

2. 恰当的站姿

站立姿势可分为许多种类，但是不管哪种站姿，都是为了创造出某种沟通条件而产生的动作，在不同场合中，恰当的站姿对我们实现有效沟通都是非常有必要的。

（1）收腹挺胸，目光平视。从站立姿势来看，这种站姿的人通常比较自信，或者比较在意自己的形象。在工作环境中，这种站姿也是最普遍的站姿；在生活中，当人们心情愉快之时，也会情不自禁地采用这类站姿。

（2）双手背向身后站立。习惯采用这种站姿的人，一般具有很强的自信力，喜欢彰显自己的强势，或者把自己看成是居高临下的强者。在工作环境中，主管、领导常常会用这类站姿来显现个人威严。

（3）上半身前倾站立。这种站立姿势大多体现在服务行业或者企业来访接待中，是表达对来访对象的欢迎或指引请进的意思。除了上半身前倾的姿势，还时常会伴有手臂邀请动作和头部面对来访对象的微笑表情。

3. 得体的坐姿

与其他肢体语言一样，坐姿同样可以反映一个人的性格。不仅坐姿很重要，落座时的动作行为、方式也可以显露出一个人的心理状态。要有得体的坐姿就需要注意以下几点。

（1）缓慢入座，不要猛然而坐。一般来说，猛然落座过于随便，会给人自由散漫的不良印象。

（2）坐姿稳重，腿部不要搞小动作。坐在椅子上摇摆不定的大腿或不断抖动的小腿都属于社交礼仪中的大忌。

（3）舒适就座，不要随便挪动身体。就座后必须在沟通交流前尽快将臀部、腿部和腰部自然调整以舒适为宜，而不要在交谈的过程中进行调整。一个积极而自然的就座姿势，是完全开放式的上身姿态和腰部放松的姿势，这种姿势给对方呈现出不过分紧张的信号。

（4）深坐椅内，不要浅坐椅上。在沟通过程中，臀部落座椅子的位置也有讲究，如果一个人想长时间与你进行沟通，那么必然会深坐椅内；而如果这个人赶时间或不想听太久，就会下意识地浅坐在椅子的某个局部区域。

（四）得体的服饰搭配与仪表

郭沫若先生曾说："衣服是文化的表征，衣服是思想的形象。"现实生活中我们一般可通过一个人的穿着洞悉出一个人的个性与品格。随着社会的进步与发展，当代人的穿着打扮也相应复杂多样。人最主张显示个性，随着衣服的款式与色调越来越丰富，也就越来越张扬个性、体现个性。公关专家认为，不同的个性就有不同的穿着打扮，只要留心观察，就能从各式各样的服饰中探究一个人的内心，了解他的心理状况、审美特色，从而进一步把握其性格特征。因而在沟通开始之前，服饰搭配与仪表就是最能产生第一印象的，也是人与人之间的"第一"对话。

1. 佩饰得体

佩饰能起到锦上添花的作用。在日常工作及生活中，常见的佩饰有首饰、领带（丝巾）、胸针、皮带（腰带）、箱包、皮鞋等，但是不管哪种佩饰搭配都要把握两个原则。

（1）协调性原则。我们平时会结合工作与场景来选择服装，那么与之相协调的佩饰搭配将会更好地提升自身的魅力指数。另外，颜色的协调也是至关重要的，特别是在穿着套装的情况下，可以根据套装的颜色来进行搭配，除了与服装色系的统一搭配，也可以大胆地选择撞色佩饰进行搭配，如图 3-15 所示。

图 3–15 协调搭配服饰

（2）美观性原则。佩饰要想起到锦上添花的作用，必须坚持与服装搭配美观的原则。特别是在出席重要社交活动中，显得尤为重要，一定要让佩饰起到美观的作用，而不能让佩饰降低整体形象的美观性。一般较为美观的佩饰都会质感强烈，或设计华丽，或材质贵重，只有与服装的风格相符，选取美观的佩饰，才能让佩饰起到锦上添花的作用，为自身的魅力值加分，成功实现外貌语言的良性沟通。

2. 仪表整洁

整洁的仪表是树立良好印象的关键。人在初次交往中给对方留下的印象会非常深刻，人们常会不自觉地依据第一印象去评价某人。所以第一印象既可以帮助人成功，也能令人失败。如何建立良好的第一印象，除了上面我们提到过的形象沟通，还有主体仪表的整洁。这些仪表整洁主要包括以下几个方面。

（1）口腔要卫生清洁，没有异味。

（2）可以适当喷洒香水，气味清淡为宜。

（3）男士胡须要保持干净，女性化妆要适度。

（4）头发要干净、利索，显得有精神，避免油头和头屑。

（5）注意修剪指甲。

（五）合理地利用环境

在任何沟通中，都不要忽视沟通环境的重要性，良好的环境因素对良性沟通能起到积极的作用。这里我们重点从以下三个方面的内容来进行分析。

1. 利用时间

沟通必然要花费时间，其实在我们正式开始沟通之前，时间已经耗费了，在沟通前要注意约定好的时间，一般提前 15 分钟到达是比较合适的，切忌出现迟到的情况。如果真的遇到突发情况，推迟甚至取消沟通，也要在第一时间用合适的方式告知对方，以便能够约定可再次接受沟通的时间。

沟通过程中，时间的长短也是值得我们注意的，在工作状态中，一对一的沟通，时间不能太长。在社交状态中，一对一的沟通也要根据沟通人的亲密程度和目的导向来确定时间的长短。当然，进行一对多的沟通，也要根据目的导向和具体事件而花费不同的时间。总之，利用好了沟通时间，对于保障沟通的有效性是非常有利的。

2. 利用空间

沟通所处的环境也会对我们的沟通起到促进作用。良好的环境可以提高沟通有效性，而不良的环境也会降低我们的沟通有效性。进行商务洽谈的时候，首选的地方就是会议室，而且这个会议室要满足我们所有沟通人员的需要，譬如要进行讲解，话筒、投影仪、幕布就是必不可少的。这些空间包含的不仅仅是环境的体现，也包括所有的硬件设备。再如同学聚会，我们可以利用的空间有以前读书的班级教室，或者饭店的包间，或者 KTV 的包间，最好别选择会议室来开展。所以，要想充分利用好空间为沟通服务，就必须了解沟通的环境，并根据对象选择最恰当的环境开展相应的沟通。

3. 利用距离

在沟通和交往时，身体之间的空间距离是不一样的，这主要取决于人们在社会中所处的关系，沟通距离也相应有所区别。

（1）亲友交际距离。亲友包括夫妻、至亲、好友。亲友交际属于亲密型交际，其空间距离可在 15～100 厘米。夫妻、至亲交际，正常情况下，其距离在 15～45 厘米为宜，使之很容易接触到对方身体，必要时可缩短为零距离，以显示出亲昵感，有利于表达心声、交流情感。如果相互距离过大，就说明彼此情感上已出现鸿沟；并且如要修补这种裂痕，也需要近距离沟通，不然身体的距离就会产生心理上的距离。亲密交际的范围是有限的，人们对这种交际的距离也控制得相当严，决不允许一般人随便进入，如有擅自进入者，就容易遭到拥有者的坚决抵抗。故此，作为交际者，要分清对象，掌握分寸，不要随意破界交际，否则就会招惹是非。友人交际，正常情况下其距离应保持在45～100厘米，依双方能够握到对方手为宜，但不能接触到对方身体。特殊情况下，友人交际的距离也可以小于45厘米，如双方见面或告别时握手、拥抱等。但友人交际毕竟不是亲人交际，应适当保持一定的空间感，只是这种距离不宜过大，这样才有利于交际，也有利于回避在交际过程中出现的尴尬与不悦。

（2）同事交际距离。交际者与同级之间、下级之间的交际，属于伙伴型交际。这种交际的距离通常应保持在100～150厘米。同事之间的交际多数是工作上的交往，既有工作计划的安排布置，也有工作问题的研究探讨，因此这种交际的空间距离应该远近适度，除非在大会上做报告应该保持必要的空间距离（一般在300厘米以外），如果是小团体甚至是个别交往，其距离就不应该太大，以致缺乏亲和感，但也不能太近，否则会惹上“拉小团体”之嫌；更不能用交头接耳的方式进行。与异性同事交往其空间距离更应该保持适度，否则就会带来不必要的麻烦。如果与同事进行思想沟通，其距离可适当拉近，一般以80～100厘米为宜，以便于交流顺畅，不受空间距离所阻。人的内心话与知心话常常需要和风细雨式的谈话才能诱发，而情绪亢奋时所激发的就不再是知心话，而是与理智相左的“气话”。如果这种沟通距离太大，就会让沟通者加大音量，容易激怒情绪。

同事之间的空间距离还体现在一定的空间权上。譬如人与人之间的办公场地和生产工作场地都是有一定界定和区别的，如果无故地随意进入就会招致不满；如果无故占有，就会遭到反对；再如你将一件与其无关的东西放置在对方的工作场地，对方自然就会不快，甚至对方还会“以牙还牙”造成不该有的矛盾。对此，管理者在进行同事交际时，应尽量不使用权力或某种不当理由占领对方必要的距离或空间，这是尊重对方的一种表现。如果不拘小节，随意“侵犯”，不但达不到初衷的交际，反而会带来负面效应。

（3）业务交际距离。业务交际指交际者因业务关系与相关人员进行的交往，如业务接洽、产品推销、合作谈判等，这些都属于合作型交际。这些交际距离相对灵活，近可到100厘米左右，远可至300厘米以上，根据具体的交往程度与熟悉程度而定。业务交际，通常情况下在初期不宜距离太近，一般控制在200～300厘米为佳。如果一开始就靠得太近，有“套近乎”之嫌，容易造成对方怀疑其动机而产生反感。因此，保持适当距离进行简明扼要、有理有节的交往，让对方在心理上有回旋余地，在举止上有动弹空间，这样的交际，容易给对方留下好感。如果距离太近，有咄咄逼人之感，给人难以留下好印象，交际也难以获得收获。但随着交际程度的加深，交际双方的空间距离应适当缩短，可保持在100厘米左右，也就是双方能达到握手的距离。这样距离缩短，不但表示彼此认识在加深，且在误差上也会逐渐缩小。这时，交际者就应抓住时机，促使事情朝着理想方向发展。

（4）公共交际距离。每个人都离不开公共交际，当我们走上大街或乘上公共汽车或步入公共场所等，都势必要与他人打照面，甚至发生短暂交往，这时就需要我们以公共交际应对。公共交际不同于其他交际，它要求有足够的空间感，这是因为每个人都要有一定的公共距离需求，除非在公共汽车、火车、飞机、轮船或电影院、戏院造成客观近距离的形式以外，一般情况下，公共交际距离多在300厘米以外；如果发生语言交往，也不应该低于200厘米。公共交际十分忌讳近距离接触，那样会让对方顿生疑窦。多数情况下，公共交际都应该表现出一种礼节，如人们在公共场所擦肩而过，对视一眼即过，必要时最多礼节性地点下头，或者微笑一下。公共交际的正确态度是以礼还礼，切不可得寸进尺。因为公共关系距离适度地远是美好的，而一旦走近反而会破坏美感。

课堂互动

【案例1】明察人心于秋毫之末

春秋时，秦武王派甘茂攻打韩国的宜阳，此时的甘茂在朝中有树敌，他担心会遭人诽谤，于是对秦武王说："以前，曾参住在费地的时候，鲁国也有个叫曾参的杀了人，人家告诉曾参的母亲说：'曾参杀人了。'他的母亲说：'我儿子才不会杀人'，继续自在地织布。不久，另一个人又告诉她说：'曾参杀人了。'他的母亲依旧自在地织布。不久，又有第三个人向她说：'曾参杀人了。'他的母亲立刻丢下梭，离开织机逃走了。以曾参的贤明和他母亲的信任，有三个人接连地造谣，他的母亲就怀疑、害怕了。我去攻韩国，小人进谗言则无处容身，请主公明察。"

问题：

（1）甘茂在与秦武王沟通之前，体现了非语言沟通中哪一个方面？

（2）甘茂的这则案例给我们什么启示？

【案例 2】小的动作体现了高的素质

李叔同是我国著名的音乐家、美术教育家、书法家、戏剧活动家，是中国话剧的开拓者之一。丰子恺是中国现代画家、散文家、美术教育家、音乐教育家、漫画家、书法家和翻译家。有一次，李叔同到丰子恺家做客，丰子恺热情招待这位大师，饭后丰子恺请李叔同到院子里喝茶，把藤椅让给李叔同坐。李叔同看了一下藤椅，并没有先坐下，而是轻轻摇一摇椅子，之后才坐了下去。丰子恺看到问何故，李叔同笑着说："藤子之间的缝隙里有很多小虫，这样坐下去就把它们压死了，轻轻摇一摇，让它们能够提前躲避。"

问题：

（1）通过这个故事，体现了李叔同先生什么样的胸怀？

（2）这个案例给了我们什么启示？

实践训练

一、测试

1. 在学这节课之前，你对非语言沟通有所了解吗？（　　）

A. 完全不了解　B. 有些了解　C. 非常了解

2. 你认为非语言沟通重要吗？（　　）

A. 不重要　B. 可有可无　C. 非常重要

3. 在日常生活中你会经常在意自己的非语言沟通吗？（　　）

A. 不在意　B. 有时在意　C. 非常在意

4. 你觉得你本人非语言沟通表达得怎么样？（　　）

A. 不好　B. 一般　C. 不错

5. 非语言沟通的学习，对你现阶段来说重要吗？（　　）

A. 不重要　B. 无所谓　C. 非常重要

6. 非语言沟通的知识涉及心理学和行为学，你认同这个观点吗？（　　）

A. 不认同　B. 有可能　C. 认同

7. 在接下来的日常生活中，你会有意识地培养非语言沟通的能力吗？（　　）

A. 不会　B. 顺其自然　C. 会

8. 你认为非语言沟通对事情的成败会起到决定性作用吗？（　　）

A. 会　　B. 可能　　C. 不会

9. 今后你会继续了解非语言沟通的相关知识吗？（　　）

A. 会　　B. 可能　　C. 不会

10. 现在你知道表达非语言沟通的方法了吗？（　　）

A. 知道　　B. 可能知道　　C. 不知道

11. 掌握了非语言沟通，你最有可能在哪个环境进行运用？（　　）

A. 家庭生活　　B. 工作学习　　C. 日常社交

12. 你会因为想多学习非语言沟通的知识而去学习相关心理学和行为学的内容吗？（　　）

A. 会　　B. 有可能　　C. 不会

13. “细节决定成败”这句话可以概括非语言沟通的重要性吗？（　　）

A. 可以　　B. 不确定　　C. 不可以

14. 通过这节课的学习，今后你会愿意主动进行非语言沟通的运用吗？（　　）

A. 不会　　B. 有可能　　C. 会

二、情景演绎

活动一：分角色扮演，分别进行工作和生活中的非语言沟通，并在活动完后指出非语言沟通过程中出现的优点和缺点。

（1）工作场景非语言沟通模拟：①场景：会议室；②角色分配：一位主管领导，两位公司职员；③事件：下个季度公司业绩的提升目标及实施办法。

（2）生活场景非语言沟通模拟：①场景：咖啡厅；②角色分配：彼此情侣关系，一位男生，一位女生；③事件：女生提出分手，男生挽回。

活动二：设定场景和沟通对象，分小组讨论，如何在该场景和沟通对象面前，实施非语言沟通。

场景一，地点：办公室，沟通对象：部门主管。

场景二，地点：学校，沟通对象：辅导员。

场景三，地点：面试区域，沟通对象：面试官。

场景四，地点：饭店，沟通对象：异性。

推荐阅读

1.《非语言沟通》，作者：陈立之，出版社：江西人民出版社，出版时间2019年4月。

2.《微表情：如何识别他人脸面真假？》作者：姜振宇。

3.《身体语言密码》是一部享誉全球的英国人际关系大师亚伦·皮斯潜心30年权威力作。

第四章　情感沟通

【学习目标】

- 掌握自我沟通的内涵及技巧
- 学会与亲人间的沟通技巧
- 掌握情侣间的沟通技巧

【技能目标】

- 运用所学技巧解决生活中的问题

【名人名言】

孙子：不可胜在己，可胜在敌。

老子：胜人者有力，自胜者强。知人者智也，自知者明也。

子曰：君子和而不同，小人同而不和。

孟子：敬人者，人恒敬之；爱人者，人恒爱之。

马斯雅维利：没有对自己的了解而要领导或试图领导他人是一种愚蠢的行为，必然会带来灾难，招致失败。

高尔基：世界上的一切光荣和骄傲，都来自母亲。

但丁：世界上有一种最美丽的声音，那便是母亲的呼唤。

周汉晖：最理想的朋友，是气质上互相倾慕，心灵上互相沟通，世界观上互相合拍，事业上目标一致的人。

第一节　自我沟通

案例导入

在德国慕尼黑街头有个表演吹气球的小丑，那个小丑的双手非常灵巧，轻轻松松地一拉一吹，转眼间就扭转出各种各样的气球，做出可爱的小狗就送给小女孩，做出美丽的花朵就送给金发美女。有一个非常精致的画有小鸭子图案的游泳圈，小丑轻轻松松就将它套进了一个小宝贝的身上，小宝贝高兴地“咯咯咯”笑。小丑快乐地穿梭在人群中，像花蝴蝶一样，边走边吹气球，吹好了就送给跟在他身后的男男女女。他的花招多得不得了，围观的人群笑声不断。接着他把帽子摘下来，有人投钱币给他，才看到他的秃头，想来是中年男子了。后来小丑停止表演坐在路边休息时，我和他聊了几句，才知道他是法国人，从 16 岁就立志扮小丑，至今已经 24 年了。“我对自己的工作很满意，打算做到老死。我是一个小丑，也愿意永远做一个给人带去欢乐的小丑。”

【思考】这是一个人人都渴求成功的时代，我们总是很容易让一些无谓的成功计划蒙住我们生命的欢乐和智慧的光芒。阿甘的一句“我累了，我要回家”道出了所有现代人内心的疲惫与无助，不做自己，则是所有现代人疲惫的根源。

一、自我沟通的概念和特征

人在世上都离不开朋友，但是，每个人最忠实的朋友却是自己，就看你是否善于做自己的朋友，能否做自己的朋友。自我沟通要求我们每个人必须比那个外在的自己站得更高，看得更远，从而能够从人生的全景出发给他以提醒、鼓励和指导。

（一）自我沟通的概念

古希腊德尔斐的阿波罗神殿前的柱子上镌刻了一句震撼人类灵魂的名言：人啊，认识你自己。古希腊人认为，认识自己才能赋予智慧，得福免祸。这句名言警示着我们每一个人：在评判社会问题时，不能把自己置身其外；在对他人品头论足的时候，警惕拒绝自我评判的危险性。《孙子兵法》讲“知己知彼，百战不殆”。所谓“知己”就是自我认识与自我了解。“知彼”就是熟悉周围的环境。

人的自我沟通（Interpersonal Communication）亦称“自我传播”“人的内向交流”，是指一个人在自己头脑中所进行的信息沟通。人的独立思考、自我反省、自我激励、思想斗争、内心冲突等都是人的自我沟通的表现。许多心理学家认为，在自我（Self）的内心世界里，有“主体我（I）”和“客体我（Me）”之分。I 体现了外界对人的要求，即自我中对外界要求的理解、接受部分。Me 则是已形成的自我概念、观念体系等。I 往往是主动、积极的，而 Me 则往往是相对稳定被动的。I 不断地向 Me 提出要求，Me 不断地做出回答并给 I 以反馈或影响。二者相互作用过程就是人的自我沟通过程。人与人之间的信息传播、组织传播、大众传播等对人的影响作用，都要通过人的自我沟通来实现。

（二）自我沟通的特征

（1）主体和客体同一性。“我”同时承担信息编码和解码功能。

（2）自我沟通在于说服自己。自我沟通常在面临自我原来认知和现实外部需求出现冲突时发生。

（3）沟通过程反馈来自“我”本身。信息输出、接收、反应和反馈几乎同时进行。

（4）沟通媒体也是“我”自身。沟通渠道可以是语言、文字，也可以是自我心理暗示。

二、自我沟通的意义

常言道：要说服他人，首先要说服自己。这正说明自我沟通的重要性和必要性。

（1）自我沟通可以客观地认识自我，改进自我概念。自我沟通是一种内心准确认识、把握、修正自己的感受、想法、情绪乃至行为，从而达到提升自我有效与周围沟通的过程。

（2）自我沟通可以实现自我调节功能。在日常生活和工作中，无论是遇到快乐的事还是悲伤的事，无论是处于积极的环境还是消极的环境；无论是遇到生活上的挫折还是心理上的挫折，我们都会通过自我调节，消除这些问题存在的负面影响，或者强化正面作用，使自己从不安、忧虑或困惑中解脱出来，释放心里的压力，适应新的环境。从沟通的过程来看，这种自我调节的过程，就是一个自我沟通的过程。自我沟通的目的在于说服自己去接受这个现实，并适应这个现实，或者以自己的努力去改变这个现实。

案例

美国纽约有一个摩天大楼的负责人，每个月都要面对高昂的电梯修理账单。

由于大楼楼层很多，所以电梯不会很快到达，上下班高峰期的时候，人们往往等得不耐烦，就会连续按动按钮，而且即便人们看见按钮灯已经亮起，但似乎总觉得自己亲自按了才会安心，只有让自己的手指干这件事情，电梯才会来，因此电梯按钮的更换频率很高。大楼负责人想了很多办法，但是都没有奏效。无奈之下，负责人重金悬赏解决方案，希望有人能够帮助乘客们改变这一习惯。一位心理学家最后摘得了这项奖金。他的解决方法成本低廉，效果却出人意料。他只是在电梯门上安装了一面大镜子。这面镜子可以让乘客看见自己的猴急样，所以只要他们站到镜子前，就会马上变得有礼貌，一个个都成为了绅士淑女。

【**解析**】其实这面大镜子无意中起到了自我沟通的作用。它让人们看到了自我，和镜子中的自我进行沟通和比对，对自我进行定位，然后依据这个定位，人们会改变自己的行为方式，提高个人素养和生活品质。自我沟通的作用是积极有效的，对自己的影响是百利而无一害的。

三、自我沟通的法则

（1）遇到任何问题、状况与事情时，不要怨天尤人，怪别人甚至怪老天无眼，而是要冷静下来先想想自己，做自我检测与沟通。

（2）自我沟通的首要条件，即在于认知，知自己之不足，知障碍和问题到底在哪里。

（3）认知后，接着必须动心。用心去感觉、去体悟，使自己的心开放，增加自我沟通的内心动力。

（4）心动后马上行动。当自己内心的动力增强后，即刻就要付诸实践，让行动发挥出自我沟通的充分效果。

（5）自我沟通非一蹴即成，必须持续不断一次又一次地为之，不可心急或求速效，而必须一步一步来，方能真正达到自我沟通的确实效果。

四、自我沟通的有效途径

1. 认识自己

希腊德尔斐的阿波罗神殿前的柱子上的碑铭是短短的几个字——“人啊，认识你自己”。卢梭称这一碑铭“比伦理学家们的一切巨著更为重要，更为深奥。”

认识自我包括认识自己的情感、气质、能力、水平、品德修养和处世方式，意味着一个人真正做到功过分明，实事求是，既不在别人的溢美之词中忘乎所以，也不因他人一时的否定而自暴自弃。正所谓“不识庐山真面目，只缘身在此山中。”在自我认识的过程中，尤其需要警惕别人的夸奖和赞许。现代心理学研究中将对别人赞美的偏爱称为自我肯定的需要，但是过分地执迷其中会和认识自我产生冲突，让人辨不清自己的位置和方向。

案例

《史记》里有这样一个故事，齐国的名相晏婴，五短身材，其貌不扬，可他有一个车夫，却长得很帅。这个车夫觉得自己给齐国的宰相驾车很风光。而且他觉得自己在车上的位置好，每天坐在车前面，驾着高头大马，而晏婴却只能在车厢里面坐着。所以他经常表现出一副趾高气扬、盛气凌人的样子。有一天，车夫回到家，他的夫人在哭哭啼啼地收拾东西要回娘家。他吃惊地问到，你要干什么？夫人说，我实在忍受不了了，我要离开你。我觉得跟你在一起很耻辱。车夫说，你不觉得我风光吗？夫人说，你知道什么叫作风光，像晏婴那样身负治世之才，却如此谦恭，从不张扬；而你不过是一个车夫而已，却觉得自己风光无限。你整天跟晏婴在一起，却不能从他身上学到一点为人处事的道理来反省自己，这使我很绝望。跟你生活是我人生最大的耻辱了。

【解析】这个故事告诉大家，说话做事要摆正自己的位置，不要摆出一副“老子天下第一”的态势，更不能仗势欺人。同时也告诉大家，在你周围有很多的人，他们的为人处事的态度，都可以成为你的镜子，去劣存优，来提高你的人际交往能力。

2. 定位自我

定位自我是自我沟通的重要部分，每个个体都是独一无二的存在，个体的生活质量和生活内容都是彼此迥异的，都有着区别于他人的潜力和特质。无论你出身如何，相貌几分，学历高低，只要你能正确地认识自我，相信自我，找准坐标系中的位置，并且坚定信念，勇敢地走下去，每个人都可以成功。

案例

四川省某县一农家子弟小王于2000年顺利考入了北京师范大学，全村人为之欢欣鼓舞，父母这时便给小王毕业后的工作定了位，即要进党政机关工作，将来当个市长、省长。转眼到了2003年下学期，同学们都在学习求职技巧，精心准备谋职的一切事宜，而小王却无动于衷，且从不与同学交流。到了2004年上学期，小王也参加了招聘活动，然而他满意的单位都未被选中，他很气恼。到了11月份，他家乡某中学可以聘用他，而小王自己却说自己是一个名牌大学的毕业生，去乡村中学教书是大材小用，他没去。毕业后在家闲着的小王身心憔悴，没过几天，他给父母留下一份遗书便服毒自尽。

【解析】这就是典型的自我定位错误导致悲剧的人生。

3. 找到自己的信念坐标轴

通常人们都会在事业坐标轴上寻找到自己适合的位置，在那个位置上努力奋斗，打造自己的生活。其实生活中还有一个信念坐标轴。自我沟通除了包括自我认知、自我定位，还包括找到自己的信念坐标轴。在这个坐标轴上，人们寻找着自己的处事方法、自己的信念力量、自己的精神核心。而坚强的信念、强大的精神力量可以帮助我们战胜很多挫折和困难。与其消极悲观、怨天尤人，不如抖擞精神、告诉自己：“黑暗终将过去，而我将迎来希望。”当放下那些没有必要的心理负担之后，自然会柳暗花明又一村。我相信，人生一切之力量均来自内心，自己的精神世界！

4. 学会和自己聊天

对自己评价失衡、对于未来没有信心和勇气、莫名地感受到愤怒或者抑郁，这些负面情绪每个人都会有体验。对此，不同的人有着不同的解决方法。有些人习惯向父母倾诉苦衷，有些人选择在爱人的温存中慢慢疗伤，也有些人通过在网络上和陌生人聊通宵来排解内心的不快和郁闷。我们总是在四处寻找那些可以信任的人去疏解自己的失望和无助，但每每这时，我们总会忘记还有一个最忠实的朋友，那就是自我。和自己说说心里话，也是自我沟通的重要方法。有人问古希腊大学问家安提司泰尼：“你从哲学中获得什么呢？”他回答说：“同自我谈话的能力。”现代心理学的发展也证明，适当地和自我开展对话，有助于我们改善情绪、调整心态、实现自我释放、完成自我沟通。在开展自我对话的时候，一定要注意对话的方式方法，不能让负向自我对话占据了对话的主要内容，而是要采用积极性的谈话态度、选择那些鼓励性的语言来引导对话的走向，而不是让自我一味地沉迷在负面情绪当中而不能自拔。

5. 自我管理

自我沟通情绪化管理，一个人要拥有以下四种能力，自觉力：时刻都清楚自己处于怎样的情绪状态，这是一种自我内心觉醒的能力；理解力：明白情绪的来源不是外界的人或事物，而是自己的内心世界；运用力：认识负面情绪的正面价值和意义，从另一个角度去理解、运用它，使其发挥正面的作用；摆脱力：当某种负面情绪不能帮助自己获得成功和快乐时，要尽量使自己从这种情绪中摆脱出来，进入到另外一种更有帮助的情绪状态中。在调节自身的时候，我们还可掌握一些适当的方式，如重视自身心理调节，发展兴趣，放松身心，掌握科学的时间管理方法，培养健康科学的生活方式。

6. 悦纳不完美的自己

心灵成长需要一个过程，长时间积压的纠结和问题不要想一下子就可以走出来，需要给自己时间也是给自己一个心理空间来缓冲，只要心中拥有爱，就没有不能逾越的过去，就没有迈不过去的坎。当面对情绪和纠结时，要的不是排斥和回避，要敢于面对和接纳。爱是打开心灵阴影之门的最好金钥匙。用心去发现自身的优点和长处，学会以己为荣，找出自身与众不同的地方，为自己所取得的成就而欢欣鼓舞，学会感恩给予自己爱和伤害的人，因为他们才足以让自己长大成熟。解铃还须系铃人，偶尔的抱怨发泄一下，也是十分必要的，但是无休止的抱怨只会增添烦恼，只能向别人显示自己的无能，抱怨是一种致命的消极心态，一旦自己的抱怨成为恶习那么人生就会暗无天日，不仅自己好心境全无，而且别人跟着也倒霉。好心境是自己创造的，我们常常无法去改变别人的看法，能改变的恰恰只有我们自己。用心做自己该做的事，人生是如此的短暂，哪有心思去浪费呢？“大街上有人骂我，我是连头也不回的，根本不想知道这个无聊之人！”通常我也会这么做，我保持一颗淡然的心，无所谓笑骂。我也认为，人生的至高境界是“不以物喜，不以己悲”。

漫漫人生路，不如意事十有八九，面对着接踵而至的逆境，自己的想法别人无法理解，他人的劝解自己又不予理睬，终日在苦闷与懊恼中消磨时间。此时，自我沟通就显得尤为重要，只有自己开导自己、鼓舞自己，才可从痛苦中走出，直面人生。良好的自我沟通，可使自己的情绪保持乐观，心态趋于理智，同时能够坚定自己的信念。

如今的社会，物欲横流，在追逐金钱与地位的道路上，人们总是挤着过独木桥，正所谓“世风日下，道之不存”。那么，就会有绝大多数的事情是我们个人所无法控制和左右的。我们不是神仙，要学会去适应和改变，人生的一切之力量均来自内心，即精神世界，自我沟通就显得尤为重要，人生是可以掌握的，我坚信，我始终坚信！

课堂互动

潮汐的转变——案例分析

不久前我又遇上了大多数人都会时不时碰到的问题，干什么事都没劲，没有精神、没有兴趣，并对工作产生可怕的影响。每天早上我必须咬着牙对自己说：“今天生活又开始了，你必须去度过它。”但随着这些无聊日子的延续，我越来越麻木了，后来我决定去访问我的一位朋友。他不是心理医生，但比我大，很有智慧和同情心。我很可怜地说：“我不知道哪儿不对，但好像我要完了，你能帮我吗？”

他仔细看了我一会，慢慢地说：“我不知道。”接着他又突然问我小时候在哪里最快乐。

我说：“我想在沙滩上，我们在那里过了一个夏令营。”

他看着窗外说：“你能遵照我的建议去度过一天吗？”我说：“行。”他要我第二天早上到沙滩去，一个人，9点钟以前到。我能带一些午餐，但我不能阅读和写东西，不能听收音机或和任何人交谈。他说：“另外，我要给你一些处方，每三个钟头用。”然后他撕下四张空白纸，每张写了几个字，折叠好，编了号，再递给我说：“上午9点、12点，下午3点和6点各看一张。”“你没开玩笑吧？”“当你打开我的纸条后，你不会认为我在开玩笑。”

第二天早上我没什么信心，驾车到了沙滩。我坐在车里，只有我一个人，我打开了第一张纸条，写着：“仔细听。”

我心想：“这家伙一定疯了。”他剥夺了我听音乐和新闻，以及与人会话的权利。我听什么呢？我抬起头仔细听，只有海浪声、风的呼啸声、头顶上飞机飞过时的轰鸣声，这些都很熟悉。

我走出汽车，我问自己：“我是不是该仔细听这些声音？”

我爬上沙丘俯视沙滩。这里只有海的怒吼，它太响了，别的什么都听不到。

这时，我突然想，一定还有其他声音——风吹过沙滩，沙丘上草被风吹过的声音——如果我到跟前听的话。

我突然一个冲动，把头埋进沙丘中。我发现，如果你用心听，就有一个似乎一切都停止的时刻出现。在那一刻你真正地倾听自身之外的什么时，你就没有任何杂念，思维停止了。

我又回到车上继续仔细听。我想起了儿时上过的课，我想了很多。

中午风吹散了云，海更亮了，我打开了第二张纸条："努力回到过去。"为什么要回到过去？我的麻烦都在现在和以后。

我下了车沿着沙丘走着，我的朋友让我来这里，是因为这里有快乐的记忆。也许这里有我应该去回忆的但已经快忘却的快乐。

我试着去唤醒记忆，尽可能详细地回忆，包括他们穿的衣服和举止，我要听到他们的声音和笑声。我走到我和我弟弟 20 年前最后一次钓鱼的地方（他在一次车祸中去世）。我发现如果我闭上眼努力去想，我能栩栩如生地见到他，甚至那天他眼里的幽默和热情。事实上，我看到了一切。我钓鱼的海滩，太阳升起的天空，风的呼啸，清楚且缓慢，我能看见他钓鱼时的样子，听见他的叫声。一件又一件，在时间的流逝中清楚地想了起来，然后这一切又都回去了。

我慢慢坐下去，努力回到过去。

这天开始过得快起来，我又想起了儿时的一些事，想起了与父亲和兄弟相处的往事。

3 点钟前，没有涨潮，波浪声就像巨人在呼吸。我站在那感到放松和满足，心想这处方还很容易做。

时间到了，我又打开下一张纸条："重新审视你的动机。"

我最初的感觉是抗拒，我自言自语："我的动机没有问题，每个人都想成功，得到承认，更加安全。"

这时，我心中一个声音在说："也许，那些动机还不够好，这可能就是事情不顺利的原因。"我想，我希望在工作中得到自己努力付出后应得到的回报，工作已经成为赚钱的手段，贡献点什么或帮助他人的感觉已经消失了。

突然我领悟了，我感到如果动机错了，就不会有什么是对的，不管你从事什么工作，它都一样。只要你感到你在为他人，帮助别人，你就会做好工作；但当你只想着帮自己，你就做不太好，这千真万确。

我在那坐了很久，听着波浪声。我在沙滩上待的时间快到了。我对这位医生，对他随意开出来的又精心设计的处方感到敬佩。现在我觉得这种方法应该对任何面对困难的人都很有价值。

【分析】

仔细听：使大脑平静下来，停下来，把注意力转向外面的事。

努力回到过去：既然人脑一次只能把握一个主意，所以当你回忆过去的好时光时，忘掉现在的烦恼。

重新审视你的动机：这是治病最困难的核心所在，但头脑必须清楚且高兴做这个。

最后我打开了最后一张处方，上面写着："在沙滩上写下你的烦恼"。

我扔掉了纸拿起了一块海螺，跪下来，在沙滩上写了很多，然后我走了，不回头看一眼。我已经把烦恼写在沙滩上了。这时潮汐来了。

【问题】

1. 试分析"我"在海边一天的心理转变过程，你认为可以分为几个阶段？

2. "我"来到沙滩后，采取了哪些策略来认识自我？哪些是有效的，起什么作用？

3. 在海边与"我"沟通的对象是谁？

4. 审视自己的动机，在"我"的转变过程中起什么作用？

5. 如果"我"不去海边沙滩，而是待在家里，这些"处方"还有效吗？为什么？

6. 除了这里作者提到的四点策略，你还可以开出什么别的处方？

7. 请你就这个案例谈谈你的感受和启示。

第二节　亲子沟通

案例导入

东北师范大学大三学生小董已经连续 3 个假期没回家了。"我不愿见父母，每次站到回家的站台上，似乎都是一次煎熬。”“他们根本不理解我，我也没脸见他们。我觉得，这3年来自己一事无成，我也想学习，可没有动力了，有时我真不知道该怎么办。”小董一脸伤感：“我能做的就是跟女朋友倾诉，我认为，只有她才能了解自己，才能真正和自己交流。”

像小董一样，记者在采访中发现，很多大学生都表示“和父母交流有困难”。据报道，上海市心理咨询中心曾在市内主要高校大学生群体中做过一项调查，结果显示，约有69%的大学生感到无法与父母交流和沟通，其中27%的学生表示从不与父母交流。

无独有偶，在第二届上海市重点（示范性）中学学生会主席论坛上也传出消息，“当代青少年与父母之间存在明显的沟通障碍”，有63%的高中学生认为心里话只能和同学说，与父母说的只占21.9%。看来，大学生难与父母沟通，是在高中时就“打下了基础”。

有人认为，处于叛逆期的高中生，面对高考的压力和父母对其学习成绩的严格要求，易出现沟通障碍，而大学生的生理与心理都已趋近或达到成熟，与父母交流理应比高中生顺畅。但现实情况显然并非如此，采访中，记者发现，许多大学生仍然对父母有一种或抵触或敬畏的情绪，他们大都反对父母的教育方式，难以忍受“父母的不理解”。

东北师范大学的孙同学，父母双双下岗，每天都要为生计发愁，每次打电话来，就是问问学习好不好，生活费够不够。“我也知道，他们根本无暇顾及我心里的感受，我还能说什么呢？说多了，岂不是又给他们增添心理负担？渐渐地，就感觉心里和父母隔着一层。”

大学生不愿与父母交流，也有自身的原因。长春大学大二的刘同学对记者说：“大学里事情很多，我却找不到生活的目标，非常郁闷，没心情和父母交谈。”学法律的小张也眉头紧锁：“上了大学，开始参加了很多社团，后来逐渐放弃了，再后来，就忙着应付各种各样的过级考试，很少和家里人交心。一是自己话本来就少，顶多哼哈两句，再者，也没必要让他们知道我的情况，那样反而让他们操心。”

【思考】“应该说，在15岁到22岁左右的青春期，与父母产生距离，对他们表现出冷淡，这是青少年成长的正常表现。处于青春期的大学生们，也需要有一段时间让自己独立思考，去寻找并且发现自己。”吉林大学高等教育研究所的杨淑琴老师认为，对于大学生来说，要培养良好的个性、建立良好的家庭关系，还应主动找时间和父母聊天，体验交流的快乐。

是啊，亲子沟通不仅关系家庭的和谐和睦，最为重要的还是对孩子的健康成长有很大的影响。那么，亲子沟通有什么原则，父母及子女需要注意些什么呢？

一、亲子沟通的重要性

（1）让孩子懂得替他人着想。通过沟通教育，可以让孩子明白和谐的意义，说话做事时懂得替别人着想，懂得如何战胜自己的人性弱点，慢慢地能够控制自己的情绪。

（2）懂得人际关系的重要性。家庭中的沟通教育可以使孩子比较早地认识到人际关系的重要性，孩子通过交往享受到人与人之间最美好的东西，享受和满足家庭成员、同学、师生之间等情感需要，理解爱的真正意义。

（3）逐渐成为受欢迎的孩子。因为良好沟通的过程就是树立自我形象的过程，懂得做事、做人的道理，懂得了沟通的理念和技巧，说话做事懂得尊重他人，时时处处替他人着想，因为这些，孩子就能深受爸妈、老师和同学的喜爱。

（4）树立正确的人生目标。沟通教育实质上也是人生教育，孩子若能从小就接触人生目标和人生规划，就能比较早地确立自己的人生目标。有相关研究证明，人生目标明确，年龄结构越小，成功的概率就越大。因为越是早定下目标，努力的方向就会越明确，考过试的同学都知道，每当期末考试的时候，若是老师有意识地给大家划重点，大家在复习过程中就能比较集中精力去看某一些内容，若是没有老师的提点，估计大家都会大海捞针似地到处撒网了。因此及早在沟通教育中进行人生目标的学习对于孩子未来的成长有着重要的意义。

二、亲子沟通的原则———求同存异

我们在与父母、长辈沟通的时候经常会有一些障碍，这就是很多年轻人认为的“代沟”。应该说，代沟的存在对于两代人的交往，对于整个社会的发展，既有有利的一面，也有不利的一面。新的一代总要强过老的一代，只有“长江后浪推前浪”，社会才能向前发展；同时，长辈的丰富阅历也是一种财富。如果各执己见，互不相让，那么不仅难以取长补短，更不利于家人之间的感情沟通。

孩子们与年老父母之间的这条所谓“代沟”由来已久，没有必要也不可能在一夜之间完全填平，要想做到两全其美，实属不易，只有互相谦让。为此，一个能让双方接受的代际交往的和谐之策便是——求同存异。

案例

美国著名的特纳公司老板特德·特纳是美国最有钱的人之一。他为人宽厚，头脑敏捷，是美国新闻界和娱乐界的焦点人物。然而，如此成功的一个人当被问及最大的憾事是什么时，他却难过地回答：“没能当个像样的儿子。”老特纳当年是一位相当有知名度的广告商，他与儿子在早年便有许多思想上的隔阂，在许多方面都难以达成一致。知情人说，这父子俩只要单独在一起超过十分钟，便会争吵得不可开交，谁也说服不了谁，谁也不让谁，每次都不欢而散。那时，年少气盛的特德·特纳总认为，有个性的人必须勇于坚持自己的主张，即便是亲生父亲也不例外。后来，父子俩为是否卖出一部分名下的产业而意见对立。正在人们观望这对父子俩到底谁会占上风的时候，老特纳却突然饮弹自尽了。虽说死因并非完全与此事有关，但至少也是因素之一。特德·特纳为此深受刺激，后悔不已。他深信，如果不是自己那么激烈地与父亲争论，伤了他的自尊，而是先把自己的观点放一放，慢慢用事实说服他，也许父亲就不会死，自己能与对手求同存异，为什么不能与父亲这样做呢？

求同存异对于促使家庭关系的和谐确实是一个上策。它不仅可以保存青年人自以为“是”的一些优点，也能在两者之间寻找到对双方有利的地方。求同存异的基础是理解，是相互之间情感和心理的沟通。在代际交往中，理解更多的是要求能设身处地为对方着想，能做到将心比心。求同存异还要求双方有时候能做到“忍痛割爱”，舍弃有碍代际交往的心理和行为。实际上这是一种“弃卒保车”之举，虽丢弃了自己的一点东西，却求得了双方的和谐。求同存异的另一个要求是双方要能主动寻觅“共同语言”，达到求同的目的。

有些青年人或老年人很重视和双方的双向沟通，互通有无。例如，年老父母经历多，见识广，社会经验多，这些可以通过与青年的交流，传授给他们；而青年人在科技发达的现代社会里，也拥有一些颇具现代化特色的知识、技能，例如，电脑的使用，就可以由青年人教授给老年人。特别是当前社会的“信息爆炸”或“组织爆炸”，对每一个人的知识体系和智能结构都造成了很大的冲击，已有的知识无法满足参与社会活动的需要。因此，青年人和老年人应当携起手来，走向同一个结合点——学习新技能，掌握新的知识，更新知识体系，完善智能结构。这样，两代人在时代变革的潮流中，差距缩小了，冲突消失了，代际交往和谐了。

虽然代际交往的矛盾和冲突无法避免，但也不会令我们束手无策。如果儿女和父母都能做到求同存异，理解对方，就有利于家庭关系的和谐。作为子女、晚辈，还应特别注意孝敬老人，尽赡养之心。“谁言寸草心，报得三春晖。”父母的养育之恩、春晖之情，做后辈的终难回报。“孝”是与父母、长辈之间沟通的第一要义，一个人最应具备的品德莫过于“孝”了。

（一）父母与孩子沟通的原则

1. 从平等出发，不摆家长的架子

像面对朋友一样面对孩子，相信他有自己的判断，是个自主的“他”。支持他的爱好和有益的想法；对不足之处实事求是地提出自己的意见，不要一厢情愿地过多地提醒唠叨。

2. 尊重孩子，不随便骂孩子

不要骂孩子“笨”，孩子的自我形象是在幼年时与别人互动后建立的。常常被人说“笨”“丑”“不乖”的孩子，就这样认定自己了，自然就会展现出“笨”“丑”“不乖”的特质。也不要在别人面前批评孩子，常被大人在大庭广众批评的孩子有的会产生退却行为，从而使孩子的人际应对进退技巧不容易朝正向发展，一旦形成“不好相处”的特质，会对孩子日后人际关系的发展产生很大的妨碍。

3. 不要拿孩子当出气筒

夫妻吵架或工作压力大时，容易对孩子说伤感情的话，口出恶言，而恶言一出，烙在孩子心灵深处的痕，会深深影响着孩子未来与异性或亲子相处的模式。所以请收起“不要你了”等宣泄情感的伤人话。

4. 讲究沟通技巧

其实，做任何事情都需要讲究方法和技巧，不是你一味地遵从某种原则就能

达到你想要的目的的。父母在处理亲子沟通问题时，一样要讲究方法和技巧。毕竟不是你知道这件事很重要，然后事情就会自然而然地往好的方面走了，事在人为，你不主动努力去做，等待的结果往往就不一定是你想要的了。若是明知道当年父母的沟通方式是不对的，但你已经习惯，所以现在又照搬到自己的孩子身上，那你得到的结果又会有什么不同呢？

案例

有一个孩子跑到山上，无意间对着山谷喊了一声：“喂……”声音刚落，从四面八方传来了阵阵“喂……”的回声。大山答应了。孩子很惊讶，又喊了一声：“你是谁？”大山也回音：“你是谁？”孩子喊：“为什么不告诉我？”大山也说：“为什么不告诉我？”

孩子忍不住生气了，喊道：“我恨你。”他哪里知道这一喊不得了，整个世界传来的声音都是：“我恨你，我恨你……”孩子哭着跑回家，告诉了妈妈，妈妈对孩子说：“孩子，你回去对着大山喊‘我爱你’，试试看结果会怎样，好吗？”孩子又跑到山上。果然这次孩子被包围在“我——爱——你，我——爱——你……”的回声中。孩子笑了，群山笑了。

【解析】这位妈妈与孩子的沟通就非常有技巧。面对孩子的委屈，不安慰也不批评，更没有其他形式的唠叨，直接告诉孩子怎么做，结果孩子在自己的实践中解决了问题。这样的母亲很容易赢得孩子的尊敬。

（二）子女与父母沟通的原则

我们可以借鉴孔子的建议：“事父母几谏，见志不从，又敬不违，劳而不怨。”作为儿女，侍奉父母的时候，如果有意见相左的地方，甚至你觉得父母有什么错的地方，可以委婉地去劝止。

我们经常会学习一些人际交往准则，就是你跟同事要怎么说话，你跟朋友要怎么说话，但几乎没有一本社交宝典上会教你跟父母怎么说话，因为大家都觉得，父母是亲人，跟父母说话还需要讲究方式吗？孔子说出了一个简单的道理，就是你最亲的人是最伤不得的，你跟他们有什么意见相左，在说话的时候最好注意一下方式。孩子说了，有的父母会听，有的父母没听，还在坚持自己的做法，那就是“见志不从”。没听你的怎么办？“又敬不违”，做孩子的还要心存尊敬，不要去顶撞他们。你心中可能对这事继续担忧，但不能生出怨恨，这就叫“劳而不怨”。

三、亲子沟通的技巧

（一）父母的沟通技巧

1. 做孩子的“倾听者”

有专家表示，心理学上把接纳视为沟通的先锋。意思在于唯有你已经从心理上多少接受了这个人，你才愿意尝试着与之沟通交流。父母在和孩子交流的时候，应该注意倾听孩子传达的信息，进而接受、收纳、解读，并根据所得的信息为孩子做出最妥当的回答，而不是随随便便地听，然后随随便便地回答，或是干脆不听不回答，这是不利于沟通的行为。当孩子向你倾诉一些不开心的事情时，你可以尝试这样回答：“宝贝，我很理解你现在的心情。”这样表明你已经接纳了他们的信息，就可以鼓励孩子与父母之间的沟通。大人遇到不开心的事情，喜欢向人倾诉，喜欢别人的安慰鼓励，其实孩子也是一样的。

2. 以孩子为中心

经常以孩子关心和感兴趣的话题与之交谈，当然，有家长和孩子都感兴趣的话题更好。这样的交谈最容易交流，也便于掌握孩子的思想动向。要承认这样一个事实：在信息发达的现代社会，当代大学生所了解的知识和信息已经远远多于一般家长（专家除外），他们所不足的只是社会经验不足，在识别事物本质方面缺乏经验，缺少社会实践的历练。作为家长，一方面应该虚心向孩子学习，了解新知识，学习新信息；另一方面，可以适时提醒孩子在人际交往等方面加以注意。家长和孩子互相学习，取长补短，共同进步。

3. 多关心孩子的生活

不要对孩子说“只要你学习好，我们家长最苦最累都值得、都愿意！”生活上多关心，尤其是身体心理成长过程中可能遇到的青春期困惑，身体有可能遇到的疾病，家长要适时点拨。零花钱根据经济状况适当给予，不要自己省吃俭用，却惯下孩子大手大脚追求名牌的毛病，鼓励他们勤工俭学，利用业余时间，打工挣钱。

4. 学会赞扬孩子

赞扬也是有学问的，最有价值的赞扬是恰当地、及时地称赞孩子做得对的事情。

案例

陶行知在担任一所学校校长时，一次，他看到学生王友用泥块砸同学，当即制止，让他放学后到校长室。陶行知来到校长室，王友已等在门口准备挨训了。没想到陶行知却给了他一颗糖，并说："这是奖给你的，因为你很准时，我却迟到了。"王友惊疑地瞪大了眼睛。陶行知又掏出第二颗糖对王友说："这第二颗糖也是奖给你的，因为我不让你再打人时，你立即就停止了。"

陶行知又掏出了第三颗糖："我调查过了，你砸的那些男生，是因为他们不遵守游戏规则，欺负女生；你砸他们，说明你很正直善良，且有跟坏人作斗争的勇气，应该奖励你啊！"王友感动极了，哭着说："陶校长，你打我两下吧！我错了，我砸的不是坏人，是自己的同学……"

陶行知这时笑了，马上掏出第四颗糖："因为你正确地认识错误，我再奖励你一颗糖……我的糖分完了，我们的谈话也结束了。"

总之，只要家长掌握与孩子交谈的艺术，一定能取得好的效果。

（二）孩子的沟通技巧

1. 主动积极地与父母沟通

因为父母会担心打扰大学生们的学习，不知道他们何时有空，所以大学生们要和父母有事没事常主动联系。

无论是物质层面还是精神层面，大学生对父母都是有所依赖和关怀的。首先，生活费绝大多数的大学生是需要父母提供的，这也让大学生们不得不和父母有所交流。其次，就是生活中遇到的一些问题，很多大学生可能是第一次离家，甚至第一次住校，很多生活上的问题父母可以给予帮助，因为父母不会害自己的孩子，有问题和父母说，往往能得到更好的解决，即使解决不了和父母说一说，心理上也会轻松很多。如果你不在家，那么不要让父母为你担心，经常打个电话报平安，说说你的近况，他们会很高兴的。

2. 在家时主动帮助父母做家务

既然是大学生就更应该理解父母，知道父母养大我们的不易，做做家务，体现自己的孝顺，让父母开心。

3. 记得父母的生日

父母生日时炒几个好菜，做一桌好饭，送父母个小礼物，让父母知道，在你的心中始终有他们。

4. 和父母谈谈自己的理想

有空的时候和父母谈谈你的理想，你的抱负，让父母知道你是一个有理想有抱负的人。解释自己的一些行为，可能自己的一些行为不被父母理解，所以需要解释，这样才不会引起误会。

5. 包容和尊重父母的习惯

这是真正的敬。每一个人从他自己那条路走来的时候，他就会带着历史上沟沟坎坎留下的许多痕迹。一个人走到老年的时候，他有太多的故事不见得都愿意对儿女说明。那么这个时候，儿女就应该用心去想，我的父母他们到底为什么要这么做。

总之，双方都要寻找最佳的沟通模式，使沟通方式多元化，实现最佳沟通效果。

随着年龄的增长，青少年的心理是不断变化的，大学生在生理发育接近成熟的同时，情绪状态逐步接近成人，并在情绪上表现出一些特殊的情绪反应，如矛盾性、两极性、冲动性等。因此，家长要及时转变角色，从“孩子的领导者”积极转变为“孩子的参考顾问”，给予孩子一定的自由和成长空间。而且，沟通过程中一种平等的信任感一定要建立，使孩子有自尊感和自我认同感。随着时代的进步，新型媒体网络之间开始渗透大学生的日常生活，把父母拉进自己的“朋友圈”，和父母在QQ、微信等新型通信软件上聊聊天，不仅经济方便，还可以增进彼此的感情，何乐而不为呢？

课堂互动

一、母亲得了咽炎

一位母亲因咽喉炎曾一度不能讲话。其中有一天，孩子放学回来嚷道：“我恨老师，我再也不想上学校去了。”她很想训斥孩子，但她当时说不了话，只好看孩子还说不说什么。稍过片刻，孩子怒气渐消，趴到母亲的腿上说：“老师让我做一个报告，在报告中，我掉了一个字，老师当众批评，给我指正。当时，所有的同学都嘲笑我，我简直无地自容。”母亲抱住孩子，让他安静下来，理解了孩子的心情，知道他不好受。过了一会，孩子情绪恢复正常和小伙伴出去玩了。

训练题：由于母亲不能说话，才使孩子顺利地倾诉出心里话。假如这位母亲没有生病，她会怎样对孩子呢？请同学们对这个案例进行不同版本的演绎。

二、养不起母亲的儿子

儿子养不起年迈的母亲，决定把她背到山上丢掉。傍晚，儿子说要背母亲上山走走，母亲吃力地爬到他的背上。他一路都在想："爬高点、走远点再丢下才不会走回来。"当看到母亲在他背上偷偷往路上洒豆子，他很生气地问："你洒豆子干什么？"母亲和蔼地说："傻儿子，我怕你等会儿一个人下山会迷路。"

训练题：如果你是这个养不起母亲的儿子，此时会怎么办？

第三节 恋人沟通

案例导入

6 月 23 日晚，犀浦某校一名计算机系大二男生从女生寝室 6 楼跳下身亡。

据悉，跳楼男子武卫（化名）来自德阳，在校成绩很好，一直是班上前几名，但平时不爱说话。前日，武卫与外校的女朋友分手了，情绪反常，喝了不少酒。当时就被同学发现并有一同学寸步不离守护他。昨日中午 11 时许，武卫冲上女生寝室，去六楼找"红颜知己"许开惠（音）聊天，他趁守护的同学不备，关上门从 6 楼纵身跳下……据赶到现场的医生透露，当时武卫呼吸微弱，瞳孔已经放大，经抢救无效死亡。

【思考】爱情绝对是朵娇艳的鲜花，离不开精心的呵护，更需要坦诚相见的沟通与付出。爱一个人不是一件容易的事，爱是需要不断学习的。与相爱的人相处是一门艺术。情侣之间需要不断地相处和沟通，良好的沟通是爱情长久的保鲜剂；相反，如果不重视沟通，两人之间就可能不断产生摩擦，从而破坏两人之间的情感，致爱情之花凋谢。因此，情侣沟通是爱情保鲜的不二法宝。

一、情侣沟通容易陷入的五种误区

（一）视而不见，充耳不闻

对方多次提醒过的错误，依然明知故犯，不是不长记性，而是内心抗拒改变，心里不爽，这是一种软抵硬抗，用沉默、迟钝、漠视表达内心不满的情绪，内心甚至有一点蔑视和鄙视对方，口头上不一定表达出来。

（二）抱对着干的心态

完全被情绪支配，抱着和对方对着干的心态，不管对方说得是否对，一定会朝着相反的方向走，你说好，他说坏；你说黑，他说白；你让我往东，我偏要往西；你让我打狗，我偏去撵鸡。一句话，气死你！怎么着？有本事把我吃了！恋人间的沟通，70%是来自情绪，30%才是内容，如果能够有效地转换过来，30%是情绪，70%是内容的话，关系将更加健康。

（三）话不投机，心不在焉

有的情侣沟通时，经常装傻，或者回避，要么装着没听见，要么顾左右而言他，实际上大多是故意装糊涂，因为“话不投机半句多”，心不在焉，说明不想争论，并不是认同对方的看法或者服从对方的命令。

（四）一个说东，一个道西

一个埋怨花钱大手大脚，一个可能说对方感情不专一，经常鬼鬼祟祟，形迹可疑。说话人和听话人不在一个频道里，不在一个平台上，你说的是这个意思，他理解的是另一个意思；你说的是这件事，对方却给你岔开说另一件事。各自表述自己的观点，都希望对方服从自己的想法和意见。让人哭笑不得，也达不到沟通的目的。

（五）冷，冷，冷

情侣之间不怕争吵，吵过以后起码心里舒服，心态和情感还可以恢复到原来的状态，俗话说：夫妻没有隔夜仇。有时候情侣吵罢了就过去了，不一定非要讨个结果。然而，最可怕的是：任你在火冒三丈，我就一言不发，而且还用冷漠的眼光盯着你，或发出一声冷笑。冷漠的背后隐藏着这样的潜台词儿：犯得着这么大惊小怪吗？关我什么事儿？气死你活该！正是所谓的“此时无声胜有声”，冷漠和冷笑是冷战的标志，这样的态度，感情离破裂只差一步了。

二、情侣之间沟通技巧

恋爱中的男女产生矛盾，原因是多种多样的。最常见的情况就是一方不能理解另一方，从而致使双方的沟通出现障碍，感情出现裂痕。这就要求我们要尽可能地多理解对方，理解对方的性格特点、心理倾向等，这样可以避免许多矛盾的发生。

（一）多欣赏，少挑剔

情侣之间产生矛盾的原因之一就是试图改变对方，使对方努力改变成自己理想中的完美爱人。为了达到这个理想，在交往的过程中，我们往往不合实际地要求甚至迫使对方摒除以往的习惯和言行，以吻合自己心目中的理想形象。这种情况是很难变成现实的。一个人的好多习性都已是定型的，不可能因为一场爱情就整个人脱胎换骨、焕然一新。

既然如此，那么，要想避免双方因心理不合而产生矛盾，就应试着去多欣赏对方，少挑剔对方，把对方看成一件“艺术品”，而不是“半成品”。因为人人都企望被欣赏而不愿意被改造，所以不要把爱当成一把雕刻刀，挖空心思地想把对方雕琢成什么模样。

总之，要想维持爱情、避免矛盾，就要对对方多些欣赏，少些挑剔。

（二）不要强迫对方为自己付出

恋人之间有时会强迫对方为自己做什么、付出什么，比如让对方为自己买名牌服装、送贵重物品、去高级餐厅等，这是不可取的，也可能是产生矛盾的根源。

爱应该是发自内心的，为爱付出也应是自发的、心甘情愿的。如果对方对自己的爱到了某种程度，那么，即使不强迫，对方也会付出；相反，如果对方根本不情愿，那么，即使在强迫之下去做了，又有什么实际意义呢？这不过是阳奉阴违的行为，丝毫不能真正加深彼此之间的感情。

要想真正加深彼此之间的感情，绝对不要强迫对方为自己付出什么，这无异于拔苗助长。感情没有到，做了也是虚假的行为，可能还会使对方产生厌烦心理。

（三）帮对方改正缺点，有效避免矛盾

那么，该怎样让对方愉快地接受自己的建议，并积极去改正缺点呢？可以参照以下的方法。

1. 委婉地表达自己的意见

有些时候，对方的缺点是天性使然，如果直接要求对方改正，势必会使对方难堪，以致生气。一味地迁就、忍让，就会成为积怨累加、矛盾激化的根源，到头来还避免不了产生矛盾。用委婉的表达方式帮助对方改正缺点，既能不伤感情，还能有效避免矛盾。

案例

某官员的女儿小婉和本单位的小赵谈恋爱时总是有某种优越感。因为小赵是农家子弟，大学毕业分在局里做科员，没有什么“靠山”。有一次，小婉到小赵家做客，吃过晚饭后把小姑子使唤得团团转，又是要冷饮，又是要西瓜。

小赵看在眼里，心里很不是滋味。但他没有发作，反而笑着对妹妹说：“要当师傅先学徒嘛！你现在加紧培训一下也好，等将来你嫁到别人家里，也好摆起师傅的架子来。”小赵的做法可谓高明，他不失时机地用“要当师傅先学徒”的俗话来提醒小婉，避免了直接冲突。即使对方当时略有不满，过后也会有所感悟。经小赵这么一说，小婉以后果然收敛了许多。

2. 巧用幽默表露不满

当对方的所作所为不适宜时，可以巧用幽默的语言向对方表露自己的不满。

案例

小梅非常喜欢跳舞，男友小郑却是个好静的人，无奈常被小梅拉去“看”舞。有一次他们从舞厅出来已经很晚了。

小郑灵机一动，说道：“你的慢四跳得很棒，我还没看够。你一路跳回宿舍怎么样？”

小梅说：“你想累死我啊！”

小郑一副认真的样子："不要紧，我用快三陪你跳。"

小梅："亏你想得出，丢下我一个人也不怕我碰上流氓。"

小郑这时有话说了："那你在舞厅丢下我一个人，也不怕我打瞌睡被人掏了包儿。"

小梅这时才知道男友来看跳舞是很不情愿的，以后就再也不拉着他来了。

3. 与对方倾心交谈

对恋人的某种缺点进行及时的制止或纠正，有时需要用合情合理的话语与对方进行倾心的交谈。尽管对方的想法存在着谬误，做法掺杂着任性，不过，只要与对方进行倾心的交谈，自己的立场占理，对方就会意识到自己的不对，听从自己的意思。

案例

小葛和小陈是一对恋人。春节期间，小葛准备带小陈去她大哥家拜年，见小陈打算带两瓶低档酒，认为很失面子，便自作主张地要把小陈姐姐孝顺给父亲的一瓶高级人参酒带去拜年。小陈当然很不乐意，但他知道小葛爱面子，又不好责怪她，就借故把小葛叫到房间，推心置腹地说："这酒可是我姐姐对父亲的一片心意。我父亲当然没有什么意见，因为他只有我这么一个小儿子还没成家，给你家亲戚拜年大方一点也是应该的。可你想一想，要是这事让我姐姐、姐夫知道了，心里会是什么滋味。假如你嫂嫂把我们送给她的东西拿去孝顺别人，你心里又是什么滋味……"

小陈一番合情合理的话说得小葛无话反驳，便顺从了小陈的意思。

（四）采取有效策略，积极化解沟通中的矛盾

尽管我们千方百计地避免矛盾的产生，可是有时候矛盾还是会不可避免地产生。可能对方的行为非常过分，使自己非常生气，抑制不住地要爆发。这时，该如何改变不良倾向、有效化解矛盾呢？一般来说，可参考下面三种方法。

1. 沉默是金、以静制动

有些时候，一方确实在无理取闹，特别是女性更容易无理取闹。对于无理取闹的人，越是耐心地劝解或讨好，对方越是闹得凶。如果确认对方是在无理取闹，那么，最好的办法是不予制止，任其发展。

在既不劝说也不制止的情况下，对方就会渐渐觉得兴致索然，一个巴掌拍不响，连个陪着的人都没有，一个人还闹个什么劲！结果，面对沉默，无理取闹者的头脑会逐渐冷静下来，并进行自我反省，主动讲和。

2. 亡羊补牢、巧献殷勤

在生活中，经常会出现工作与爱情或家人与恋人之间的矛盾。有些时候为了顾全大局，我们会冷落了恋人，使对方生气。

女友可能这样质问男子："工作和我，哪一个对你重要？"或者"你妈和我，你到底要哪一个？"男子最怕女友提出这类问题。本来嘛，恋人不能舍，工作不能丢；妈妈是亲人，女友是爱人，实在是无法分清哪一方更重要。

这些道理，女友不是不知道，明知故问、有意穷追不舍，不过是心理不平衡，觉得自己受了委屈。这时，男子可以不正面回答其质问，而是采取亡羊补牢的方法，通过献殷勤来弥补对女友的亏欠。只要女友的委屈得到了化解，心理得到了平衡，那么，双方的矛盾也就化解了。

3. 先怒后软、恩威并施

有些时候，恋人固执地抱守着错误的做法，甚至这种做法可能会造成严重的后果，使人忍无可忍。这时，就可严厉地批评对方的做法，以自己的威严对其加以制止，否则可能还会有下一次。

当然，这种做法可能使对方下不了台，产生怨恨的心理。为了不致使双方的感情因此而破裂，有时候还要采取相应的补救措施。首先要对自己当时的态度道歉，说自己只是一时冲动，要对方不要介意。接下来要条理分明地讲明对方错在哪里，有什么利害关系，会产生什么严重后果，只要说得在情在理，对方就会原谅自己，认同自己的观点，然后双方重归于好。

（五）三个错误不能犯

1. 每件事都该有客观上的对错，而我通常都是对的

抱有这个信念的人，潜意识里认为给一件事定性比建设良好的伴侣关系更加重要。所以遇到任何事都一定要和伴侣争论到自己胜利为止，因为但凡抱有这个信念的人，往往都不会认为自己也有错的时候。在他们的心目中，证明自己是对的而伴侣是错的，是一件非常有成就感的事。于是在与伴侣沟通时，他们会采取压倒性的态度，据理力争，向伴侣传递一个信号：除非你认错，否则我们就会没完没了地争论。

可想而知他们的伴侣常常会感受到很大的挫折感，以及被否定、不被接纳的感觉。

2. 如果你真的爱我，你就应该知道我想要什么

大部分女人和部分个性内向的男人容易有这样的想法。他们很少直接地和伴侣沟通自己的想法和需要，而是喜欢让伴侣来猜测自己的心思，并将伴侣是否能准确猜中自己的想法作为判断他是否爱自己的标志。

他们常常表现很好的脾气，很少的需要，很低的底线，这使得他们常常毫无征兆地向伴侣提出分手，给伴侣带来很大的吃惊。

3. 既然我们是真心相爱，那就不必表达感谢了

俗话说“一家人不说两家话”，我们中国人常觉得既然是一家人，那么就不要说那些“客气话”，所以为伴侣做点什么事那都是应该的，如果要说谢谢那就太见外了，那说明他们的关系太远了。

但其实这世界上从来不存在谁应该为谁做什么，伴侣之所以为你做某事，那是因为他爱你，希望你快乐，而不是他“应该”那么做。如果你将伴侣的付出看作理所当然，那么这也将是一块隐藏着的“绊脚石”。

恋爱中的矛盾不可避免，我们有必要学会如何正确进行沟通，努力减少矛盾发生的概率，并有效化解矛盾，使我们爱情变得更顺利，更美好。

课堂互动

一、与父母沟通

（一）活动目标

1. 了解家庭成员之间的交流沟通对家庭和谐、幸福的重要性。

2. 增进与父母沟通的意识，掌握一些与父母交流沟通的技巧。

3. 能够经常有意识地与父母进行交流沟通，提高与父母相处的能力。

（二）活动重点

加深家庭观念，同时增进与父母沟通的意识，掌握与父母交流沟通的技巧。

（三）活动准备

1. 课前调查：学生与父母沟通的情况，尤其是发生矛盾时。

2. 课件、案例。

（四）活动过程：欣赏学生和爸爸妈妈合影的照片

1. 回忆幸福时光 ——看照片，让学生说说照片上的故事。

2. 沟通困惑 ——随着年龄的增长，我们和爸爸妈妈之间在进行交流沟通时，不像过去那么和谐了，时不时会闹些不愉快？课前调查，学生与父母沟通情况调查结果。请同学分享自己和爸爸妈妈之间产生的不愉快（你当时怎么想？你当时心情如何？你有没有和父母说清楚？）。

3. 摆脱沟通困惑——如果是现在的你会怎么处理当时的矛盾？掌握与父母沟通的技巧。

二、关于“爱”的讨论

一个妇女出门看到三位银须飘然的老者坐在她家的门前。妇女与他们互不相识，她上前同他们打招呼说：“你们一定饿了，进屋吃点东西吧。”

“你家男主人在吗？”老人们问。

“他出去了。”

“他不在，我们就不进去了。”老人们回答。

晚上，丈夫回家，妇女将此事告诉了他。丈夫说：“快去告诉他们，我回来了，请他们进来！”于是，妇女出去邀请老人们进屋。“我们不能一同进屋。”老人们说。“那是为什么？”妇女感到困惑。一个老人指着一个同伴说：“他名叫财富。”指着另一个同伴说：“他名叫成功，我是爱。”他接着说：“你进去和你丈夫商量看你们家需要我们中的哪一个。”妇女把老人们的话告诉了丈夫。丈夫十分惊喜，说：“既然如此，我们就邀请财富老人，让他进来。”妻子不同意，说：“亲爱的，为什么不邀请成功呢？”儿媳插嘴说：“邀请爱进来不是更好吗？我们全家将会充满爱。”

“那就听儿媳的吧！”丈夫对妻子说。

妇人出去问三位老人：“你们当中哪位是爱？请进来做客！”爱老人朝房子走去，另外两位老人也跟在后面。

妇女感到惊讶，问财富和成功：“我邀请的是爱，你们怎么也跟着进来了？”老人们一同回答说：“哪里有爱，哪里就有财富和成功！”

【问题】以“情感沟通”为主题展开讨论。

实践训练

一、恋爱心理测试题

1. 心灵契合度测试

题目：假设某天，情人突然拿出一个盒子要送你，你打开后发现里头是餐具组合，你认为会是什么餐具组合？

A. 咖啡杯盘组

B. 啤酒杯和玻璃盘

C. 汤碗与和风小木盘

D. 全是盘子

2. 遇见怎样的他你能告别单身

题目：你外出替心仪的他跑腿，回来后他为你准备了一杯暖心的饮料，你觉得会是以下的什么？

A. 草莓牛奶

B. 热可可

C. 泡茶

D. 柠檬水

E. 姜汁可乐

二、测试结果分析

1. 心灵契合度

A. 心灵默契度 99%

你们感情很好，也很有默契，不需言语，只要一个小动作就猜得出对方心里在想些什么，如果是白瓷咖啡杯，表示你们对彼此毫无隐瞒。

B. 心灵默契度 25%

你们彼此的沟通不足，有时根本不了解对方在想什么，可能因为一言不合就起争执。你曾有分手的打算，如果出现好对象，可能马上就会移情别恋。

C. 心灵默契度 70%

你渴望关系更加亲密，希望可以天天腻在一起，但是如果太亲近了，可能会忽略其他的事。腻在一起并不代表了解，还需要多沟通。

D. 心灵默契度 10%

如果女性选这个答案，表示渴望有更多爱情；若男性选这个答案，也许他已有新对象。如果双方爱情已不在，就该说出来，别勉强在一起。

2. 专业恋爱心理测试题结果分析

A. 鞭策督促的人

其实你很有能力，但是你太懒了。不光在工作中有拖延症，明明自己可以做得更好，你马马虎虎就应付了事。而且你对待感情问题也显得十分不大积极，觉得生活嘛得过且过就好了。其实这样的你，最最需要的人就是能对你进行鞭策与督促，能激发你内心能量，让你变得更加优秀的人。这样的人，也会成为终结你单身的人。有这样的人，你的人生将会发生大改变。

B. 志趣相投的人

你还是比较务实的，你觉得自己虽然不是特别优秀，但也有自己的骄傲。所以你在找对象这个问题上，你也有自己的观点。你想找的人，是志趣相投的人。也只有这种人，知道你的坚强不屈，知道你的真正追求。所以，你们也可以一起为之努力奋斗。你们有一样的爱好，一样的兴趣，生活也会很轻松。找个志趣相投的人，人生会更丰富多彩。否则的话，鸡同鸭讲，人生也很别扭。

C. 内心强大的人

可能你也是一个强大的人吧，不是说你外表长得有多彪悍，而是你的内心很强大。你的生活见识还是很丰富的，甚至有的经历回首起来并不美好，你可以随时为之流泪。也因此，你足够坚强，内心足够强大。未来能终结你单身的人，必然内心也是强大的。因为他有这样的精神世界，才能与你心意相通。此后不管遇到什么，你们都可以坚强地渡过这漫漫人生。

D. 温暖体贴的人

一个温暖的人，可能也会经历一些坎坷，也会有心伤的时候，但大部分时间，他们愿意将这种温暖带给内心更寒冷的人。你的单身，一定会被一个暖男或者暖女所融解。他带给你一定的温暖，一种居家的感觉，一份你要的幸福。也只有这样的人，才会给你足够的安全感，终结你的孤独，让你心甘情愿地与对方进入婚姻殿堂。寻找到属于你的真正的幸福。

E. 幽默积极的人

有时候，你对于未来的人生，真的不抱什么希望。你觉得人生在世，真的活得这么辛苦，但是又没有办法改变它，所以也不作什么改变了。但是再怎么样，你的孤独也是不容忽视的。也只有灿烂的笑容，有幽默的语言，能带动你的积极乐观，能带给你一定的正能量，你才能真切地感受到生活的美好。你也才会改变人生态度，去积极努力地生活着。这样的人是可以终结你单身的。

二、想一想：你是否了解你父母

1. 你父母的生日是________。
2. 你父母的体重是________。
3. 你父母的身高是________。
4. 你父母穿________码鞋。
5. 你父母喜欢颜色是________。
6. 你父母喜欢水果是________。
7. 你父母喜欢的花是________。
8. 你父母喜欢的日常消遣活动是________。

自我测评：答对6题以下的请你以后多与父母沟通。

三、我是谁20问

游戏：你觉得你是个什么样的人，连续写出20个。

我是一个　　的人；我是一个　　的人；

我是一个　　的人；我是一个　　的人；

包括生理的我：性别、身高、体重、外貌等；心理的我：性格、爱好、能力、梦想等；社会我：职业、角色、地位。

四、接纳自我，挫折训练

（一）情景描述

大家围站在一起，一个人被蒙上眼睛，然后其他人上来对着他说一些使他有挫败感的话，但同时也要让他觉得这并没有什么了不起。

（二）活动形式

先有一位同学进入场地中心，用布把眼睛蒙好，其他同学轮流上场，严厉地数说他的缺点，但是该同学不能拒绝和辩解，而是采取一种无所谓的态度对待他们。最后，在老师的指导下，这位同学谈一谈自己的感受。然后换同学重复（提示：你可以转换声音的频率，这是一个行之有效的方法。假如你受到不公正的指责，或者你内心对所犯错误的谴责，那么请你把这些指责的声音频率换成唐老鸭或者米老鼠的声音，尝试看看这种对付挑战自己自信的指责声的办法，你会笑着大步前进。）

（三）相关讨论

活动前后，你的心理有什么变化？

推荐阅读

1.《当爱变成了情感操纵》作者：（美）佐治·K·西蒙著，李婷婷译，出版社：中国友谊出版公司，出版时间：2019 年 8 月。主要内容：在生活中，很多所谓的“爱”和“关心”，其实只是一种情感操纵。

主管声称会支持你的工作，实际上却阻挠你获得成功的一切机会；伴侣自称爱护你、关心你，实际上却在实施以爱为名的操纵；包括你的父母、孩子，好像也一直知道如何如愿以偿地控制你……你可能早就在这样的关系中感到痛苦、纠结、厌倦，却又不知道该从何下手。而本书将会为你指明改变的方向：首先，本书会介绍情感操纵者的典型特征；其次，你会了解到他们是如何不动声色地欺骗、操纵和控制他人的；最后，你还会知道应对情感操纵的有效手段。

本书将会帮助你重新定义自己的人际关系，并在人际交往中变得更有力量！

2. 视频赏析————“越策越开心—需要沟通的家庭”

网址：http://www.iqiyi.com/a_19rrk29so1.html？ vfm=2008_aldbd

3. 网络文学欣赏：《有一种伤害叫无微不至》

网址：http://mp.weixin.qq.com/s?__biz=MjM5NTE2NDI0MQ==&mid=2453491799&idx=3&sn=f5f7e0ab69feca2d9128462d6547bece&chksm=b13549698642c07f019e8a86faedbb0eb8b2f923af980c47a692453672f92a7f30c7a99364bb&mpshare=1&scene=23&srcid=1230R9AyvP4iBvZZ4xNlPbHg&sharer_sharetime=1571816784333&sharer_shareid=cc47e218fbbeb88b26aec433be8b5313#rd

第五章　职场沟通

【学习目标】

- 明确职场沟通的含义与重要性
- 掌握职场沟通的规则
- 清楚常见的面试沟通技巧

【技能目标】

- 运用职场沟通理论与技巧进行实践训练
- 营造良好的职场人际关系

【名人名言】

（美）约翰·奈斯比特：未来的竞争是管理工作的竞争，竞争存在于每个社会组织内部成员之间及其与外部组织的有效沟通之上。

理查德·尼尔森·鲍利斯：你必须明确你有什么可以提供给世界。你必须觉得你想要在什么地方施展你的技能。你必须直接到你感兴趣的公司中求职，无论这些公司是否有空职位。别在意“我能在那儿得到什么”，去找你最想做的工作。

卡内基：成功毫无技巧可言，我一向只对工作尽力而为而已。

理查德·尼尔森·鲍利斯：你在面试中的心态十分重要。不要心存胆怯，好像你是前来乞求施舍的。大度慷慨地走上前，你是他们需要的才智之士。

叔本华：单个的人是软弱无力的，就像漂流的鲁宾孙一样，只有同别人在一起，他才能完成许多事业。

孟轲：天时不如地利，地利不如人和。

第一节 职场沟通含义

案例导入

研发部的梁经理

研发部梁经理才进公司不到一年，工作表现颇受主管赞赏，不管是专业能力还是管理绩效，都获得大家的肯定。在他的缜密规划之下，研发部一些延宕已久的项目，都在积极推行当中。

部门主管李副总发现，梁经理到研发部以来，几乎每天加班。他经常第二天来看到梁经理电子邮件的发送时间是前一天晚上十点多，接着甚至又看到当天早上七点多发送的另一封邮件。这个部门下班时总是梁经理最晚离开，上班时第一个到。但是，即使在工作量吃紧的时候，其他同仁似乎都准时走，很少跟着他留下来。平常也难得见到梁经理和他的部属或是同级主管进行沟通。

李副总对梁经理怎么和其他同事、部属沟通工作觉得好奇，开始观察他的沟通方式。原来，梁经理以电子邮件形式交代部署工作。他的属下除非必要，也都以电子邮件回复工作进度及提出问题。很少找他当面报告或讨论。对其他同事也是如此，电子邮件似乎被梁经理当作和同仁们合作的最佳沟通工具。

但是，最近大家似乎开始对梁经理这样的沟通方式反应不佳。李副总发觉，梁经理的部属对部门逐渐没有向心力，除了不配合加班，还只执行交办的工作，不太主动提出企划或问题。而其他各部门主管，也不会像梁经理刚到研发部时，主动到他房间聊聊，大家见了面，只是客气地点个头。开会时的讨论，也都是公事公办的味道居多。

李副总趁着在楼梯间抽烟碰到另一处的陈经理时，以闲聊的方式了解到，小主管和梁经理工作相当认真，但对工作以外的事就没有多花心思。李副总也就没再多问。

这天，李副总刚好经过梁经理房间门口，听到他打电话，讨论内容似乎和陈经理业务范围有关。他到陈经理那里，刚好陈经理也在打电话。李副总听谈话内容，确定是两位经理在谈话。之后，他找了陈经理，问他怎么一回事。明明两个主管的办公房间就在隔壁，为什么不直接走过去交谈，而用电话沟通。

陈经理笑答，这个电话是梁经理打来的，梁经理似乎比较希望用电话讨论工作，而不是当面沟通。陈经理曾试着要在梁经理房间谈，但梁经理不是最短的时间内结束谈话，就是眼睛一直盯着计算机屏幕，让他不得不赶紧离开。几次以后，他也宁愿用电话的方式沟通，免得让别人觉得自己过于热情。

了解这些情形后，李副总找到梁经理聊了聊。梁经理觉得，效率应该是最需要追求的目标，所以他希望用最节省时间的方式，达到工作要求。李副总以过来人的经验告诉梁经理，工作效率很重要，但良好的沟通绝对会让工作的进展顺畅许多。

【思考】很多管理者都忽视了沟通的重要性，而是一味地强调工作效率。实际上，面对面沟通所花的些许时间成本，绝对能让沟通效果大为增进。

沟通通畅，工作效率自然就会提高；忽视沟通，工作效率势必下降。我们在步入社会、步入岗位的时候，不仅需要扎实的业务技能和专业知识，而且需要良好的沟通能力。与内部人员沟通，与合作单位沟通，处理各方关系等，都离不开良好的沟通。

一、职场沟通的含义

职场沟通泛指在职业生涯中，人与人之间使用语言、文字或其他方式交流信息和思想，表达情感，以达成职业活动的双向互动过程。职场沟通中职场工作关系的各方要互相理解，互相支持，互相信赖，最后达成一种良好的关系。

案例

松下幸之助的沟通之道

后藤是松下电器的一名员工。某一次，因为一个小的错误，他惹恼了公司创始人松下幸之助。当他进入松下的办公室时，松下气急败坏地拿起一只火钳死命往桌子上拍击，然后对他大发雷霆。后藤被骂得狗血淋头，正欲悻悻离去，忽然听见松下说道：“等等，刚才因为我太生气了，不小心将这火钳弄弯了，所以麻烦你费点力，帮我弄直好吗？”后藤无奈，只好拿起火钳拼命地敲打，而他的心情也随着这敲打声逐渐归于平静了。当他把敲直的火钳交给松下时，松下看了看说道："嗯，比原来的还好，你真不错!"然后高兴地笑了。

责骂之后，反以题外话来称赞对方，这就是松下的高明之处。后藤走后，松下悄悄地给后藤的妻子拨通了电话，对她说："今天你先生回家时，脸色一定很难看，请你好好地照顾他!"本来，后藤在挨了松下的一顿臭骂之后，决定辞职不干了，但松下的做法反而使他佩服得五体投地，决心继续效忠于他，而且要干得更好。

在职场中，遭遇不公平对待，一定不能意气用出，无论对方是同事，还是领导，迅速冷静下来是第一位的。尤其是当你遭受领导不正确的批评时，千万不要马上走人，要多想想领导的话是不是正确，待冷静下来，然后寻求解决之道。这就是职场沟通。

二、职场沟通的作用

有效的职场沟通已成为人们生存与发展所必需的基本能力，拥有了沟通能力就等于掌握了成功的钥匙。一项对 1000 名人事经理所做的问卷调查结果显示：超过 85%的人认为，在当今的人才市场中，最有价值的技能是沟通技能。在一项对近千名被解聘的员工进行的调查中显示：因知识和技能不称职而遭解聘的不到 15%，而超过 85%的被解聘者是由于他们在职场的人际关系处理不当和沟通能力欠缺。调查表明，企业中 70%以上的问题来自沟通不畅。给企业造成最大损失的，不是技术不精良、人手不够多，也不是资金不到位、理念不先进，而是企业与企业之间或企业内部部门与部门之间、人与人之间的沟通不通畅。例如，企业效率低下、执行力差、管理层和执行层的不和谐等问题在很大程度上都可归结为沟通不畅。

所以，有效的职业沟通是企业利润的源泉，也是职业人士获得成功的核心能力。

（一）职场中人人需要有效沟通

为了获得一份工作，你需要在面试中给人留下良好的印象。美国劳工部在测算劳动力的教育准备时，对 1015 名有工作的成年人进行的全国性调查显示：87%

的被调查者认为，沟通技巧对完成自己的工作“非常重要”，这个比例与把计算机技能认为是“非常重要”的50%的数据形成了鲜明的对比。

当你准备进入职场去应对更深层次的人际关系时，沟通技巧对你的成功将会变得更为重要。在职场中，不善于沟通，你将失去许多机会，同时也将导致自己无法与别人顺利地合作。我们都不是生活在与世隔绝的孤岛上的人，只有与他人保持良好的沟通协作，才有机会获得成功。要知道，现实中大部分的成功者都擅长和重视人际沟通。一个人只有能够与他人准确、及时地沟通，才能建立起牢固、长久的人际关系，进而才能够使自己在事业上左右逢源，如虎添翼，最终取得成功。

（二）职场中有效沟通的好处

职场中如果能进行有效沟通，好处是不言而喻的。

（1）了解对方的能力及想法。

（2）获取对方知道的第三方知识。

（3）帮助自己梳理思路。

（4）对方帮助自己出主意。

（5）获取对方的认可和支持。

很多时候，唯有给予尊重与体谅，对方才能了解你的立场和好意，更好地促进积极的回应，并在必要的时候获得对方的帮助。

三、职场有效沟通的途径——培养主动沟通的意识

（一）主动沟通是构建健康人生的必要条件

1. 主动沟通是与他人建立良好人际关系的重要手段

主动沟通是与他人建立良好人际关系的重要手段，它能使双方受益。在和谐的人际环境中，主动而有效的沟通使双方都能够得到对方的尊重、关照、帮助、体贴和友谊，进而可以提高工作效率，舒畅心情，促进身心健康。

2. 主动沟通使距离变短

主动沟通能够快速拉近与他人的距离，减少陌生感、增进相互的好感，特别是不同种族、不同信仰、不同文化的人们之间更需要相互了解，才能彼此达成

一致。

3. 主动沟通是让别人了解自己

主动沟通是让别人了解自己，发现自己的有效方式。每一个人都有被人认同，被人承认的需要。在领导或同事面前要善于表达自己的观点，要及时分享工作成果，在工作中犯了错误也要勇于承认并及时和相关人员沟通，只有这样才能得到大家的认可，获得更多的机会。

（二）主动沟通意识的内容

1. 学会与同事交往，常交友

不愿和同事交往的人通常有这三种想法：不愿、不会、不敢。确实有人看不起别人，不搭理别人。这样的人走到哪儿都不是很受欢迎的人，但这样的人毕竟很少，更多的人是放不下心中的恐惧，害怕自己主动和别人搭话会被拒绝、误解或是被骗。还有的人是不好意思，不会主动和别人搭话。要大胆突破自我，捅破人与人交往之间那层隔膜，沟通就会越来越好，珍惜彼此见面的缘分，朋友多了路才好走。

2. 对领导要尊重，常请教

尊重领导，是心理成熟的标志。踏踏实实地做好自己的本职工作，勤请示，常汇报。

3. 对同事要真诚，常联络

常言道"君子之交淡如水"，但同事之间还是需要经常联络的，不然时间久了便会渐渐淡漠，昔日的亲近默契也会于无形中消逝无踪。逢年过节，要主动和同事领导联系，哪怕是发个短信，送个问候，都会使得你们之间的友谊历久弥新。

（三）培养主动沟通意识的技巧

1. 建立以沟通为主体的思维方式

在做任何一件事情时，首先进入自己意识的是沟通理念。建立以沟通为主体的思维方式，以沟通理念去思考问题并形成自己的语言方式和行为风格。

2. 形成以沟通为主体的思维习惯

在工作、生活的过程中保持重视沟通的思维方式，形成以沟通为主体的思维习惯。

3. 培养主动沟通意识靠的是行动上的持之以恒

有人说："你说的我都懂，就是没有毅力去做。"凡是不能够坚持行动的人都说明你并没有想通，并没有真正懂得什么是沟通的魅力。所以，行动是最重要的，坚持不下来，就是不相信沟通会使你的人生发展顺畅。只有你坚持去做，才会感受到沟通的思维习惯给你带来的人生快乐。在行为过程中记录感受及对方的反应，每天晚上详细记录保存，一个月后总结，一般来说，一个月的坚持训练，就能帮助我们基本形成主动沟通的思维方式和思维习惯。

4. 培养主动沟通意识还应该有积极的心态

要善于发现别人的闪光点，寻找每个人身上最好的东西，这一点与使别人感到受赞赏是相似的。最差劲的人身上也有优点，最伟大的人身上也有缺点。你眼睛盯住什么，就能看到什么。

第二节 职场沟通规则

案例导入

这样开始职业生涯

陈晓峰大学毕业后在一家较大的IT企业做研发。关系比较好的几个同事都和他一样是新来的员工，后来大家被分配到不同部门，平时也不容易见到了。陈晓峰刚开始感到有点不适应，到了办公室都不知道和谁说话，感觉别人是一群人聚集在一起，讨论他们彼此熟悉的人和事，而自己作为新人，一下子感觉到不合群。

但是，陈晓峰下定决心要打破这种被动的局面。一天，一个同事的行为启发了他。那是一个早上，一个同事见他进办公室就说了一句：晓峰，早啊！正是这句温暖的话语让他觉得无比亲切。

他受到了启发：作为一名新人，很多同事在路上见到自己都和自己打招呼，但是他却叫不出其他同事的名字，甚至连他们的姓或者他们做什么工作都不知道，这样很不礼貌，更不利于同事之间的交往。办公室里有一张名单，上面有每个同事的名字、所在部门，于是陈晓峰按照名单开始用心记住他们的名字和部门。每当他看到一个不认识的同事，他就问已认识的同事，知道他们的名字后，就了解他们的相关信息。

每当认识了一个新的同事，陈晓峰就在纸上做记号。过了大约一个星期，他终于把这一间大办公室的五六十人都能对上号了，路上碰到这些同事他都能自如地打招呼了。

很多同事都佩服他，短短时间，好像全公司的人都认识了。其实他们不知道的是他是刻意去记住他们的。因为陈晓峰知道，在路上碰到一个同事，单单说一句“你好”和问候一句“某某，你好”在本质上是不同的。

【思考】能尽快记住同事的名字，让对方感觉自己很重要，这样才会与同事建立和谐的关系，这会对你的工作有很大的帮助。

想在职场获得发展和成功，领导的支持非常重要，同时多倾听同事意见，重视同事观点。

一、与上司沟通的技巧

在职场中，要想与上司进行有效沟通，就需要具备较强的语言表达能力及沟通技巧。任何一个岗位上的员工都需要与上司打交道。一个会说话的下属不但在职场中易受欢迎，而且在其他任何地方也都是大受欢迎的。特别是在与上司进行语言沟通的过程中，懂得说话的艺术及技巧特别重要。

（一）与上司沟通应当注意以下几点

（1）尊重上司、理解上司、体谅上司。

（2）对以前的上司心存敬意，不在背后说三道四。

（3）多请示多汇报、不私自做决定。

（4）在沟通的过程中不要与上司开黑色玩笑。

黑色玩笑容易透露出一个人的人性弱点：面对一个人或一件事，会不自觉地挑刺，这是一种思维习惯而已。在生活中，喜欢开黑色玩笑的人一定是热衷于“挑刺”的人，这类人常被视为“刻薄”，比较容易引起别人的反感。如果想在上司面前留下好的印象，就应该努力地克服自己的人性弱点，学会宽容，学会挖掘别人的优点，慢慢改变“刻薄”的形象，并且要知道语言沟通的重要性。

（5）无论与上司关系如何密切，在职场一定要掌握分寸，保持其威严。切不可当着其他员工的面讨论你们的私事或勾肩搭背。

（6）注意言语细节。譬如：“你们工作认真、负责，我很感动！”如果下属对上司用“感动”一词，就不大恰当了。尊重上司，应该说“佩服”。再如，可以这样说：“经理，我们都十分佩服您的英明和果断”；在接受上司交代的任务时如果说“好啊”“可以啊”，在语言含义上带有认同或首肯之意。

（7）不要直接拒绝上司。例如，上司分配工作任务时，下属却说“不好办”“比较困难”，这些话语很容易让上司下不来台，一方面显得自己在推卸责任，另一方面也显得上司没有远见，让上司脸面上过不去。

（8）在与上司说话时不要过度客气，但是与上司说话时应当小心谨慎一些，顾全大局，但顾虑过多也不足取，容易遭人误解。沟通时要善于察言观色，以落落大方的态度去与人沟通，习惯成自然。要克服胆小怕事的心态，过分谨慎小心，反而容易出错，更容易被上司误认为自己没有魄力。

（9）理解上司意图，切忌机械行事。出错不能找借口，更不能说“是您叫我这样做的”等话语。

（10）上司说话时不要插嘴，更不能在接受批评时顶嘴，要学会自我检讨，勇于承担责任，不可无谓辩解。如果上司的批评偏离事实，可在事后找适当的时机以恰当的方式予以解释。

（11）向上司汇报工作时，要理清思路，突出重点。挑重要事项做简要汇报，简洁明了，言简意赅，不要重复啰唆。汇报工作时也要注意先后、轻重顺序。

（二）与上司沟通时的四大误区

在与上司进行沟通时掌握说话的技巧是相当重要的，但是还必须跳出与上司沟通的 4 个误区：沟通的形式大于内容；向老板进言；办公室里的站队；过度挑战自己的极限。

总之，及时、准确、有效的语言沟通是特别必要的，把自己面临的困难和需要上司协助解决的问题一一列出，这绝对不是表示你能力不够，而是为了更好地完成工作。不然个人的能力固然被发挥到极限，情绪和体力上的压力也会达到极限，一旦被触发，将会引起可怕的崩溃——这绝对不是该有的职业之道。

二、与同事沟通的技巧

《圣经》中有一句话："你希望别人怎样对待你，你就应该怎样对待别人。"这句话被大多数西方人视作工作中待人接物的"黄金准则"。每个人都渴望被重视、被尊重。真正有远见的人都明白，要想获得同事的信赖和合作，不仅要在日常交往中为自己积累尽量多的"人缘儿"，同时也要给对方留有相当大的回旋余地。

（一）与同事沟通注意事项

在与同事沟通时必须注意以下几个方面。

（1）尊重对方劳动，平等对待每一个同事。

（2）自觉保守同事的秘密。

（3）要有协作意识，主动让利。

（4）不在背后议论同事，不向领导打小报告。

（5）对同事所取得的成绩衷心祝贺。

（6）物质往来一清二楚。

（7）与同事分享快乐。

（8）聪明应对异议和分歧，融洽相处。

同事之间最容易产生利益关系。如果不能正确对待一些小事，就容易形成隔阂。

（二）同事间分歧的处理方式

如果遇到分歧有以下几种处理方式。

（1）以大局为重，多补台少拆台。在合作过程中，有了成绩，不要把功绩都归功给自己；合作中出现的失误和差错要勇于负起责任；要有团队观念，多护台少拆台，更不能落井下石。

（2）对待分歧，应求大同存小异。同事之间由于经历、立场等方面的差异，对同一个问题，往往会产生不同的看法，引起一些争论，一不小心就容易伤和气。因此，与同事有意见分歧时，不要过分争论，不激化矛盾影响团结。

如果涉及原则问题，也不能刻意掩盖矛盾。努力寻找共同点，争取求大同存小异。实在不能达成一致时，不妨冷处理，表明“我不能接受你们的观点，我保留我的意见”，让争论淡化，又不失自己的立场。

（3）对待升迁、功利，要保持平常心，不要嫉妒。许多同事平时一团和气，然而遇到利益之争，就当“利”不让；或在背后互相谗言，或嫉妒心发作，说风凉话。这样既不光明磊落，又于己于人都不利，因此对待升迁、功利，要时时刻刻保持一颗平常心。

（4）与同事交往时，保持适当距离。在一个单位，如果几个人交往过于频繁，容易形成表面上的小圈子，容易让别的同事产生猜疑心理，让人产生“是不是他们又在谈论别人是非”的想法。因此，在与同事交往时，要保持适当距离，避免误会成小圈子。

（5）发生矛盾时，要宽容忍让，学会道歉。同事之间经常会出现一些磕磕碰碰，如果不及时妥善处理，就会形成大矛盾。在与同事发生矛盾时，要主动忍让，从自身找原因，换位为他人多想想，避免激化矛盾。如果已经形成矛盾，要放下面子，学会道歉，以诚心感人。如有一方主动打破僵局，双方就会自然发现彼此之间并没有什么大不了的隔阂。

（6）虚心向老同事学习。有的年轻人总觉得自己很棒，看不起老同事。事实上这些老同事在这个岗位上做了许多年，往往知道工作环节的薄弱点，并能找到积极应对的有效方法，他们的这些经验都是宝贵的，值得我们学习。

三、与下属沟通的技巧

（1）不传闲话。在同事眼里，一个喜欢谈论家长里短的上司是不值得尊重的，甚至是品行不佳的。

（2）不在公开场合驳斥任何人。给对方留足面子，否则就会失去风范。

（3）视下属如知己或好友，多方征询意见，勇于接受批评，善于采纳良言，不听信谗言，不居功自傲。

（4）将成功归于团队，多说“我们”少说“我”。

（5）交代下属工作要清晰明了，且要一项一项地交代，切不可含糊其辞，让下属不知所措。

（6）及时与下属分享信息。

（7）勇于承担责任，不将失败推诿给下属。

（8）女上司对同性下属要多照顾，与异性下属要保持距离。经常赞美对方，不以自己的标准要求对方。

四、职场七规则

在著作《布莱克杰出人士指南》中，凯西·布莱克描述了自己刚到《今日美国》报社工作不久后发生的事情。她的老板阿尔·纽哈斯要求她参加一个上午9点的会议，会议在Gannett公司位于麦迪逊大街的办公室举行。书中她这样写到：

我打算提前几分钟到达会议室，但是我的手机在8点45分的时候响了。是纽哈斯的执行助理兰迪·克尔尼打来的。

她问凯西："你在哪里呢？管理会议就要开始了。"

我告诉她说："我知道，会议9点开始，是吧？我马上就上来了。"

我有些迷惑地挂断电话，然后奔向位于32层的会议室。会议室的墙是灰色的，里面摆着黑色皮椅、U形会议桌，看起来雅致、时尚。当我在8点51分到达会议室时，大家都已在指定位置就座，看起来好像已经坐了有好几个小时了。我入座时，浑身抖了一下——会议室的温度不会超过14度。

这是凯西学到的第一课，有关纽哈斯先生身上的不成文规则。凯西描述说："纽哈斯先生喜欢会议早点开始，他喜欢让会议室里感觉冷冷的，也喜欢让人们有那么一点点六神无主。"

从上面的案例，我们不难看出：在职场中，有些规则是明文规定的，一目了然；而有些规则是不成文的，需要个体去了解熟悉。在职场中处处都有不成文的规则，而且内容多样。

不成文规则规范我们怎样对待别人、怎样与别人共事、怎样娱乐。了解一个人或一个公司的不成文规则是需要时间的，许多规则都是在测试或错误中学到的，也有一些是从懂得游戏规则的前辈身上学来的。但是，如果你精于研究周围的事物，心明眼亮，观察别人如何处事，留心哪些行为受到赞许，哪些行为别人会皱眉头，就能学到很多经验。要得知不成文规则是什么，它对人们的行为有很多潜在要求，这些不言明的行为要求可以说是人们的生存技能，但却与某个工种的技能要求一点关系都没有。获取公司中生存的智慧需要时间和经验，而这些技能通常被视为“成功者的必修课”。

许多人都是在违反规则后才去学习这些规则的，但如果你研究一下你的工作场所及在这里就职的人，你就可以摸清大部分。了解哪些行为会挨训或哪些行为会受奖，不仅对你有利，还会有助你摆脱困境。做足功课，胜利最终会是你的。下面是世界上一些最优秀的职业经理人总结的七条公认的不成文规定。

（一）注意细节

几年前，作家杰奎琳·惠特摩尔受邀会见一家大型医疗保健公司的CEO，跟他讨论杰奎琳的商务礼仪课程设置。CEO开始讲话时，她从公文包中拿出一支笔开始做记录。几分钟后，他问杰奎琳：“你的笔是从哪来的？”她疑惑地看了看笔，然后才意识到这支笔上印有他一个竞争对手的商标。杰奎琳相信，CEO肯定注意到她呆若木鸡的表情。为了不让已经很难为情的杰奎琳感觉更难为情，CEO微微一笑，信手递给她一支他们公司的笔。

这次尴尬的经历让杰奎琳知道小的方面（例如用对笔）也不能忽视。幸运的是，CEO认为杰奎琳的专业实力比那天她用的书写工具更重要，聘请杰奎琳教他的员工礼仪课程。如果读者能注意到细节，就可以避免杰奎琳犯的错误。倘若不注意细节，一个潜在消费者、客户或同行也许会认为你可能还会忽略其他别的事情。

案例

凭两块钱进外企

在一次招聘会上，北京某外企人事部说，他们本想招一个有丰富工作经验的资深会计人员，结果却破例招了一位刚毕业的女大学生，让他们改变主意的原因只因一个小小的细节，即这个学生在面试当场拿出了两元钱。

面试时，女大学生因为没有工作经验没能通过面试，但她并没有气馁，一再坚持。她对主考官说：“请再给我一次机会，让我参加完笔试。”主考官拗不过她，就答应了她的请求。结果，她通过了笔试，由人事经理亲自复试。

人事经理对她颇有好感，因为她的笔试成绩最好，不过，女孩的话让经理有些失望。她说自己没工作过，唯一的经验是在学校掌管过学生会财务。找一个没有工作经验的人做财务会计不是他们的预期，经理决定收兵：“今天就到这里，如有消息我会打电话通知你。”女孩从座位上站起来，向经理点点头，从口袋里掏出两块钱双手递给经理，“不管是否录取，请都给我打个电话。”女孩回答。

经理从未见过这种情况，问：“你怎么知道我不会给没有录用的人打电话？”女孩回答：“您刚才说有消息就打，那言下之意就是没录取就不打了。”

经理对这个女孩的话产生了浓厚的兴趣，问：“如果你没被录取，我打电话，你想知道些什么呢？”“请告诉我，在什么地方我不能达到你们的要求，在哪方面不够好，我好改进。”“那两块钱……”女孩微笑道：“给没有被录用的人打电话不属于公务的正常开支，所以应该由我付电话费，请您一定打。”经理也笑了：“请你把两块钱收好，我不会打电话了，我现在就通知你：你被录用了。”

记者问：“仅凭两块钱就招了一个没有工作经验的人，是不是太感情用事了？”经理说：“不是，她在面试中的细节表现折射出了她具有财务人员的素质和人品，人品和素质有时比资历和经验更为重要。第一，她一开始便被拒绝，但却一再争取，说明她有坚毅的品格。财务是十分繁杂的工作，没有足够的耐心和毅力是不可能做好的；第二，她能坦言自己没有工作经验，显示了一种诚信，这对搞财务工作尤为重要；第三，即使不被录取，也希望能得到别人的评价，说明她希望每项工作都做得很完美，我们接受失误，却不能接受员工没追求；第四，女孩自掏电话费，反映出她公私分明的良好品德，这更是财务工作不可或缺的。”

在面试中，决定你成功的往往不是你的简历、学历、背景等，而是在面试沟通中的细节表现，在这个案例中将面试沟通“细节决定成败”的道理表现得淋漓尽致。

（二）决不想当然

案例

聪明反被聪明误——曹操怒斩杨修的片段

曹操屯兵日久，欲要进兵，又被马超拒守；欲收兵回，又恐被蜀兵耻笑，心中犹豫不决。适庖官进鸡汤。曹操见碗中有鸡肋，因而有感于怀。正沉吟间，夏侯惇入帐，禀请夜间口号。操随口曰："鸡肋！鸡肋！"惇传令众官，都称"鸡肋"。行军主簿杨修，见传"鸡肋"二字，便教随行军士，各收拾行装，准备归程。有人报知夏侯惇。惇大惊，遂请杨修至帐中问曰："公何收拾行装？"修曰："以今夜号令，便知魏王不日将退兵归也：鸡肋者，食之无肉，弃之有味。今进不能胜，退恐人笑，在此无益，不如早归？来日魏王必班师矣。故先收拾行装，免得临行慌乱。"夏侯惇曰："公真知魏王肺腑也！"遂亦收拾行装。于是寨中诸将，无不准备归计。当夜曹操心乱，不能稳睡，遂手提纲斧，绕寨私行。只见夏侯惇寨内军士，各准备行装。操大惊，急回帐召惇问其故。惇曰："主簿杨德祖先知大王欲归之意。"操唤杨修问之，修以鸡肋之意对。操大怒曰："汝怎敢造言，乱我军心！"喝刀斧手推出斩之，将首级号令于辕门外。

【解析】由这则故事可以看出曹操只是犹豫不决，遂以"鸡肋"为号，但未下令退兵，但杨修自以为洞察其真实意图，自作主张，视领导权威于不顾，是其罪名一也；大军初败，应以军心、士气为重，杨修扰乱军心，是其罪名二也。最后，告诉员工不要以自己的看法、想法来替代上司的指令，自作聪明反被聪明误。尤其是作为企业的行政人员，在传达上司的指令时，不但要把握好说话的时机与场合，而且更应该掌握好与上司沟通的语言技巧。应该从上司所处的实际环境，发出指令的背景，来领会其真实的意图。

见潜在客户时，一定要与在场的所有人进行交流，不管他们什么性别、什么职位或权力级别。以前人们往往认为，家庭采购时男人是主要决策者。然而，现在时代变了。如今，大到汽车、小到卫生保健用品的所有采购中，女性做决定的占了 85%以上。

几年前，格蕾丝夫妇有意租借一辆新车，所以邀请她的丈夫布莱恩给她精神支持，陪她一起去。格蕾丝事先做过了调查，计算了费用，准备好了为她想要的那辆车去议价。格蕾丝和布莱恩坐在销售经理办公室里协商价钱和出租条款时，销售员的回答基本上都是针对布莱恩的，几乎没关注到格蕾丝。最后格蕾丝租了那辆车，因为那笔交易很不错，但她从未向朋友推荐过那家租赁公司。如果今天再有同样的事，格蕾丝表示会去别的公司租车。

时代已经变了。过去曾忽视女性购买者的公司正在竭力争取这一主要消费群体。即使以男性为消费群体、销售电动工具及家居装饰店也改变了策略，他们向女性提供家庭装修课程，争取女性客户。如今决策者千差万别。大体上，这就意味着如果把每个人都看成是决策者，你获得这单生意的机会就会大大增加。

（三）开会之前先开个小会

一个家庭里，孩子们都本能地知道开会之前先开个小会。他们知道，自己的想法先取得父母一方的批准或同意后，另一方也批准或同意的可能性会增加。随着我们步入成年，我们似乎遗忘了这种迂回但有效的小招数。

为了确保大家可以接受你的观点、产品或服务，在开会之前先开个小会。如果要与某个执行委员会或规划小组进行面谈或开电话会议，在预订的会议日程前先与该团体中其他成员开个小会或通个电话，这会使你有机会让管理层“买账”。这样的话，他们会清楚你到底在做什么，他们也才能够恰当地向团队其他成员销售和推广你、你的观点、你的产品或服务。这样做能确保事情的结果更成功，人们也会更欣赏你的专业水平。

（四）懂得尊重

职场中，尊重他人的隐私和存在是常规，但许多人没能遵守这点。很多员工闯进别人的办公室或小隔间，打断别人的谈话或通话，就好像别人要理所应当地立即关注他们。最好不要以为与你一起工作的人都秉承“随便进”政策。礼貌地进入别人的地方，要先敲门或做个眼神交流，得到邀请之后再进入。

如果要在客户或权威人士的办公室里见面，对方告诉你坐在哪里以后再坐下，或者问“我可以坐在那里吗？”如果回答随意坐，这里的不成文规则是不选沙发，选椅子。好好地坐在椅子上比陷进松软的沙发姿态更好看。

公文包要放在离你不远的地板上，不要放在椅子上。你可能觉得包底不脏，但别人不这样认为。两只脚都放在地板上。如果是男性，不要把一条腿的脚踝搭在另一条腿的膝盖上，这显得太随意且让人觉得有距离感。在某些文化中，露出鞋底被视为侮辱别人的行为。

与人讨论时将电子设备调成静音，这样可以更专心。如果由于某种原因同事或家庭成员必须随时可以联系到你，要在会议刚刚开始时解释一下。如果有紧急电话要接，先请求别人的原谅然后到房间外面接电话。给自己制定一条不成文的规则，就是在与别人会面时，你的时间和注意力要百分百地给予他人。别人会很感激你为此做出的努力，因为如今很少有人能做到这一点。

（五）待人友善

别人判断我们的为人，会根据我们如何对待权力或地位低于我们的人。友善地对待与你打交道的每个人，你的友善会换来更多友善。尊重老总们的助理，他们也被称为“门卫”。他们有通向王国的钥匙，很可能老板会非常重视他们的意见。

你如果在等候决策者的接见，请记住你做的每件事都会有人看到（有时也会被人听到）。你永远都不知道谁正在看着你。沃尔猎头（Veil Executive Search）是位于马萨诸塞州波士顿的一家猎头公司，它的执行合伙人多拉·沃尔（Dora Veil）曾就职于这样一家公司。该公司的前台如果发现求职者上过厕所后没洗手，就会向合伙人发出警示。她有什么秘密武器？从她坐的地方能听到水龙头有没有打开过！

无论何时，都要有耐心，表情愉快，尤其是要你等待时。如果给你一杯饮料，要热情地接受。如果那位助理看起来并不太忙，利用这个空当与他聊聊天，相互认识一下，评论一下照片或聊聊一些奖项。如果有可能，问出助理的名字，直接以名字相称。谈话要友好而简短。下次你再打来电话时，如果提一下第一次拜访时你们两个讨论的一个话题，会很容易让助理记起你。

避免使用过于亲近或带有侮辱性的词语，如“爱人”“亲爱的”“宝贝儿”“伙计”“孩子”“家伙”。总之，成熟的职场人士懂得很有必要尊重所有人，包括日常服务人员及重要人士。

（六）守时

准时露面无异于向约会的人传达了这样一条积极信息：“你对我很重要”。总要给自己一点富余时间以避免迷路、发生交通堵塞、找停车位、排长队等待安检或慢吞吞的电梯。至少要提前 15 分钟到达约会地点，这样你可以梳洗打扮一番，或做些让自己沉着镇定的其他事项。如果半小时的约会你迟到三分钟，你说服别人的时间会减少 10%；如果迟到多达十分钟，你会失去 33%的时间。准时总会有回报。

但是，也不要太早到，不要让客户或面试官措手不及。如果你等的时间太长，可能更焦虑。可以找个咖啡店（喝杯脱因咖啡）或散散步。这些细小但重要的步骤会使你感觉比竞争对手更镇定和沉着。

（七）残局要收拾，不要掩盖

要了解自身的优点，承认弱点，最重要的一点是为自己的行为负责。如果犯了错要立即承认错误并改正，不要等到别人看到后发出警告。换句话说，要自己为自己善后。

尽管我们总希望能够掩盖错误，实际上这做不到。但这还不是重点。谎言会阻碍我们成为本可以成为的那类人。伤害一开始很小，但如果不完全根除，可能就会像癌细胞一样全身扩散。撒谎的代价很昂贵，谎言可以扼杀人际关系、引起过度紧张，使职业偏离轨道的速度比“火车失事”还要快。

怨天尤人是消极表现，几乎肯定会使你失去别人的信任。坦白承认自己的错误时，不仅可以赢得别人的尊重，还会让别人认为你是个讲诚信的人。别担心，有错误勇于承认并及时弥补，这样的态度几乎与一份没有瑕疵的工作履历同样重要，或者更重要。

课堂互动

效果评估一：与上级沟通能力测试

（一）情景描述

遇到如下的情景你会怎么做？请根据沟通的情况打分。

一贯如此（3 分）经常如此（2 分）很少如此（1 分）

（　　）（1）上级传唤时责无旁贷：我马上处理。

（　　）（2）同事想出了一个点子，上级都赞赏的绝妙好计，你会说：这主意真不错。

（　　）（3）上级问了你某个与业务有关的问题，而你不知该如何回答，你会说：让我再认真地想一想，3 点以前给你答复好吗？

（　　）（4）面对批评表现冷静：谢谢你告诉我，我会仔细考虑你的建议。

（　　）（5）和上级交谈，选择领导心情愉悦、精力充沛的时候作为时机。

（　　）（6）领导说出的意见和自己的相同，会说：不愧是领导，我就想不出。

（　　）（7）向领导汇报工作前已准备好了详细的资料和数据。

（二）评分标准及结果分析

得分 16～21 分：能在工作中很好地运用沟通技巧，上司也很欣赏你。

得分 8～15 分：你已经掌握了一些沟通技巧，你的上司会认为你是一个有潜力的人，但是还需要不断努力。

得分 8 分以下：你需要学习一些和上级沟通的技巧了。适当改善一下沟通方式，才会使你充分地展示自己的才能，争取更广阔的发展空间。

评估二：与上级的沟通能力评价

（一）情景描述

用“是”或“否”回答下列问题。

（　　）（1）不管领导说什么，我都会照办。

（　　）（2）我喜欢在领导面前表现自己。

（　　）（3）不管遇到什么样的领导，我只会坚持自己的相处之道。

（　　）（4）我很少去注意领导的好恶。

（　　）（5）在工作中，除非必要，我很少主动去跟领导请示或汇报。

（　　）（6）如果领导的意见是错误的，我会毫不犹豫地指出来。

（　　）（7）如果我认为领导的命令不妥，我就会拒绝执行。

（　　）（8）我从来不会主动想领导的需求是什么，以及他在想什么。

（　　）（9）遇到问题我会马上跟领导汇报，不管领导在做什么。

（　　）（10）与领导沟通我喜欢直来直去，从不考虑沟通技巧。

（二）评价标准及结果分析

如果你有 8 个及以上的问题回答为“是”，说明你与领导的沟通能力很差，有待提高，你得加油努力了。

如果你有 6～8 个问题的回答为“是”，说明你与领导的沟通存在很多问题，需要你努力改善。

如果你有 5 个及以下问题的回答为“是”，说明你与领导的沟通能力基本合格，但仍需继续努力。

如果你只有 3 个及以下问题的回答为“是”，说明你注重与领导的沟通，并且很有技巧，请继续保持。

评估三：与同事的沟通能力评价

（一）情景描述

回答下列问题。

（1）面对同事的缺点和错误时，你会（　　）。

A. 委婉沟通，引导发现　　　　　　B. 直言相告

C. 和自己毫无关系　　　　　　　　D. 当面不说，事后和别人谈起

（2）发现同事的优点或同事取得了成绩，你会（　　）。

A. 及时赞美和祝福　　　　　　　　B. 非常关心，想要向他学习

C. 羡慕　　　　　　　　　　　　　D. 嫉妒

（3）当你听到同事在你面前说其他人坏话的时候，你会（　　）。

A. 不传话，只是静静地听

B. 当面制止

C. 当面制止，并指出对方的缺点

D. 当面不说，事后悄悄告诉受诋毁的那个人

（4）请求关系很好的同事帮忙时，你（　　）。

A. 礼貌、委婉

B. 有外人在时礼貌，单独在一起直接

C. 都很直接

D. 命令的口吻

（5）参加老同学的婚礼后你很高兴，而你的朋友对婚礼很感兴趣，你会（　　）。

A. 详细叙说从你进来到离开时所看到和感觉到的相关细节

B. 说些自己认为重要的事情

C. 朋友问什么就答什么

D. 感觉很累了，没什么好说的

（6）由于公司需要，派你乘长途汽车去另一个地方，时间是10个小时。而与你同行的是一个不爱多讲话的同事，你会（　　）。

A. 试图了解他，找出他感兴趣的话题

B. 主动沟通，找出共同话题

C. 和他交谈，谈谈自己的感受

D. 看书、睡觉或吃东西

（7）你刚就任一家公司的副总编辑，上班后不久，你了解到本来公司中有几个同事想就任你的职位，经理不同意才招的你。对这几位同事你会（　　）。

A. 主动认识他们，了解他们的长处，争取成为朋友

B. 不理会这个问题，努力做好自己的工作

C. 暗中打听他们，了解他们是否具有与你进行竞争的实力

D. 暗中打听他们，并找机会为难他们

（8）与不同身份的人讲话，你会（　　）。

A. 不管是什么场合，你都是一样的态度与之讲话

B. 在不同的场合，你会用不同的态度与之讲话

C. 对身份高的人说话，你总有点紧张

D. 对身份低的人说话，你总有点漫不经心

（9）听别人讲话时，你总是会（　　）。

A. 对别人的讲话表示兴趣，记住所讲的要点

B. 请对方说出问题的重点

C. 对方老是讲些没必要的话时，你会立即打断他

D. 对方不知所云时，你就很烦躁，就去想或做别的事

（10）当你在发表自己的看法时，别人却不想听你说，你会（　　）。

A. 仔细分析对方不听自己的原因，找机会换一个方式去说

B. 等等看还有没有说的机会

C. 就不说了，但你可能会很生气

D. 马上气愤地走开

（11）当你和同事出现误会时，你会（　　）。

A. 主动及时找对方沟通，消除误会

B. 通过第三方协调，消除误会

C. 等候对方找自己消除误会

D. 怀恨在心，找机会给对方点颜色看看

（12）当你进入一家新公司时，你认识新同事的方法是（　　）。

A. 找机会主动介绍自己，认识每一个人

B. 积极认识本部门的人

C. 在工作中慢慢熟悉

D. 等待别人来认识你

（二）评价标准

以上各题选 A 得 3 分，选 B 得 2 分，选 C 得 1 分，选 D 得 0 分。

（三）结果分析

得分为 28 分以上：你与同事的沟通能力很好，请保持。

得分为 18～28 分：你与同事的沟通能力一般，请努力提升。

得分为 18 分以下：你与同事的沟通能力很差，需要提升。

第三节　求职面试沟通

案例导入

王小文面试记

“我在面试中的表现太糟糕了，”王小文对他的朋友说，“我的手心都是汗，我知道面试官与我握手的时候装着没有察觉，但从他们的眼睛里我可以看得出来，他们都知道我太紧张了。当他们提及一个问题时，我就结结巴巴，不知道该怎么说，反正一切都糟透了，这次的面试又没戏了。”

王小文刚刚从一家公司面试回来。他曾经请朋友帮他进行模拟面试练习，他们预演了面试中所能遇到的各类常规问题，他进入面试室的时候还是很有信心的。但是，从他坐下的那一瞬间起一切都失去了控制。他开始注意力不集中，好几次他不得不要求对方重复所提出的问题。他把模拟演练过的问题忘得一干二净。虽然有几个问题他认为回答得比较顺畅，面试官对此似乎也比较满意，但他依然觉得成功的可能性不大。

当天晚上，王小文回想起面试的准备，觉得自己的准备方式可能不对路。他非常沮丧，认为不会通知他参加下一轮的面试了，因此他甚至连写一封感谢信的心情也没有了。果然，一个星期过去了，面试的结果也没了下文。

【思考】求职面试也就是求职面谈，是关于求职应聘的面对面沟通，为什么发了那么多份求职简历都没有得到用人单位的回复？求职简历要如何才能引起人力资源管理师的注意并得到面试的机会呢？为什么我的求职面试又失败了？怎样才能顺利通过求职面试找到一份自己心仪的工作？这些问题困扰着不少的高校毕业生，大家都希望在毕业季能找到一份理想的工作岗位。但往往事与愿违，许多高校毕业生因为缺乏求职面试的沟通经验与技巧，经常与机缘擦肩而过。因此，获得求职面试的沟通经验，掌握求职面试的沟通技巧显得尤为重要。

一、自我介绍的3P原则

面试伊始，面试官通常会要求面试者进行自我介绍。通过查阅求职简历，面试官在面试前已对面试者的基本情况有了一定的了解。所以在做口头自我介绍的时候，面试者切忌与简历上的内容相矛盾，应通过自我介绍的3P原则突出自己对应聘职位所拥有的优势，表现出自信心。

Positive（自信）——谈吐自信，就是要积极地进行自我肯定，让面试官充分了解你的优点与潜能。

Personal（个性）——突出个性，就是要把自己与众不同的特点发挥出来，强调自己的专业与能力。

Pertinent（中肯）——语气中肯，就是要实事求是，不要言过其实，夸夸其谈，也不要涉及与自己无关的事情。

自我介绍应该简洁明了，给面试官留下思路清晰、反应快捷、逻辑性强的印象。自我介绍时间不宜太长，话不宜太多，最好控制在五分钟之内。不要一谈起自己就口若悬河，滔滔不绝，以免言多语失。

二、自我推销的技巧和步骤

早在春秋战国时期，著名的张仪、苏秦、公孙衍等都已懂得用游说去获得职位了。从某种意义上讲，他们每一人都是推销员，每个人都在推销自己，推销自己的主张、价值观、能力，推销自己的产品、方案、成果等，并且都获得了不同程度的成功。那么，如何使自己的推销更有力，更能达到目标，就需要掌握一定的推销技巧了。

自我推销要避免五种不利于求职成功的语言：言过其实、自卑、自负、哀求和恭维。“我从原单位辞职，决定破釜沉舟，干番大事业”，这样自负的话会吓到面试官。“我父母下岗，家里全靠我支撑，请给我一次机会”，这样哀求的话也不可取，因为企业挑选人是为了创造价值而不是施舍。过分谦虚自卑，会给人没有主见、懦弱胆怯的印象。相反，谦虚、诚恳、自然亲和、自信的谈话态度会让你在任何场合都受到欢迎。

如果说外部形象是面试的第一张名片，那么语言就是第二张名片，它客观反映了一个人的文化素质和内涵修养。语言能力不是一蹴而就的，平时要注意积累，不断培养自己的倾听能力、思维能力、记忆能力和联想能力。

（一）自我推销的技巧

1. 积极主动

在现行的教育体制下，一些大学生事事听从父母和老师的安排，养成了被动的习惯。但是要想在信息时代发挥自己的最大潜能，每个有进取心的青年都要努力让自己从被动转向主动，积极地规划、管理自己的学业和未来的事业，为自己的人生做出最重要的选择。没有人比你更在乎你自己的事业，没有什么东西能像积极主动的态度一样体现你自己的独立人格。

2. 实事求是

美国著名的人际关系学大师戴尔·卡耐基年轻时曾到一家公司谋求推销员的工作，总经理看着这个不起眼的年轻人，出了一道试题，好让他知难而退。“嗨，假如我让你把一台打印机推销给本地的农场主，你行吗？”“对不起，先生。我没办法做到，因为农场主不需要它，我的一切努力将是徒劳。”卡耐基不假思索地回答。“恭喜你，小伙子，从今天开始你就是我们公司的推销员了。”

卡耐基正是因为说了一句大实话，而获得了这份宝贵的工作。他的成功之处，就在于他不同于其他的求职者。一般的求职者会千方百计地想办法去干这件几乎不可能成功的事情，而他却选择大胆地说出自己真实的想法。

3. 谈吐得体

一所知名的私立学校招聘一名班主任，因为待遇优厚，所以吸引了众多的应聘者前来面试。面试考官提问说，我们想聘请的班主任将去学校的最差班任职，在此之前这个班已有 5 位班主任离任了。请问你上任了该如何做？应聘者们大多滔滔不绝地讲述自己的授课方式和带班经验，只有一位应聘者回答说：我会和前 5 位班主任沟通，将他们的经验和教训一一总结。

如今的面试问题已不再局限于工作内容的阐述和专业性问答了，特别是针对高层领导的面试，更多的是考核求职者的智慧和应变能力，这时一个充满智慧的回答才能让你脱颖而出。

4. 分清主次

小陈和小王都是四川某职业技术学院的应届毕业生，她们同时应聘某公司的一个职位。向考官递上名片之后，小陈很有信心地一再表示，这个岗位非她莫属，还有意无意地透露自己的父亲担任某公司的总经理等。同时小陈不断询问“工作是不是要经常加班”“提供什么样的福利待遇”“上下班是不是有通勤班车”等。而小王的求职目的看来不太明确，她表示愿意听从公司安排，还谦虚地问：“您看我适合干什么？”当然，小陈和小王在面试场上不能分清主次地自我推销，最后的结果是不出所料的双双落选。

（二）自我推销的步骤

（1）熟悉场面。面试开始时，要用眼睛注视面试官，面带微笑，要像平时碰到一个很久不见的熟人一样。这个简短、有效的举动，让人觉得你很容易相处，能打破面试开始时的尴尬。

（2）强调成就。进入谈话阶段后，要告知对方自己曾解决过的问题，使自己站在有利的位置。多用“我能”“我做到”这种肯定句式，尽量不用“我只是”“我不能”这种否定句。肯定而自信的话可大大增强面试官对你的好印象。

（3）展现能力。谈到应聘岗位的工作性质和目标时，可立刻指出“我过去也解决过类似问题”，然后详细举例说明，让对方强烈地感觉到，你才有可能是帮他们解决问题的最佳人选。

（4）表露兴趣。事先通过网络等途径查阅应聘单位的相关信息。当谈到单位的情况时，可及时表现出自己对单位的了解和兴趣，愿意学习有关单位的一切，让对方感觉到若聘用你的培训成本会很少，业务上会很容易上手。也就是说，了解单位越多，面试官印象就会越好。

（5）适当反问。当对方问了你几个问题后，可以适当反问一两个问题，表示对工作的强烈兴趣。

（6）充分展示。面试全过程中，要时刻找机会展示自己的能力。站在对方的立场上，想一想你的什么技能才是他们最需要的，将谈话引到业务关键点上。

三、面试禁忌

（一）急问待遇

“你们的待遇怎么样？”工作还没干，就先提条件，何况还没被录用呢，这容易让聘用单位反感。谈论报酬待遇本无可厚非，只是要看准时机，通常要选择在双方已有初步意向时，再找时机委婉地提出。

（二）报有熟人

“我认识你们单位的××”“我和××是同学，关系很不错”等。这些话很容易让面试官反感，如果面试官与你所说的那个人关系不怎么好，甚至有矛盾，那么这话引起的后果就会更糟。

（三）不当反问

面试官问：“关于工资，你的期望值是多少？”求职者不能顺势：“你们打算出多少？”这样的反问会显得很不礼貌，很容易引起面试官的不快。

（四）不合逻辑

面试官问：“请你告诉我一次失败的经历。”“我想不起我曾经失败过。”如果这样说，在逻辑上讲不通。又如：“你有何优缺点？”“我可以胜任一切工作。”这也不符合实际。

（五）本末倒置

例如，一次面试快要结束时，面试官问求职者：“请问你有什么问题要咨询我们吗？”这位求职者欠了欠身，开始了他的发问：“请问你们的单位有多大？招考比例有多少？请问你们在单位担当什么职务？你们会是我的上司吗？”参加面试，一定要把自己的位置摆正，提出的问题绝对不能超出应试者应当提问的范围，让面试官产生反感，得不偿失。

四、面试沟通的注意事项

（一）要善于打破沉默

面试开始时，求职者往往不善于“破冰”，需要等待面试官打开话匣。面试中，求职者有可能出于种种顾虑，不愿主动说话，容易使面试出现冷场。即便能勉强打破沉默，语音语调亦容易生硬，使场面更显尴尬。因此，无论是面试前或面试中，求职者若能主动致意与交谈，将会留给面试官热情和善于与人交谈的良好印象。

（二）与面试官“套近乎”

具备一定专业素养的面试官通常会忌讳与求职者套近乎，因为面试中双方关系过于随便或过于紧张都会影响面试官的评判。过分“套近乎”亦会在客观上妨碍求职者的专业经验与技能陈述。聪明的求职者可以列举一至两件有根有据的事情来赞扬招聘单位，从而表现出面试之前就已对这家公司有极大关注。

（三）为偏见或成见所左右

有时候，在参加面试前所了解到的有关面试官或该招聘单位的负面评价，会左右求职者面试中的思维。其实，在招聘面试这种特殊的供求关系中，求职者作为供方（销售员），需要积极面对不同风格的面试官（客户）。一个真正的销售员在面对客户的时候，他的态度是无法选择的，只能尽力迎合客户的需求与选择。

（四）缺乏积极态势

面试官常常会提出或触及一些让求职者难为情的事情，求职者对此面红耳赤，或躲躲闪闪，或撒谎敷衍，而没有诚实回答或正面解释。假如面试官问“为什么 5 年中换了 3 次工作？”有人可能就会大谈工作如何困难、上级不支持等，却没有告诉面试官：虽然工作很艰难，自己因此学到了很多，也成熟了很多。

（五）丧失专业素养

有些求职者面试时各方面表现良好，可一旦被问及现所在公司或以前的公司时，就会愤怒地抨击其老板或者公司。在具备专业素养的面试官面前，这种行为是非常忌讳的。

（六）不善于提问

有些求职者在不该提问的时机随意提问，如面试中打断面试官谈话而提问。也有些求职者面试前对提问没有做好准备，轮到有提问机会时不知说什么好。而事实上，一个好的提问，胜过简历中的无数笔墨，会让面试官刮目相看。

（七）职业发展计划模糊

对个人职业发展计划，很多求职者只有目标，没有思路。比如当问及“您未来5年事业发展计划如何”时，很多求职者都会回答说“我希望5年之内做到全国销售总监一职”。如果面试官接着问“为什么”，求职者常常无言以对。其实，任何一个具体的职业发展目标都离不开求职者对个人当前技能的评估及为胜任职业目标所需的未来技能发展计划。

（八）假扮完美

面试官常常会问“您性格上有什么弱点？您在事业上受过挫折吗？”有人会毫不犹豫地回答“没有”。其实这种回答常常是对自己不负责任的。任何人都有弱点，任何人都受过挫折。只有充分认识到自己的弱点，并正确地认识到自己所受到过的挫折，才能造就真正成熟的人格。

课堂互动

评估活动一：面试技能评估

（一）情景描述

（1）参加面试时，你会选择什么样的服饰？（　　）

A. 朴素典雅的　　B. 自己喜欢的

（2）参加面试时，你会怎样处理自己的发型？（　　）

A. 略加修饰保持整洁　　B. 精心修饰和梳理

（3）面试时，你会带什么东西？（　　）

A. 随时带着公文包　　B. 尽量少带东西

（4）面试前如果有机会的话，你会询问面试时间的长短吗？（　　）

A. 不会　　B. 会

（5）当主试讲话的时候，你会怎样做？（　　）

A. 自己思考　　B. 认真倾听

（6）在主试面前，你坐在椅子上的姿势是怎样的？（　　）

A. 稍微前倾　　B. 挺直

（7）面试中，你讲话的语调通常会是怎样的？（　　）

A. 柔和　　B. 大声响亮

（8）在面试的时候，你脸上的表情如何？（　　）

A．一丝不苟　　　　　　　　　B．微微地笑

（9）当主试讲话的时候，你的目光是怎样的？（　　）

A．游移不定　　　　　　　　　B．集中注意

（10）在回答问题时，是否需要加上礼貌性的词语？（　　）

A．不需要　　　　　　　　　　B．需要

（11）回答完问题时，是否需要再加上一句"您认为呢？"（　　）

A．要　　　　　　　　　　　　B．不需要

（12）如果主试心不在焉，你会怎么办？（　　）

A．请他另外安排一次见面　　　B．询问他是否有什么事

（13）如果主试不提你的工作条件和兴趣时，你会怎么办？（　　）

A．以后找机会再谈　　　　　　B．主动提起这些话题

（14）如果你对主试的话不是很理解，这时你会怎么办？（　　）

A．含糊过去，免得节外生枝　　B．问到明白为止

（15）你和主试握手时，会怎样做？（　　）

A．坚定有力地握手　　　　　　B．稍微握一下

（16）主试一边讲话一边看你，你会怎么反应？（　　）

A．点头示意　　　　　　　　　B．看着他的目光

（17）在谈话中如果使用手势你认为怎样是恰当的？（　　）

A．用力且持久　　　　　　　　B．简单而有力

（18）主试讲话时，你已经猜到他要说什么，你怎么办？（　　）

A．插入自己的话　　　　　　　B．听他把话说完

（19）如果主试错误地理解了你的话，你会怎么进行纠正？（　　）

A．"我想再解释一下"　　　　B．"我不是那个意思"

（20）在面试时，你迟到了，你会怎么办？（　　）

A．说出自己迟到的理由　　　　B．主动向主试表示歉意，并请他原谅

（21）如果主试迟到了，而且只能给你谈几分钟，你该怎么办？（　　）

A．视情况决定是否请求另外安排一次见面的机会

B．维护自己的权利并表示不满

（22）当原定的主试不能前来，由他人替代时，你会怎么样？（　　）

A. 不参加面试，等待原来的主试　　B. 照样面谈

（23）主试向你谈起个人隐私的问题时，你将如何做？（　　）

A. 把话题纳入正轨　　B. 当一个善解人意的听众

（24）在谈话时，主试向你表示他的赞美，你会怎样做？（　　）

A. 说声“谢谢！”　　B. 向他展示自己的能力

（25）如果主试在谈话时滔滔不绝，不容你插话，你怎么办？（　　）

A. 在适当时插入自己有关的问题和信息

B. 礼貌地告诉他你愿意谈谈自己的想法

（26）你觉得主试并不明白工作的要求，也不能正确评价你的水平时，你怎么办？（　　）

A. 要求其他的人来进行面试

B. 说一些他能理解的东西以使他留下好印象

（27）当参加使用录音或录像的面试时，你穿什么颜色的衣服？（　　）

A. 干净朴素的白色　　B. 深色西服或衬衣

（28）当主试问你最大的优点是什么时，你如何回答？（　　）

A. 融入团队　　B. 勤奋工作

（29）当主试问你最大的缺点是什么时，你如何回答？（　　）

A. 过于要求完美　　B. 沟通能力差

（30）当要求你作自我介绍时，你会先谈什么？（　　）

A. 谈谈对该行业的看法　　B. 简要陈述自己的特征和经历

（31）当主试问你希望得到多少薪金时，你该如何回答？（　　）

A. 根据自己对该职位的了解估计出薪金

B. 询问该公司为此职位设定的薪金范围

（32）您认为用人单位更看重简历中的什么内容？（　　）

A. 社会实践　　B. 学习成绩

（33）当主试问你，如果成为一个管理者，你的管理风格是集权型还是放权型时，你该如何回答？（　　）

A. 据自己的管理风格回答　　B. 据公司的管理风格回答

（34）当主试问你为什么选择现在的专业时，你该如何回答？（　　）

A. 坦诚地承认这个专业现在很热门

B. 因为它能为我今后的职业发展奠定基础

（35）当主试问你应聘的工作岗位主要职责是什么时，你该如何回答？（　　）

A. 表示尽忠职守，履行职责　　B. 过于具体地描述工作职责

（36）当主试问及你在此类工作岗位上有何种经历时，你该如何回答？（　　）

A. 回答时尽量涉及此类工作岗位可能的全部项目

B. 知道多少说多少，不知道时无须编造

（37）主试问你认为在你的工作中最重要的是什么，你如何回答？（　　）

A. 尽到自己的本分

B. 个人表现如何与整体利益相吻合，提高工作效率

（38）当主试问到你曾经从事过的与专业最不相关的工作是什么时，你如何回答？（　　）

A. 只要是职业生涯中从事过的都要回答并都谈其受益之处，无论其工作多么卑微

B. 只谈听起来体面的工作

（39）当主试要求你谈谈你自己时，你会如何回答？（　　）

A. 话题尽可能与职业努力方向有关，描述自己的某些行为特征

B. 尽量谈一些无关紧要的话题

（40）主试问及在工作中你如何显示自己的主动性时，你会怎么回答？（　　）

A. 时刻注意工作效率，不时给雇主以惊喜，使同事易于开展工作

B. 表示出强烈的工作热情，不在意单位政策和规章制度的限制

（41）当主试问你，如果下属的工作结果令你无法接受时，你将如何对待他们，你的回答是什么？（　　）

A. 始终通过友好的方式与下属沟通并促使其改进

B. 在必要的时候采取强硬的措施，如解雇

（42）当主试问你，在以下两个因素中，你觉得接受聘用时起着最重要作用

的是哪一个时，你如何回答？（　　）

A. 公司　　　　　　　　　　　　　　B. 应聘的这个职位

（43）当主试问你在业余时间通常喜欢做些什么时，你如何回答？（　　）

A. 简单谈谈自己在各个方面的广泛爱好

B. 详细谈自己的一两个爱好

（44）面试官为了调节气氛，给你讲了一个笑话，你觉得是否应该附和着也讲一个笑话？（　　）

A. 应该　　　　　　　　　　　　　　B. 不应该

（45）当主试问道：你如果被录用，请你从低到高分为1～10级来描述自己兴奋的程度。你的回答是什么？（　　）

A. 10级　　　　　　　　　　　　　　B. 10级以下

（二）评分标准

题号	1	2	3	4	5	6	7	8	9	10	11	12	13	14	15
A	1	1	0	0	0	1	1	0	0	1	0	1	0	0	1
B	0	0	1	1	1	0	0	1	1	0	1	0	1	1	0
题号	16	17	18	19	20	21	22	23	24	25	26	27	28	29	30
A	1	0	0	1	0	1	0	1	1	1	0	0	1	1	1
B	0	1	1	0	1	0	1	0	0	0	1	1	0	0	0
题号	31	32	33	34	35	36	37	38	39	40	41	42	43	44	45
A	0	1	0	0	1	1	0	1	1	1	1	0	0	1	0
B	1	0	1	1	0	0	1	0	0	0	0	1	0	0	1

（三）结果分析

得分41分以上：你的面试技巧娴熟，也许你参加过多次面试，积累了许多经验。在此基础上，你可以进一步挖掘自己的潜力，多找一些自身的优势，以此作为面试的砝码，为实现自己的目标做准备。

得分20～40分：你的面试技巧一般，如果面试不是太严格的话，你是可以应付的。为了增加录用的概率，建议你多参考职业指导丛书，提高自己的面试技能，打有准备之仗，成功的机会就会大大增加。

得分19分及以下：你的面试技巧需要提高，也许你是位刚刚毕业的学生，或者很少参加面试，所以你的面试经验不足。你应该参加一些培训，提高自己的面试技巧与能力，多了解一些有关职业指导方面的知识。

评估活动二：职场沟通能力测试

（一）情景描述

（1）如果你的好友和你发生了争吵，你将怎么办？（　　）

A. 不理他，中断朋友关系

B. 暂时不谈这个问题，求同存异，以后再说

C. 请两个人共同的好朋友劝和，打破僵局

（2）你听说有同事向领导打你的小报告，你会怎么办？（　　）

A. 直接冲到那个同事面前，和他大吵一顿

B. 向领导说明情况，请领导调查真相

C. 清者自清，不去理睬，和以前一样干好工作

（3）如果父母性格不合，经常吵架，你会怎么办？（　　）

A. 大声威胁他们：再吵我就搬出去住

B. 少回家，乐得清静

C. 在父亲面前夸母亲，在母亲面前夸父亲，设法增进他们的感情

（4）同事跟你夸耀她买了一条新裙子，其实你觉得很一般，看着她兴高采烈，你会怎样？（　　）

A. 直接告诉她裙子不怎么样

B. 微笑着倾听，不说话

C. 告诉她这条裙子比她之前买的那条要好看

（5）同事们一起在外聚餐，你到达摆好的餐桌前会做什么？（　　）

A. 赞美饭店的豪华或者菜肴的精美

B. 看看椅子、餐具是否足够

C. 看看人是否到齐，招呼后来的人

（6）坐公交车的时候，你一般习惯于做什么？（　　）

A. 坐着睡觉或发呆

B. 看看站在旁边的人

C. 看窗外的景色，发现一些新开的店

（7）上了公交后你发现自己没带零钱，你会怎么办？（　　）

A. 偷偷地躲在人堆里

B. 急着下车

C. 跟司机说明情况，希望免掉车费

（8）同事带来家乡特产和你分享，你会怎么做？（　　）

A. 客气地拒绝，说自己不习惯吃这些

B. 表达感谢并且接受

C. 接受并且之后也带零食和同事分享

（9）领导交给你一项本来不归你管的任务，你会怎么办？（　　）

A. 很迟疑，流露出想拒绝的意思

B. 毫不犹豫地答应下来，能不能办好就不管了

C. 从领导那里尽量获得有关信息，私下请教同事，力求做好

（10）同事讲了一个你以前就听过的笑话，你怎么反应？（　　）

A. 立马说：哈，这个早就听过了，你 OUT 了

B. 微笑不语

C. 哈哈大笑

（二）评分标准与结果分析

此测试题为计分式，答案是根据每道题选项的分数值累加得到的，选 A 得 1 分，选 B 得 2 分，选 C 得 3 分。

得分 10～15 分，职场沟通力：20 分。

悲催了！虽然你可能不愿意承认，但还是要给你泼一瓢冷水：你的职场沟通力还停留在菜鸟级别哦！多多观察那些人缘好的同事是怎么说话做事的吧，不然想晋升可是有些难度哦！

得分 16～20 分，职场沟通力：50 分。

哎！这场关于职场沟通力的考试，你可还在及格的门外徘徊哦！你和同事的关系不咸不淡，你的工作职位也不高不低，很大原因在于你并不是那么会察言观色。如果你能在人际关系上加点油，相信你会有更大的发展！

得分 21～24 分，职场沟通力：70 分。

不错呀，你也算是一个善解人意、聪明体贴的人儿啦！虽然你说不上是八面玲珑，但在公司也算是人缘非常不错的一个人了，你只要多多注意一些小细节，很有潜力成为职场红人。

得分 25～30 分，职场沟通力：99 分。

恭喜你获得如此高的分数！显然你是一个处事周详，甚至可以说有些圆滑的人哦！无论面对怎样的情况，你基本上都知道寻找最佳解决方案。

实践训练

活动一：蒙眼作画

人人都认为睁着眼睛要比闭着眼画得好，因为看得见，是这样吗？在日常工作中我们自然是睁着眼的，但为什么总有些东西我们看不到？当发生这些问题时，我们有没有想过借助他人的眼睛呢？试着闭上自己的眼睛，也许当我们闭上眼睛时，我们的心却敞开了。

（一）活动目标

（1）使学生明白单向交流方式和双向交流方式可以取得的效果不同。

（2）说明当我们集中所有的注意力去解决一个问题时，可以取得更好的效果。

（二）教具

眼罩、纸、笔，所需时间10～15分钟。

（三）规则

用眼罩将所有队员的眼睛蒙上，每人分发一份纸和笔，要求蒙着眼睛将他们的家或指定的其他东西画在纸上，完成后让队员摘下眼罩，欣赏自己的杰作。

（四）讨论

（1）为什么他们蒙上眼睛所完成的画并不像他们期望的那样？

（2）怎样可以使这些工作更容易些？

（3）在工作场所中，应如何解决这一问题？

活动二：看下文的案例，小组讨论

（一）王岚的沟通困惑

王岚是一个典型的北方姑娘，在她身上可以明显地感受到北方人的热情和直率，她喜欢坦诚，有什么说什么，总是愿意把自己的想法说出来和大家一起讨论，正是因为这个特点她在上学期间很受老师和同学的欢迎。今年，王岚从西安某大学的人力资源管理专业毕业，她认为，经过四年的学习自己不但掌握了扎实的人力资源管理专业知识而且具备了较强的人际沟通技能，因此她对自己的未来期望很高。为了实现自己的梦想，她毅然只身去广东求职。

经过将近一个月的反复投简历和面试，在权衡了多种因素的情况下，王岚最终选定了东莞市的一家研究生产食品添加剂的公司。她之所以选择这家公司是因为该公司规模适中、发展速度很快，最重要的是该公司的人力资源管理工作还处于尝试阶段，如果王岚加入她将是人力资源部的第一个人，因此她认为自己施展能力的空间很大。

但是到公司实习一个星期后，王岚就陷入了困境。

原来该公司是一个典型的小型家族企业，企业中的关键职位基本上都由老板的亲属担任，其中充满了各种裙带关系。尤其是老板给王岚安排了他的大儿子做王岚的临时上级，而这个人主要负责公司研发工作，根本没有管理理念更不用说人力资源管理理念。在他的眼里，只有技术最重要，公司只要能赚钱其他的一切都无所谓。但是王岚认为越是这样就越有自己发挥能力的空间，因此在到公司的第五天王岚拿着自己的建议书走向了直接上级的办公室。

“王经理，我到公司已经快一个星期了，我有一些想法想和您谈谈，您有时间吗？”王岚走到经理办公桌前说。

“来来来，小王，本来早就应该和你谈谈了，只是最近一直扎在实验室里就把这件事忘了。”

“王经理，对于一个企业尤其是处于上升阶段的企业来说，要想企业持续发展必须在管理上狠下功夫。我来公司已经快一个星期了，据我目前对公司的了解，我认为公司主要的问题在于职责界定不清；雇员的自主权力太小致使员工觉得公司对他们缺乏信任；员工薪酬结构和水平的制定随意性较强，缺乏科学合理的基础，因此薪酬的公平性和激励性都较低。”王岚按照自己事先所列的提纲开始逐条向王经理叙述。

王经理微微皱了一下眉头说：“你说的这些问题我们公司也确实存在，但是你必须承认一个事实——我们公司在赢利，这就说明我们公司目前实行的体制有它的合理性。”

“可是，眼前的发展并不等于将来也可以发展，许多家族企业都是败在管理上。”

“好了，那你有具体方案吗？”

“目前还没有，这些还只是我的一点想法而已，但是如果得到了您的支持，我想方案只是时间问题。”

“那你先回去做方案，把你的材料放这儿，我先看看然后给你答复。”说完王经理的注意力又回到了研究报告上。

王岚此时真切地感受到了不被认可的失落，她似乎已经预测到了自己第一次提建议的结局。

果然，王岚的建议书石沉大海，王经理好像完全不记得建议书的事。王岚陷入了困惑之中，她不知道自己是应该继续和上级沟通还是干脆放弃这份工作，另找一个发展空间。

问题：

1. 王岚与上级出现沟通困惑问题的关键点是什么？

2. 王岚接下来应该如何处理与上级的沟通困惑？

3. 你认为王岚应该做什么样的职业选择。

（二）经理的邮件

有一位经理写信骂了他的供应商，让秘书把信发出去。没过几天，经理对此事很后悔，不应该写信骂人。于是又写了一封信表示道歉，让助理发出去。但是助理对经理说：“上次见您写的信欠冷静，所以我并未把信发出去，这封道歉信您也不必发了。”

问题：

1. 助理这么做对不对？

2. 如果是你，你会怎样做？

（三）阿珊的面试

阿珊大四了，跟其他同学一样，在为找工作忙碌。这天，学校通知说华为到学校来开招聘专场。对阿珊来说这是一个好机会，因为她对华为的销售部门非常感兴趣。面试在学校就业指导中心求职大厅进行，学生被分成四人一个小组，每个小组有一个面试官。面试过程很残酷，只要不入面试官的法眼，或是答不上面试官的提问，面试官就会说：你可以走了，也就是被当场淘汰。

阿珊和三个男生分在了一组。当他们走进面试室时，面试官只瞄了一眼，而在阿珊刚走到面试官面前还没来得及坐下，面试官就冷冷地对她说：“你可以走了，我觉得你不合适！”阿珊很震惊，也觉得很没面子，心理叨咕道：“你根本不认识我，凭什么看一眼就认为我不合适，凭什么让我走？”不过，当时她并没有吭声，想着等面试结束后再与面试官理论也不迟。男生们都坐下了，而阿珊也不管他们是怎么想的，也跟着坐下。面试官见状，也只当她不存在，然后开始对其中一个男生发问："你最得意的一件事情是什么？"可能是因为紧张，那个男生竟不知如何作答，支支吾吾地说自己还没有工作，也没有做出什么特别的成就，所以也没什么得意的事。阿珊在边上心里很着急，觉得他的回答有点偏题，她可不愿意自己的同学在第一道坎上就被淘汰。于是在边上悄悄地提醒他："你可以说一件在学校里做过的你自己感到最满意的事情……"

面试官瞟了阿珊一眼，她也不以为然，她想："你不至于给我加上一条作弊的罪名吧，这种时候该帮人一把。反正我已经是'不合适的人'了。"结果是三个男生相继被淘汰，最后桌前只剩下了阿珊。现在，看上去面试官是有话要说了："那三个人本是你的竞争者，可你一直在帮他们，为什么？他们答不上来不是对你更好？"阿珊说："我不认为他们是竞争对手，如果都能通过面试，将来大家可能还是同事，有困难自然是要帮助的。"

对阿珊的回答，面试官不置可否，却又拾起了先前那个话题："我刚刚已经对你说，你不合适，你可以走了。可你为什么不走呢？"机会来了，阿珊想，该是说话的时候了："我觉得你并不了解我，所以我要留在这里给你一个了解我的机会。第一，我非常仰慕华为，因为我被华为的企业文化和用人理念所吸引，所以我很郑重地投出了我的简历，也很高兴能参加这次面试。可是我完全没有想到我遭遇到如此当头一棒。第二，我还想对你说一句，我认为你的态度对一个面试者来说很不友善。因为今天我是面试者，明天我可能是你们的员工；我更可能是华为潜在的客户。可是你今天这样不友善的态度给我留下了深刻的印象，今天我可能成不了你的员工，但明天我可能不再愿意再成为华为的客户。第三，你的不友善今天影响了我对华为的看法，明天还有可能影响到我所有的朋友对华为的看法，你知道，你可能赶走了不少华为的潜在客户……"

读后小组讨论（用角色扮演的形式进行）：

1. 阿珊所接受的面试是哪种形式的面试？

2. 阿珊在面试过程中所采取的方式正确吗？为什么？

3. 根据你的判断，阿珊的结局如何？为什么？

推荐阅读

1.《华杉讲透孙子兵法》作者：华杉。主要内容：本书用通俗易懂的方式解读孙子兵法，逐字逐句讲透兵法原意。详尽剖析了155个经典战例及背后的意义。孙子兵法讲求“先胜后战”，先把对手理解清楚，再制定详细行动计划，这个思维用于职场工作也适合。本书能让你明白怎样才能把事情做得更好。

2.《金字塔原理》作者：[美]芭芭拉·明托著，汪洱，高愉译。主要内容：本书是麦肯锡40年经典培训教材，可以提升思考、表达和解决问题的逻辑思维能力。

下篇　礼仪篇

第六章　礼仪概述

【学习目标】

- 了解礼仪的含义
- 认识礼仪的发展演变
- 掌握礼仪的特征
- 明晰礼仪的价值作用

【技能目标】

- 培养良好的礼仪意识
- 运用礼仪理论进行实践训练

【名人名言】

戴尔·卡耐基：良好的仪表犹如一支美丽的乐曲，它不仅能够给自身提供自信，也能给别人带来审美的愉悦。

成功学名言：自信，看不见，摸不着，可你决不能小看它，它完全可以改变一个人的命运。

英国哲学家切斯特菲尔德：礼貌和教养对于装饰人类或其他一切优良品质和天资，都是必不可少的。

第一节　礼仪的起源和发展

案例导入

礼起于何也？曰：人生而有欲，欲而不得，则不能无求；求而无度量分界，则不能不争；争则乱，乱则穷。先王恶其乱也，故制礼义以分之，以养人之欲，

给人之求，使欲必不穷于物，物必不屈于欲，两者相持而长，是礼之所以起也。——《荀子》

译文：礼是从哪里产生的呢？答案是：人类生来就有欲望，欲望达不到不可能放弃追求；追求没有限度和界限的时候，就不可能没有争夺。互相争夺就引起混乱，乱起来就没有出路。

古代的圣王厌恶混乱，就制定礼仪，划分等级，节制人们的欲望，满足人们的要求，使人们的欲望不会因为物资的不足而得不到满足，而物资也不会因为满足人们的欲望而消耗殆尽，物资和欲望两者相互制约，保持长久的协调发展，这就是礼的起源。

中国自古有“礼仪之邦”之美誉，礼仪在中国传统文化中是个十分重要的概念，自西周王朝礼仪典制发展至今，现代礼仪在博大精深的传统礼仪基础上，又蕴含着现代社会的特殊意义，涉及政治、道德和社会各方面。

一、礼仪的起源

礼仪随着人类的产生而产生。在原始社会，由于生产力水平低下，科学落后，人类处于一种愚昧状态，其认识世界的能力极其有限，因而对许多自然现象无法做出科学解释，在许多自然灾害面前感到束手无策。于是，人们就把生活中的得失或成败归之于自然，看成是自然的恩赐或惩罚。这就使得人们把“天”谓之世间的最高主宰力量，对之顶礼膜拜，进行祭祀，以求得精神上的安慰，从而产生了最早的也是最简单的以祭天、敬神（当时称为图腾）为主要内容的“礼”。可见，礼是原始社会宗教信仰的产物。

礼，真正作为一种制度被确认，是在宗教祭祖活动中。《礼记·礼运》说：“夫礼之初，始诸饮食。其燔黍捭豚，抔尊而杯饮，蕢桴而土鼓，犹若可以致其敬于鬼神。”所以，郭沫若在《十批判书·孔墨的批判》中推断说：“礼是后来的字，在金文里面我们偶尔见有用礼字的，从字的结构上来说，是在一个器皿里面盛两串玉具以侍奉于神；《盘庚篇》里面说的‘具乃贝玉’就是这个意思。大概礼之起源于祀神，其后扩展而对人，更其后扩展而为吉、凶、军、宾、嘉的各种仪制。这都是时代进展的结果。而愈往后走，礼制便愈见浩繁，这是人文进化的必然趋势，不是一个人的力量可以把它呼唤得起来的，也不是一个人的力量可以把它叱咤得回去的。”在原始先民的心目中，天地鬼神是在冥冥之中主宰万物、干预人类意志的令人敬畏的力量。因此无论耕作、田猎、饮食、游乐都必须先敬鬼神，礼仪也就体现在这种祭礼活动里极其虔诚而庄严的仪式中。在人类面对自然力量的肆虐而感到无法认识与控制的时代，这种祭祀仪式上所体现的，无疑是原始人类对自然的敬畏与崇拜，这是最早的礼仪内涵。比如，“社稷”现在成了国家的代名词，就是源于人们对社神稷诂的崇拜。从夏朝开始，人们“以血祭祀社稷”即献上牲畜一类供品祭祀，击“灵鼓”，舞狮领头用一种柄上系有五色僧的名叫“跋”的舞具，跳一种称为“跋舞”的舞蹈，表达人们春祈秋报，五谷丰登，保卫国土的意向。

在远古时代，同一氏族成员在共同的采集、狩猎、饮食生活中所形成的习惯性语言、动作也是原始社会礼的萌芽；不同氏族、部落的成员，彼此间为了求得信任、谅解与协作而使用的一些被普遍认同的语言、表情、姿势，也同样被看作是礼的最初形态。在母系和父系氏族社会时期，随着礼与等级的逐步出现，便在日常生活中形成了能协调社会关系、反映等级权威的“礼仪”。

原始社会里的人为了交际的需要，一方面已经开始注意和重视自己的仪容、仪态，例如，围上了遮羞布，穿上了草裙，服装除了遮体避寒，还出现了某些装饰、美化的成分。此外还出现了文身、文面，人们戴上了果饰、骨饰，等等。另一方面人们也更加注意和重视自己的礼貌、礼节。以狩猎为例，狩猎者在外打猎时就懂得了礼貌的重要。他们必须保持适当的“距离”，这样才能安全、有效地从事狩猎活动，即使没有猎获什么，也要讲一番有关野味的趣闻，使同伴们不致扫兴而归。这便是“礼”在狩猎时代的初步表现形态。在原始社会，个人格斗不息，部落战争不断，为了避免流血的格斗和战争，人们“发明”了举手礼、握手礼、脱帽礼、鞠躬礼等动态礼仪，这些礼仪至今还在流行、应用。让我们看看这些礼仪形成的原因。举手礼，向对方高举两只手，表示手里没有武器，自己没有恶意。握手礼，把平时持剑的右手伸向对方，作为和解的表示，相互握手言和，双方友好相处。脱帽礼，为了表示对对方的友好和尊重，愿在对方面前“丢盔卸甲”。鞠躬礼，表示对对方的畏惧、惶恐与自己的虚弱，于是以低头、俯身的姿态面向对方。显然，这些动态礼仪也是一种人类最早的礼仪。

随着社会的发展和进步，人类对自然现象和各种社会关系的认识不断变化，不断加深和丰富。于是，原始的畏惧心理逐渐转化为对社会的控制、利用和改造的意识。原先所创立的礼仪，远不能适应日益复杂的各种现实关系，礼的内容便开始发生本质性的变化，逐渐扩展到社会生活的各个方面，除了使人类在天地之间追求平衡与和谐，还开始和人际关系的平衡与调整相结合，然后衍化、蜕变，进而渗透到社会政治领域，形成一套有普遍参照意义的程式与规范，并成为伦理学的核心内容。礼制就确立起来了。

二、礼仪的发展

在原始社会，生产力落后，文化知识不发达，人们生活在愚昧之中，对生活中的许多自然现象不能做出科学的解释，严酷的大自然会使他们产生无边的恐惧、神秘的信仰和无数的禁忌。于是，他们创造出了无数的礼仪活动来。史书里记载着太昊伏羲氏祭祖鬼神，炎帝神农氏祭祖鬼神，这是人类最早的祭祖活动。他们的行动带有浓厚的感情色彩，绝对不符合现代人的理性思考。

到了奴隶社会、封建社会，阶级出现了。进入阶级社会初期，人们尚不知桌椅为何物，帝王、平民皆席地而坐，所谓“伸腰及股而势危者为跪，因跪而益至其恭，以头着地为拜”。“跪拜”，这种原始社会中人们互相致意的姿势，到阶级社会中便演变成为一种表示臣服的礼仪。随着奴隶主阶级、封建主阶级的等级制度日益森严，经统治阶级改变和发展的礼节礼仪也日益繁杂化、规范化和经典化了。统治者为了维护自己的尊严，保证臣民们对权力的尊重，从一开始就规定：臣民拜见君主必须毕恭毕敬，俯伏于地，等候问话，不能以背对着君主。拜占庭皇帝要求臣民拜见时吻他的脚，外国使者觐见时必须以前额触地；与此同时，皇帝的宝座升到空中，当使者抬起头来看皇帝时，皇帝已高高在上，这意味着他能驾驭一切、主宰万物。

资本主义社会，经济飞速发展，人们征服自然的能力有了很大的提高。人们开始依靠自己的力量，不信天地和鬼神。同时，资产阶级高喊“平等博爱”的口号。尽管资产阶级的“平等”是虚伪的，但礼的阶级成分也随着这种变化而不断减少，它一步步脱去等级的外衣，开始向平民化发展，成为人们日常生活中不可缺少的润滑剂，并且渗透到社会生活的各个层面，它包括社会、道德、习俗和宗教等。比如，跪拜礼的范围逐渐减少，一般用在宗教仪式中。它已不是等级的表现形式。再比如，我们之所以常常要打开门后让在一边，让年长者或地位比我们显贵者先走；原因之一就是中世纪时，人们通常让最强壮者排在队首离开城堡。因为那时时常会迎面遇上武装的敌人或挥舞着干草叉和长柄镰刀的造反农夫。渐渐地，这种特别的荣誉就给予处于这个地位者。因为大人物才是强壮有力的，虽然事实不尽如此，但至少他是难以战胜的。这种对地位高者和年长者的敬意，起初并不具备等级意念。在阶级社会，统治阶级才赋予它等级的内涵。到现代，随着经济的发展，物质的日益丰富，人们逐渐走向平等。这种对地位高、年长者的尊敬成为一种行为规范。这种礼节所要突出的仅仅是“敬老爱幼”，对贤能者的肯定。

在社会主义社会，劳动人民成为国家的主人，礼仪不再具有阶级性，人与人是平等的。礼成为避免冲突、维持社会秩序的行为规范，也成为精神文明的重要组成部分。

三、中国古代礼仪演变

在中国，由崇拜自然物转而扩展到崇拜人类自身的另一种模式，即由对龙的崇敬扩展到对君王的崇敬。随着人类社会生活的发展，人们表达敬畏、祭祖的活动日益频繁，逐步形成种种固定的模式，终于成为正规的礼仪规范。从历史发展角度看，中国古代礼仪演变可分为 4 个阶段。

（1）礼的起源时期——夏朝以前。原始的政治礼仪、敬神礼仪、婚姻礼仪等在这个时期已有了雏形。

（2）礼的形成时期——夏、商、西周三代。中国第一次形成了比较完整的国家礼仪与制度，提出了许多极为重要的礼仪概念，如“五礼”（吉礼、凶礼、军礼、宾礼、嘉礼）等，确立了崇古重礼的文化传统。

（3）礼的变革时期——春秋战国时期。这一时期，学术界百家争鸣，以孔子、孟子为代表的儒家学者系统地阐述了礼的起源、本质和功能，第一次在理论上全面而深刻地论述了社会等级秩序划分及其意义。

（4）礼的强化时期——秦汉到清末。这一时期的重要特点是尊君抑臣，尊夫抑妇，尊父抑子，尊神抑人。在漫长的历史演变过程中，它逐渐成为妨碍人类个性自由发展、阻挠人类平等交往、窒息思想自由的精神枷锁。

辛亥革命以后，西方文化大量传入中国，传统的礼仪规范、制度逐渐被时代抛弃，科学、民主、自由、平等的观念迅速深入人心，新的礼仪标准、价值观念得到推广和传播。新中国成立后，在马克思主义、毛泽东思想的指导下，新型人际关系、社会关系的确立，更标志着中国礼仪、礼学进入了一个新的历史时期。

从世界范围看，资产阶级登上历史舞台以后，在经济基础和上层建筑各个领域进行了伟大变革，这是礼仪发展的一个重要阶段。今天国际上通行的一些社交礼仪绝大部分就是这个时期留下来的。例如，鸣放礼炮便起源于英国。当时英国是世界上航海事业最发达的国家，英国海军舰船在驶入别国海域之前，为了表示对对方没有敌意，就把军舰上火炮内的炮弹放空；在遇到别国舰船时，也把火炮内炮弹放掉，表示同对方友好。以后，鸣放礼炮便成为国际上相互表示敬意的隆重仪式。

目前，国际上接待国家领导人时，多数国家都鸣放礼炮。鸣礼炮的多少，要根据受礼人的身份而定。过去战舰的火炮多为 7 门，鸣炮时放 7 响。后来英国最大的战舰上有 21 门火炮，海军司令登舰时鸣 21 响，海军司令以下的将官登舰时鸣放 19 响。以后，21 门炮齐放便成为最高的致敬礼仪。英国最早正式采用这种礼仪迎送国家元首和政府领导人，以后别的国家也采用了这种礼仪。今天，迎送国家元首鸣炮 21 响，政府首脑鸣炮 19 响，副总理或副首相鸣炮 17 响，已成为国际上通用的礼仪。

不同历史的国家有不同的礼节礼俗。有的仅仅是形式上的差别，有的可能完全相反。但这种差异，随着航海事业的发展，各国之间经济文化的交流，各国的礼仪又相互融合，形成了一些国际惯例。中国人民为了振兴民族，也开始了对西方科技文化的了解与接受，其中就包括对礼仪的了解与接受。我国礼节礼仪在保留着东方特点的基础上开始汇入世界的礼节礼仪的干流。今后，随着社会的进步、科技的发展和国际交往的增多，人们的社交礼仪将会不断完善和发展。

课堂互动

完成以下礼仪选择题

1.（　　）是人们在社会交往中由于受历史传统、风俗习惯、宗教信仰、时代潮流等因素的影响而形成，既为人们所认同，又为人们所遵守的。

A. 礼仪　　B. 礼节　　C. 礼貌

2. 礼仪是以建立（　　）为目的的各种符合礼的精神及要求的行为准则和规范的总和。

A. 同等关系　　B. 和谐关系　　C. 平等关系

3.（　　）是礼仪的基础和出发点。

A. 宽容　　B. 敬人　　C. 自律

4. 国际社会公认的“第一礼仪”是（　　）

A. 女士优先　　B. 尊重原则　　C. 宽容原则

5. 拜访他人应选择（　　）并应提前打招呼。

A. 清晨　　B. 用餐时间　　C. 节假日的下午或平日晚饭后

6. 中共中央在哪年印发了《公民道德建设实施纲要》（简称《纲要》），《纲要》共分几部分，有多少条（　　）。

A. 2002 年 9 月 20 日　1040　　B. 2001 年 9 月 20 日　840

C. 2001 年 9 月 18 日　8407

7. 下列几种花中，（　　）花最适合赠送给母亲。

A. 玫瑰　　B. 月秀　　C. 康万馨

8. 在公共汽车、地铁、火车、飞机上或剧院、宴会等公共场所，朋友或熟人间说话应该（　　）。

A. 随心所欲　　B. 高谈阔论　　C. 轻声细语、不妨碍别人

9. 别人给你服务、做事和帮忙，无论给你的帮助多么微不足道，都要说（　　）。

A. 谢谢　　B. 请　　C. 对不起

10. 在与人握手时，下面哪种情况是正确的（　　）。

A. 当长者与年轻者握手时，年轻者先伸出手来

B. 当女士与男士握手时，女士先伸出手来

C. 无所谓，谁先伸手都可以

第二节　礼仪的概念及特征

案例导入

一位老师带领学生前往一大集团公司参观，该集团公司的老总是该老师的大学同学。到公司后学生们先在有空调的大会议室坐着，工作人员为每位学生倒水，席间有位女生表示自己只喝红茶。当老总办完事情回来后，不断向学生表示歉意，竟然没有人应声。当工作人员送来笔记本，老总亲自双手递送时，学生们随意接过，没有起身也没有致谢。只有一个学生起身双手接过工作人员递过来的茶和老总递来的笔记本时客气地说了声："辛苦了！"最后，只有这位学生收到了这家公司的录用通知。其他学生都很疑惑甚至不服："他的成绩并没有我好，凭什么让他去而不让我去？"

【思考】是什么原因使这些学生失去机会的？这些学生有哪些行为是不合乎礼仪的？

礼仪是人们在各种具体社会交往中，为了相互尊重，在仪表、仪态、仪式、仪容、言谈举止等方面约定俗成的、共同认可的行为规范。它是文明道德修养程度高低的标志。其表现形式为谦虚而恭敬的态度、优雅而得体的举止、文明而礼貌的语言、大方而高雅的装束等。

一、礼仪的内涵与概念

礼，在汉语中本意为敬神，后引申为敬人。新版《辞海》注释道：①本谓敬神，引申为表示敬意的通称；②为表敬意或表隆重而举行的仪式；③泛指奴隶社会或封建社会贵族等级制的社会规范和道德规范；④礼物；⑤古书名；⑥姓。仪，《说文解字》道："仪，度也。"本义为法度、准则、典范的意思，后引申为礼节、仪式和仪表。

礼仪，是人们长期生活交往过程中慢慢形成的一种生活习惯，它涵盖礼节和仪式。最初的"礼"源于对祖先和神灵的祭祀与膜拜，与人们对神灵的敬畏之情有关，后发展至对人如王者、尊者及长者的敬意之情。“礼”即礼貌、礼节、礼仪；“仪”即仪表、仪态、仪式。

（一）礼

“礼”是指人们在长期社会生活实践中约定俗成的行为规范。

1. 礼貌

礼貌是指人际交往中，相互表示敬重和友好的道德准则与言行规范。它主要包括口头语言的礼貌、书面语言的礼貌、态度和行为举止的人类文明行为的最基本要求。

2. 礼节

礼节是指人们在交际过程和日常生活中，相互表示尊重、友好、祝愿、慰问及给予必要的协助与照料的惯用形式。它是人们在交际过程中逐渐形成的约定俗成的和惯用的各种行为规范之总和。礼节是社会外在文明的组成部分，具有严格的礼仪性质。它反映了一定的道德原则的内容，反映了对人对己的尊重，是人们心灵美的外化。

3. 礼仪

礼仪是指人们在隆重而正式的交际场合，在礼遇规格和礼宾次序等方面为个人、集体，乃至国际社会都必须普遍遵守的基本原则和行为规范，它是礼貌、礼节的最高表现形式。

（二）仪

“仪”作为人际交往中相互表示尊重、友好的具体形式，主要包括仪表、仪式和礼仪器物。

1. 仪表

仪表是指人的外表，包括仪容、服饰、体态等。仪表属于美的外在因素，反映人的精神状态。仪表美是一个人心灵美与外在美的和谐统一，美好纯正的仪表来自高尚的道德品质，它和人的精神境界融为一体。仪式是指行礼的具体过程或程序。它是礼仪的具体表现形式。

2. 仪式

仪式是一种比较正规、隆重的礼仪形式。仪式往往具有程序化的特点，这种程序有些是人为的约定俗成，例如，司仪、仪仗队等。

3. 礼仪器物

礼仪器物是指为表达敬意，寄托情意的一些物品。例如，哈达、锦旗、奖杯、纪念勋章等。

二、相关概念的辨析

礼貌、礼节、礼仪、礼宾这四个概念在交往中经常使用，但在多数情况下人们却将其混为一谈，其实这四者的含义并不完全相同。

1. 礼貌

新版《辞海》将礼貌解释为“对人恭敬和顺的仪容”，即指一个人在待人处世时，为了表示对他人的尊重、友好，在仪表、仪容、仪态及语言和动作上谦虚恭敬的表现。它是对一个人文明行为的基本要求，体现了时代的风尚和人的道德品质，体现了人们的文化层次和文明程度。在不同的时代、不同的国家、不同的民族及不同的行为环境中，虽然礼貌表达的形式和要求有所不同，但其基本要求是一致的，即应当做到：诚恳、谦恭、和善与适度，而与其相对的则是傲慢、粗野、蛮横与轻率。一个微笑、一声“您好”等，都是礼貌的具体表现。

2. 礼节

礼节是人们在日常生活特别是在交际场合中，相互表示尊重、祝颂、问候、致意、致谢、哀悼、慰问及给予必要的协助与照料的惯用形式。礼节是礼貌的具体表现，是礼仪的重要组成部分。如中国古代的作揖、跪拜；现今世界大多数国家通行的点头致意、握手；一些国家的双手合十及拥抱、亲吻等都属于礼节的形式。

礼节是待人处世的规矩，但并不是某个团体或某个人制定的，而是人类在长期的社会生活中自然产生、约定俗成的行为准则。它虽然不像法律那样至高无上，但是，要得到别人的理解、社会的承认，就必须遵守人与人之间交往的规则和方式，即遵守礼节。然而，礼节又不是一成不变的，它往往因时间、空间或对象的不同而有所改变。

3. 礼仪

礼仪显然涵盖了礼貌和礼节，三者是相辅相成、有机联系的，体现了内容和形式的统一。礼节是礼貌的具体表现，有礼貌而不懂得礼节，就容易失礼。我们有时会看到某些人对他人虽有恭敬、谦逊之心，但在与人交往时却显得手足无措，或因为礼节不周而使人觉得尴尬；还有一种人，虽懂礼节，但在施礼时却缺乏诚意。这些都是没有理解礼节、礼貌真正含义的结果。正所谓，敬人要从心里敬。只有内心的诚意与动作的协调一致，才能达到三者的完美统一。

4. 礼宾

礼宾是指按一定的礼节和仪式接待宾客（多用于外交场合）。所以，各国外交部一般都设有礼宾司，一些王室或元首府还设有典礼司或典礼官，专司礼宾之职。

三、礼仪的基本特征

礼仪作为一种道德规范，在同一历史时期，不同国家、不同民族，或不同历史发展阶段，礼仪内容是不同的，但是礼仪的基本特征是不变的。

1. 礼仪的共同性

礼仪是全人类共同需要的，它早已跨越国家和民族的界限，不分国别、性别、年龄、阶层，只要人类存在着交往活动，人们就需要通过礼仪来表达彼此的感情和尊重。尽管不同的国家、不同的民族对于礼仪内容的理解不同、重视的程度不同、反映的情况也不同，但对礼仪的需要却是共同的。

2. 礼仪的时代性

礼仪是随着时代而改变的。在一个时代里被人们推崇备至的礼仪在另一个时代里可能令人难以置信。比如，我国古时的妇女缠足，有害、不雅、不美，但在封建社会中，妇女之美则以“三寸金莲”为准绳。而今又有谁欣赏“三寸金莲”呢？可见过去的封建礼教，无一不自我封闭，难以为后人所理解。这种变化发展不仅仅是一个国家纵的方面，随着东西方文化的交流，更多地出现在横的方面。比如，过去传统习惯是“男先女后，男尊女卑”，而西方社会实行的男女平等、妇女优先则比较合乎理性，这逐渐地使我们也改变了过去的习惯。又如，西方丧服用黑色，女子婚服用白色，但中国丧服用白色，遇喜事则一律用红色。目前，社会上许多新婚夫妇也开始穿白色的婚纱。婚礼仪式过去是新娘子坐轿子，有很多繁杂的细节，现在城市青年结婚仪式简单多了。礼仪的发展呈现出一种进步的趋势。现代礼仪同诞生于封建制度的礼仪有了质的不同。现代礼仪同样是保证社会正常秩序所需要的行为规范，但输入了坦诚、注重实际及在平等的基础上保持人际间友好关系等新的内容，原则上则日趋简化。

我国的现代礼仪，是以往各个历史时期的礼仪合乎逻辑的发展。“师古而不泥古，师古而不复古”。它继承了历史上优秀的礼仪传统，摒弃和革除了显示人尊卑身份的跪拜等礼仪，并根据社会主义制度的基本政治思想，建立了平等的、同志式的新型礼仪体系。人们以礼相待，男女平等，尊老爱幼，助人为乐，用良好的现代礼仪服务于社会主义精神文明建设。

3. 礼仪的差异性

案例

一位英国公爵曾经主持了一个招待印度当地居民首领的宴会，在宴会结束的时候，侍者为每位客人端来了洗手盆。让人意想不到的是，当印度客人看到那精巧银质的器皿里盛着亮晶晶的水时，便以为是英皇室的待客之饮，于是端起来一饮而尽。这一举动让英国贵族目瞪口呆，不知如何是好，只是愣愣地观察公爵。公爵神色自如，不露声色，一边与客人继续谈笑风生，一边也端起自己前面的洗手水，很自然地仰起头来一饮而尽，于是，大家也都纷纷地端起自己前面的洗手水，效仿着公爵，宴会在热烈而又祥和的气氛中取得了预期的成功。

像我们这样一个多民族的国家，不同民族具有不同的风俗。如果想要别人认为我们有教养、有风度，我们就必须知道什么是决定外国人观点的习俗，了解其他国家的风土人情、风俗习惯。俄罗斯有句谚语：“不要把自己的规矩带到别人家中”。这是很有道理的。比如，有些国家的规矩是点头不算，摇头算；有些国家认为单数为吉利，有些国家则认为双数为吉利；有些国家不能和女主人握手，有些国家女主人会热情地拥抱和亲吻你。礼尚往来原是人之常情，但如果你对礼物选择不当，不仅不会博得受礼者的欢心，反而会酿成大错。比如，在20世纪60年代，美国总统约翰逊访问泰国，当着泰王的面，翘起二郎腿，脚尖向着泰王，而这种姿势，在泰国被认为是带有侮辱性的。更糟糕的是，在告别时，约翰逊以他得克萨斯州的礼节紧紧拥抱泰国皇后，在泰国除了泰王，任何男性不得触及皇后，由此而引起的不良影响就可想而知了。

礼仪的实质是人类历史发展过程中逐步形成并沉淀下来的一种文化。由于民族信仰、习俗、地理环境和交通条件等因素的影响，不同国家、不同地区和不同民族有着不同的发展历史，各个国家、地区和民族又都有自己的一些区别于其他国家、地区和民族的表达礼仪特定含义的方式。因此，礼仪因地域、民族的不同而表现出形式上的差异性。

4. 礼仪的公德约束性

公德即社会公共道德。它是长期以来在一定社会范围内逐渐形成的一种被大多数社会成员认可并施行的思想和行为规范，是在一定文化历史背景下形成的具有固定特点的调整人际关系的社会因素，是人们评价善、恶、丑的习惯性标准，具有约定俗成的本质属性。礼仪与公共道德不相违背的特征被称为礼仪的公德约束性。它虽然不具有法一般的强制力，但通过家族、邻里、亲朋的舆论监督，往往迫使人们遵守它。它在人们生活中具有一种无形的力量。我国著名学者黄遵宪曾说："风俗之端，始于至微，搏之而无物，察之而无形，听之而无声，然而一二人倡之，千百人和之，人与人相接，又踵而行之；及其至成，虽其极陋甚弊者，举国之人，习以为然。上智所不能察，大力所不能挽，严刑峻法所不能变。夫事有是有非，有美有恶，旁观者或一览而知之。而彼国称之为礼，沿之为俗，乃举国之人，辗转沈锢于其中，而莫能少越，则习之囿人也大矣。"

宋代理学家朱熹说："礼，理也。"理即规矩、准则，而规矩就是用来约束人的思想和行为的。尽管不同时代、不同国家、不同民族的礼仪内容不尽相同，但守纪律、讲卫生、待人有礼、尊老爱幼等乃是整个人类社会共同的规矩，是做一个文明人的起码准则。

5. 礼仪的实践性

"礼"是强调学以致用的，它的操作性非常强。光是知道一些条条框框，不注意在日常生活中运用，那只能是迂腐。而且"礼"的运用不是简单地照搬照抄，它必须融于生活才有生命力，具有魅力。要使"礼"真正发挥它的职能，必须实践、实践、再实践。在实践中掌握运用礼的技巧，在实践中丰富礼的知识，在实践中使礼不断发展完善。

课堂互动

评估：出行礼仪认知测评

下面给出一些出行礼仪的观点，哪些符合你的看法？

1. 跟好哥们儿走路时，几个人勾肩搭背并排走，并且大声嚷嚷。

2. 和同事一起搭乘电梯时，高声谈论公司某个职员的家庭问题。

3. 在乘手扶电梯时，自觉靠台阶的右边站立，而把左边的位置空出来，留作紧急通行。

4. 在排队时，和前面的人保持一定距离，以免贴身。如果有人想从队列中穿行，先让他过去，然后再回到原位。

5. 驾车行驶在车水马龙的街道上，某辆车正准备离开停车场或车道插进车时，可以做手势让他们先行。

6. 当看到游行队伍或事故现场时，无法抑制自己的好奇心，因此减缓车速，将头转过去看。

7. 向对面马路的一辆出租车招手，该车已经掉头，这时候有其他的出租车开到面前，为了方便就直接上面前这辆车，而不管之前招手的那一辆。

8. 下班高峰期，一辆出租车刚好停下来，在前一位乘客还没有下车甚至还未交款之前，就迫不及待地冲进出租车。

9. 如果主人和客户不同车，则主人坐的车行驶在客户乘坐的车的前面。

10. 坐车时，看见坐在旁边位置上的旅客正在看一份报纸，就悄悄地凑过去看。

11. 一上火车走进卧铺的包厢后，就非常热情地向周围的人作自我介绍。

12. 在飞机上就餐时，主动将座椅椅背调至正常位置，以免影响后排乘客就餐。

（二）评估标准和结果分析

请仔细清点一下，对以上说法你认同多少，认同与不认同的原因各是什么？通过本测试回答你可以更好地理解出行礼仪。

第三节　礼仪是一种资本

案例导入

1960 年 9 月，尼克松和肯尼迪在全国的电视观众面前，举行他们竞选总统的第一次辩论。当时，大多数评论员预测，尼克松素以经验丰富的“电视演员”著称，可以击败比他缺乏经验的肯尼迪。但事实并非如此。为什么呢？肯尼迪预先进行了练习和彩排，还专门跑到海滩晒太阳，养精蓄锐。结果，他在屏幕上出现时，精神焕发，满面红光，挥洒自如。而尼克松却从没有听从电视导演的规劝，加之那一阵子十分劳累，更失策的是面部化妆用了深色的粉，因而在屏幕上显得精神疲惫，表情痛苦，声嘶力竭。正如一位历史学家所形容的：“他让全世界看来，好像是一个不爱刮胡子和出汗过多的人带着忧郁感等待着电视广告告诉他怎么不要失礼。”

正是仪容仪表帮助肯尼迪取胜，使竞选结果出人意料。可见，仪容仪表的作用是很大的，是不可忽视的。

一、仪表是无声的语言

礼是从端正容貌和服饰开始的。一个有良好修养的人，在公共场所，特别是在十分郑重的场合，一定是体态端正、服饰整洁、表情庄敬、言辞得体，这既是内在修养的表露，也是对他人尊敬的表现。

美国行为学专家迈克尔·阿盖尔曾经做过一个实验：他本人以不同的衣饰打扮出现在某市的同一地点。当他西装革履、风度翩翩地出现时，所有向他问路，问时间的人，大多是彬彬有礼的绅士阶层的人；当他破衣烂衫、蓬头垢面地出现时，接近他的多半是流浪汉、无业游民等。这个实验表明，在人际交往中仪表表达出来的意义胜过语言，完全可以看出一个人的内在品质。质于内而形于外，文化修养高、气质好的人，懂得如何修饰自己的形象。仪表端正体现一个人的素养、自尊和品位格调，也是对人和周围环境的尊重。

古人对仪容体态的礼仪有很明确的要求，所谓“三紧七不”。一是“三紧”。这是宋代学者朱熹对古人服饰方面的要求所作的总结。所谓“三紧”，就是帽带要紧、腰带要紧、鞋带要紧。三者都扎紧了，人的精神状态才会显得振作，才能表现出对人、对事的郑重。现代服饰虽然不同于古代，但穿衣得体、整洁、庄重、大方的要求，却无二致。二是“七不”。所谓“七不”，是指《礼记》里边说的“不敢哕噫、嚏咳、欠伸、跛倚、睇视；不敢唾；寒不敢袭；痒不敢搔；不有敬事，不敢袒裼；不涉不撅；亵衣衾不见”七条规定。这些规定既适用于与父母、尊长共用的场所，也适用于工作场所。在严肃、正规的场合，打饱嗝、打哈欠、伸懒腰、吐唾沫、擤鼻涕、歪坐、斜视、翘二郎腿，或者只穿睡衣、内衣，甚至赤膊，都显得随便、懒散，缺乏敬意。

案例

某重点中学有位年过八旬德高望重的老教师，老教师极富传奇色彩，他所教过的学生中，许多已成蜚声海外的教授、学者及活跃在时代前沿的各界的精英。是什么原因使这位教师桃李满天下呢？学校定在百年校庆之际，把这个谜底揭开，于是对这位教师的学生做了一个调查，请他们谈一谈老教师的哪方面对他们人生影响最大。结果，答案令记者们很吃惊，他们出奇一致地认为，是老师的眼神给了他们前进的动力。因为这位老教师的眼神中时刻流动着鼓励、肯定与信任，这是一笔不可估量的财富，也给了他们无穷的动力。

仪表是与外界沟通的语言。它的实质是让别人知道你正在献身一种思想和目标，显示自信、自尊和力量。良好的仪表不仅能够提升个人信誉价值，而且还能提高自己的职业自信心。据统计，给予别人印象的好坏，有55%来自于外在的仪表。通过仪表便可以判定一个人是否自信、是否对生活充满了激情。生活中，很多人就是因为忽视了良好仪表的存在，从而失去了许多难能可贵的机会，古希腊哲学家认为敬业和生活中的成功，15%靠的是专业知识，85%靠的是自信心。

二、礼仪是职场生存的资本

俗话说：“养成一个成熟稳重的性格永远是夺冠的必备要素。”其实，这需要在生活中经历更多的磨砺，无论是顺境还是逆境，无论有多坎坷多难，无论是什么样的生活，都需要有一颗平静的心，有一股稳重的气。同时，一个成熟稳重的人，能轻易获得别人的信任，给人一种彬彬有礼的感觉，获得他人的信任便是迈出成功的第一步。

案例

小孟是一家公司的业务员，做了三年了，仍然成绩平平。原因在哪里？就是因为他说话总是直来直去，不会拐弯，同时语速还快得让人难以接受，别人听不清说什么，因此不愿意和他浪费宝贵的时间。他所访的每一个客户，交谈没有超过五分钟的，就是因为他说话太急，而且语调也不变化，让人听起来感觉很不舒服。

谈话本来是一件轻松的事情，然而从小孟嘴里说出来的话，却让人有一种紧迫感，神经绷得紧紧的，没有放松的感觉，实在是受罪。还有一点小孟说话声音太高，总有种在吵架的感觉，总会吸引一些异样的目光，交谈就不可能愉快地进行了。

中国有一个成语叫“有理不在声高”。这是指一个人在说话时，声音高不一定代表有理，能震人，能令人信服。相反，那些成功人士，在说话的时候，往往都松弛有度，缓慢而有节奏，这样说出来的话，能震撼人心，无形中有一股不可抗拒的力量。

案例

1948 年，丘吉尔应邀在美国牛津大学演讲，主题为“成功的秘诀”。当时会场人山人海，全世界各大媒体的记者也都到了。当丘吉尔走上讲台时，用手势止住大家雷鸣般的掌声，然后说：“我成功的秘诀有三个：第一个是决不放弃；第二是决不，决不放弃；第三是决不，决不，决不放弃！我的演讲结束了。”说完他走下讲台，会场上沉默一分钟后，便爆发出经久不息的热烈掌声。这就是谨言的力量，无须更多的修饰，也不会太多暴露自己，留给别人永久的回味。

纵观以往，每一个成功的人，都不会轻易发脾气，他们都有着良好的修养和忍耐的精神，这是他们成功的动力。有人说，忍耐是事业成功的奠基石，说得非常有道理，一个能够忍耐、能够在激烈环境下战胜自己的人才能战胜敌人，让自己成为强者。

链接

与领导说话时的眼神表达

如果在与领导说话时，眼睛没有正视对方，这等于告诉他你心不在焉。

如果领导问你问题，你不正视他，领导会觉得你的答案在很大程度上是谎言。

如果说话时你不敢正视领导，领导就会感觉你不够自信。

与领导真诚相对，他会感觉到你的激情与自信，这样你才能获得领导的信赖，他也会以真心交流的态度与你相处。虽然说以理服人是办事的原则，但是如果没有让领导感受到坦诚的眼神，即使你把一件事情的道理讲得非常明白，对领导来说也不会有任何意义。

1. 电话请示领导时，让领导先挂

领导的威望是通过他人的行为塑造的，因此员工要想着为领导塑造“形象的口碑”，这样才是对领导真正的尊重，对自己也起着推动作用。

2. 跟领导有不同意见时，不要立即讲事实，摆道理

领导与员工永远是两个不同的角色，因此，在说话办事时，员工就更需要考虑照顾领导的面子问题，尤其是在公众面前，即使领导的意见再不合理，也不能当面摆事实论证或加以纠正。

链接

员工对待领导批评的两点忌讳

当面顶撞。当面顶撞是最不明智的做法，既会让自己下不了台，也会让领导下不了台。

反复纠缠、争辩，希望弄个一清二楚。这是很没有必要的。如果确有误解怎么办？可以找一两次机会表明一下，点到为止。

三、礼仪是立足社会的资本

（一）谈吐是礼仪的基础

交谈不仅需要融洽的气氛，更需要谈吐的智慧。人类借由言语和文字的相互沟通而超越了其他生物，从而建立了伟大的文明和复杂的社会系统。而言语的沟通则在现代社会的人际关系中扮演着决定性的角色。从呱呱坠地的那一刻起，我们内心就有和别人谈话沟通的欲望。这种欲望是与生俱来的，但是谈吐的魅力却是后天练成的。

1. 调整你的声音，让它不疾不徐，发自内心

说话首先要做到和气、文雅、谦逊、和颜悦色，这是交谈礼仪的基本要求，此外，重要的一点就是时刻都要让自己的声音保持圆润。这看起来都是一些小事，但实际上它们却是叩开人际交往的敲门砖。

中国有一个成语叫“理直气壮”，但是在很多的交际场所，人们更提倡“理直气柔”。即说话时，语速要不快不慢，能够掌握一个适度的节律，这就是成功交谈中最重要的步骤。

每个人说话时，声音的音域、音质都有差别，但都可以使自己的声音动听。太高会变调，太低显得压抑，太快会让人心情急躁，太慢会让人急不可耐。唯独不快不慢，速度适中，才会给人舒服的感觉。声音的快慢，从音域和美学上分析，在确保对方听清楚的前提下，在你的音域范围之内，说话速度偏慢一些、音量偏低一些，会显得更富有魅力，更悦耳动听。

2. 交谈的话题，一定要准备充分

古往今来，很多人都在“早知如此，当初就好好准备一下”中蹉跎而过，但也有很多人因为自己深思熟虑，做好充分的准备而为自己打开了一条通往成功的道路。

链接

有特点的夸赞

翔实具体。交往中应从具体的事件入手，善于发现别人哪怕是细小的长处，并不失时机地予以夸赞。因为用语越具体，越说明你对他的了解，对他的长处越看重，越会让对方感到你的真挚、亲切和可信，你们之间的人际距离就会越来越近。

情真意切。能引起对方好感的只能是那些基于事实发自内心的夸赞。相反，如果没有根据、虚情假意地夸赞别人，不仅会让对方感到莫名其妙，更会觉得你油嘴滑舌、诡诈虚伪。

链接

说话时，保证“六不谈”

说话是与人交流的最基本的方式。一个人能否有所成就，关键就看他会不会说话，说话到不到位。比如，该说的要详细阐述，不该说的要避而不谈等，这些说话的技巧都直接与个人发展挂钩。我们应该掌握一些说话的技巧与规则，比如自己说话时，要保证“六不谈”：

不要议论政府的是是非非。作为中华人民共和国的公民，作为一个有教养的人，无论在思想上还是行动上都要与政府保持一致。

不要谈一些涉及国家机密与商业机密的话题。每个人都有好奇心，但是要有限度，要克制，不是什么事都可以去打听和窥探的。国有国法，家有家规，凡事切记不可乱说，尤其是关系到一些机密的话题。

不要当着外人的面议论领导、同行及同事的一些琐碎事。人非圣贤，孰能无过。只要是在自己单位内部，可以适当地发表批评与自我批评，但是在外人面前最忌讳说自己单位及同行同事的坏话。既然你身在这个单位，就要在思想上和行动上维护单位的形象，给人以良好的印象。

不谈论一些没有品位的话题。比如，平时有些人总爱说些家长里短的小道消息，说者无心，听者有意，说不定哪一天你就会成为这些小道消息的主角，你愿意吗?

不要一开口就称兄道弟。在以前，这种生人见面三分熟的说话方式是一种不见外的表示，也一度受到老百姓的欢迎，双方可以无所不谈，即使是面对陌生人。但是现代社会首先就强调要尊重个人隐私，关心有度。如果对一个刚见面的陌生人，什么都想知道，难免会让人觉得你有些粗俗没礼貌。

对别人的隐私，克制住“五不问”。在与人交往的过程中，有些人总是克制不住自己的好奇心，而去问别人有关个人隐私的一些问题。这样做，不仅会让自己“碰钉子”，还会给双方的交谈蒙上一层尴尬的气氛，使交谈中断，谈话无法进行。

- 不要问个人的收入与支出。
- 不问年龄大小。
- 不问婚姻及家庭。
- 不问健康的是是非非。
- 不要问个人的生活经历。

（二）诚信是礼仪的核心

要想立足于社会，礼仪的要求不仅在于优雅的仪表不凡的谈吐，更重要的是做到诚实守信。

古人曰：“人无信则不立”“言不信者行不果”“君子养心莫善于诚”。这些至理名言还有那些流传千古的诚信故事，如查道摘枣留钱、范式千里赴约、曾子守信杀猪、诸葛亮七擒七纵等，都是令人难忘的。这些都足以说明诚信在每个人的生涯中起着举足轻重的作用，少了这份诚信的力量，生活就会平淡无奇。

案例

一个年轻人带着行囊要过河，他行囊里装有信心、金钱、亲情、爱情、诚信等。船夫考虑到船所能承载的重量，要年轻人丢掉行囊里的一些东西，年轻人不假思索地就把诚信扔到了河里。当船行驶到一半时，船夫改变了行船路线。这位年轻人愤怒地指责船夫没有诚信，而船夫却心平气和地回答道："一个已经抛弃了诚信的人，我已经没有必要诚信对他！"

1. 任何情况下，都要"三思而后许诺"

学会给自己留余地。平时在给人承诺时，切记不要把话说得太满，最好说"尽力而为""尽最大努力""尽可能"等有较大灵活性的话，给自己有一定的回旋余地。

三思后再许诺。因为你许诺了就等于欠别人一份信任。这是大众普遍的心理，所以当你要应承别人某一件事情时，一定要三思而行。

不要乱开"空头支票"。明明自己都不知道能不能办成的事，却一口气答应下来。这样在你做不到的时候，就会伤害到对方，而且还会毁坏自己的信誉，使你在社会上难有立足之地。

即使是自己能办的事，也不要马上答应。

对时间跨度较大的事情，可采取延缓性的承诺。

对自己不能独立解决的问题，应采取隐含前提条件的承诺。如果你所做的承诺不能单独完成，还需要别人的帮忙，那么你在承诺中可带一定的限制。这样既表达了自己的诚意，又话语灵活，具有分寸，还向对方暗示了自己的难处（也需要求助别人）。

2. 答应别人的事，一定不能够反悔

我们常说："君子一言，驷马难追""说出去的话，泼出去的水"。这些说法无非是人与人交往要言而有信，自己做出的承诺不能随便反悔，要尊重契约。

我们究竟该怎样做个让人信任的人呢？其实，最重要的一点就是要记住：无论在什么情况下，只要是你答应了别人的事情，就一定不能反悔。因为，诚信一丢就会满盘皆输。

案例

1797年3月，拿破仑在卢森堡第一国立小学演讲时，潇洒地把一束价值3路易的玫瑰花送给该校的校长，并且说了这样一番话："为了答谢贵校对我，尤其是对我夫人约瑟芬的盛情款待，我不仅今天呈献上一束玫瑰花，并且在未来的日子里，只要我们法兰西存在一天，每年的今天我都将派人送给贵校一束价值相等的玫瑰花，作为法兰西与卢森堡友谊的象征。"后来，拿破仑穷于应付连绵的战争和此起彼伏的政治事件，并最终因失败而被流放，自然也把对卢森堡第一国立小学的承诺忘了。谁都不曾料到，1984年年底，卢森堡人旧事重提，他们要求法国政府：要么从1798年起，以3个路易作为一束玫瑰花的金额，以5厘复利计息全部清偿；要么在法国各大报刊上公开承认拿破仑是个言而无信的家伙。法国政府当然不想有损拿破仑的声誉，但电脑算出来的数字让他们惊呆了：原本3路易，至今本息已高达1375596法郎。拿破仑至死也没想到，自己一时的"即兴"言辞会给法兰西带来这样的尴尬。

许诺只在一瞬，践约需要永远。在你没向别人承诺的时候，别人也不会对你心存希望，等待会毫无价值，自然也不会有失望的惨痛。但如果你承诺了，就会在他心里播下希望的种子。很有可能的是，你毁灭了他已经制定好的一切计划，或者使他延误寻求其他外援的时机，你让他的希望落空，那将会扼杀他的希望。如此一来，你的形象就会大跌。守信是最基本的道德规范之一，也是和谐社会的重要特征。以诚待人、以诚行事、以诚立信更是维系整个社会良性发展的重要行为准则。

3. 实在兑现不了的诺言，一定要提前告之

古人曰："一诺千金。"当你竭尽全力还是无法实现自己的诺言时，真诚地并提前告知对方"你完不成"，这更是一种高尚的人格魅力，别人也会因为你的诚实和可信而更愿意倾听你的意见和劝告。

课堂互动

完成下面的选择及判断题

1. 中国素有"礼仪之邦"的美誉，自________时期，礼仪之根就已经开始萌芽。

A. 秦朝　　B. 西周　　C. 原始社会　　D. 战国

2.（单选）________文化一直主导着中国的封建社会，影响达几千年之久，它宣扬"礼教"，提出以"修身""真诚"为本。

A. 佛教　　B. 理学　　C. 道家　　D. 儒家

3. 西汉初期，思想家________提出"罢黜百家，独尊儒术"，让儒家礼教成为定制。

A. 老子　　B. 荀子　　C. 董仲舒

4. ________是我国流传至今的第一部礼仪专著。

A.《道德经》　　B.《礼记》　　C.《周礼》　　D.《论语》

5. "非礼"是________说的。

A. 荀子　　B. 孟子　　C. 老子　　D. 孔子

6. "勿视，非礼勿听，非礼勿言，非礼勿动"，这句话道出礼仪的实质就是一个字——________。

A. "敬"　　B. "礼"　　C. "谦"　　D. "让"

7. 俗话说"礼多人不怪"，所以，人际交往中礼越多越好。(　　)

8. 礼仪的特征主要体现在继承性、差异性、针对性和规范性四点上。(　　)

9. 孔子的"老吾老以及人之老，幼吾幼以及人之幼"使当时的社会尊老爱幼蔚然成风。(　　)

实践训练

一、案例分析

（一）阅读案例

某年，国内的一家企业前往日本寻找合作伙伴。到了日本之后，通过多方的努力，这家企业终于寻觅到了自己的未来合作伙伴——一家具有国际声望的大公司。经过长时间的讨价还价，双方商定，首先草签一个有关双边合作的协议。当时，在中方人士看来，基本上可以算是大功告成了。

到了正式草签中日双方合作协议的那一天，由于种种原因，中方人员阴差阳错，抵达签字地点的时间比双方预先约定的时间晚了一刻钟。当他们气喘吁吁地跑进签字厅时，但见日方人员早已排列成一行，正在恭候他们的到来。不过在中方人员跑进来之后，还没容他们做出任何有关自己迟到的解释，日方人员便整整齐齐、规规矩矩地向他们鞠躬，随后便集体退出了签字厅。也就是说，因为中方人员在签字仪式举行时所迟到的一刻钟，双方的合作竟然搁浅了。事后，日方为此所做的解释是："我们绝不会为自己寻找一个没有时间观念的合作伙伴。不遵守约会的人，永远都是不值得信赖的。"

（二）小组讨论

在所有的交往活动中，必须认真严格地遵守自己的所有承诺，说话务必要算数，许诺一定要兑现，约会必须要如约而至，尤其要恪守时间方面的约定。信守约定，讲求信用，从一点一滴做起，它事关信誉与形象。

1. 在这一事件中，错在中方公司没有认真地做到"信守约定"吗？

2. 如何避免非物质条件约束造成的损失？

二、讨论：马经理该怎样做

在最近举行的产品展销会上，客商云集，某广告公司的马经理想要拜访几位当地知名企业和集团的领导李总经理、赵董事长、陈总经理（女士），但是之前双方并不认识。在展销会后的聚会上马经理见到了这几位企业家，请问马经理应该如何成功地与对方搭上话题？

先请学员分小组讨论，再请一组学员向全班进行模拟表演，然后集体讨论，说说理由。

推荐阅读

视频赏析——你的礼仪价值百万，网址为 https://v.qq.com/x/cover/djw4qqzqevte8hq.html

第七章　生活礼仪

【学习目标】

- 明确着装和配饰的原则
- 认识仪容与体态的重要性
- 掌握社交礼仪原理
- 明晰生活基本礼仪规范
- 了解并学习公共场所礼仪
- 掌握公共场所礼仪要求

【技能目标】

- 掌握着装和配饰的技巧
- 根据场合选择适宜妆容
- 掌握会面基本举止礼仪
- 能正确使用馈赠礼仪
- 掌握公共场所礼仪规范

【名人名言】

孔子：见人不可以不饰，不饰无貌，无貌不敬，不敬无礼，无礼不立。

英国谚语：你永远没有第二次机会给人留下美好的第一印象。

《论语·里仁》：夫容貌者，人之符表。符表正，故情性治；性情治故仁义存，仁义存，故盛德著。

第一节 形象礼仪

案例导入

张伟是一家大型企业的总经理。有一次，他获悉有一家著名的德国企业的董事长正在本市进行访问，并有寻求合作伙伴的意向。他于是想尽各种办法，请有关部门为双方牵线搭桥。让张伟欣喜若狂的是，对方也有兴趣同他的企业进行合作，而且希望尽快与他见面。到了双方会面的那天，张总经理对自己的形象刻意地进行了一番修饰。他根据自己对时尚的理解，上穿夹克衫，下穿牛仔裤，头戴棒球帽，足蹬旅游鞋。他希望自己能给对方留下精明能干、时尚新潮的印象。然而事与愿违，张伟自我感觉良好的这一身时髦的“行头”，却偏偏坏了他的大事。

张伟与德方同行的第一次见面属国际交往中的正式场合，应穿西服，以示对德方同行的尊重。但他没有这样做，正如他的德方同行所认为的：此人着装随意，个人形象不合常规，给人的感觉是过于前卫，尚欠沉稳，与之合作之事再作他议。

故事思考：虽然我们不主张大家以貌取人，但是形象直接影响到他人对我们的态度。一个不修边幅的人常常让我们想到缺乏修养、没有受过良好的教育。一个小细节或一个微不足道的小问题可能让你多年的经营化为泡影。礼仪就是你的修养，修养就是你的魅力。而魅力才是你除智力外获得赏识的根本因素。作为职场人士的你，务必要找准适合自己的形象，并且让人感觉你的形象有分量、值得信赖。那么，我们应该如何去打造个人形象呢？

一、着装与配饰礼仪

（一）个人着装原则

注重个人着装的人能体现仪表美，增加交际魅力，给人留下良好的印象，使人愿意与其深入交往。所以，注意着装是一个事业成功者的基本素养。追求服饰美，必须拥有正确的美的观念，也就是要遵守服饰美的基本原则。

1. TPO 原则

TPO 是西方人提出的服饰穿戴原则，分别是 Time（时间）、Place（地点）、Occasion（场合）三个英文单词的缩写。着装的 TPO 原则，要求人们在着装时以时间、地点、场合三项因素为准。

（1）时间原则。时间既指每一天的早、中、晚三个时间段，也包括每年的春、夏、秋、冬季节的更替，人生的不同年龄阶段，甚至不同的时代。时间原则要求着装时要考虑时间因素，做到随“时”更衣。

通常，早晨人们在家中或进行户外活动，着装应方便、随意，可以选择运动服、便服、休闲服。

工作时间的着装，应根据工作特点和性质，以服务于工作、庄重大方为原则，主要穿职业装或工作服。

晚间如果有音乐会、看演出、出席宴会、赴舞会等，着装就要比较正式，以礼服为主。许多西方国家明文规定，人们去歌剧院观赏歌剧一类的演出时，男士一律着深色晚礼服，女士着装也应端庄雅致，以裙装为主，否则，是不能入场的。

服饰应当随着一年四季的变化而更替变换，不宜标新立异、打破常规。

（2）地点原则。地点原则代表地方、场所不同，着装应有所区别，穿戴服饰必须在种类、质地、款式、花色等方面与所要参加的地点相协调，才能获得视觉和心理上的和谐美感。如女性在办公室中，其衬衫或内衣的领口就不能过低、过松或过于烦琐，而应高低适度、简洁利索。在欧洲许多国家，规定在什么场合穿什么衣服。如果参加大型庆典活动，你穿着牛仔衣裤，很可能会被挡在外面。如果是去郊游，你穿着笔挺的套装，漂亮的高跟鞋，虽然会“引人注目”，但很可能出现高跟鞋的鞋跟陷在泥里面，穿着笔挺的套装不得不坐在地上这种狼狈局面。这种情况也往往会被人讥笑为不懂穿衣原则。衣着合不合适，必须要与周围环境相协调。穿着只有在正式的工作环境才合适的职业正装去娱乐、购物、休闲、观光，或穿着牛仔服、超短裙、运动服、休闲服进入办公场所和社交场所，都是与环境不和谐的表现。

（3）场合原则。场合原则又叫交际目的原则，就是不同的场合或不同的交际目的有不同的服饰要求，只有穿与特定场合的气氛相一致、相融洽的服饰，才能产生和谐的审美效果，实现人景相融的最佳效应。

在庄重的场合，比如参加会议、庆典仪式、正式宴会、商务或外事谈判、会见外宾等隆重的活动，服饰应力求庄重、典雅，凡是请柬上规定要穿礼服的，则应按规定办事。在国外，按礼仪规范，礼服有一般礼服、社交礼服、晨礼服、晚礼服、大礼服、小礼服之分。在我国，一般以中山装套装、西服套装、旗袍等充当礼服。庄重场合，一般不宜穿夹克衫、牛仔裤等便装，更不能穿短裤或背心。

正式场合应严格符合穿着规范。比如，男子穿西装，一定要系领带。西服平整干净，裤子要熨出裤线，皮鞋锃亮等，这样才能显出你的职业素养。女子应着职业套装或套裙，不能赤脚穿鞋，应穿长筒袜，并且袜子口应隐没在衣裙内，不要露在外面，形成“三节腿”，这在国外被认为是没有教养的妇女的基本标志。

在欢度节日或纪念日、结婚典礼、生日纪念、联欢晚会、舞会等喜庆场合，服饰可以鲜艳明快、潇洒时尚一些。一般来说，在正式的喜庆场合，男性服装均以深色为宜，单色、条纹、暗小格都可以；在游览、联欢、生日晚会等场合，可以选择色彩明快的服装。女性不论在什么喜庆场合，都可以选择自己适合的色彩鲜艳的服装。至于服装款式，正式的喜庆场合，男性以中山装、西装为主；其他喜庆场合，可以选择两用衫、夹克衫、牛仔服等各种便装，力求轻松潇洒。女性既可以穿西装或民族服装，还可以穿旗袍和连衣裙。

2. 体现个性原则

体现个性原则就是指穿衣者在符合服饰基本规范的基础上，要根据自己的年龄、职业和气质，选择能显示自己鲜明个性的服装，不要盲目地赶时髦。

案例

《庄子·天运》里有这样一则故事说：美女西施因为胸部疼痛，经常在人面前捂着胸部皱眉头。她的邻居中有个丑女见了，觉得那样很好看；回去也学着在人面前捂着胸部皱眉头，人们见了都躲到一边不愿意见她。这个丑女就是后人所说的东施。西施皱眉很有魅力，而东施皱眉头就没有魅力。东施所犯的错误，是她没有根据自己的客观情况，想出展现自己魅力的正确方法，糊里糊涂地将别人的东西照搬过来，误以为西施皱眉头很有魅力，自己皱眉头也一定很有魅力。

“东施效颦”告诉我们，要知道别人的魅力究竟源于何处，切不可自己缺乏条件而胡乱学样，必须了解自己的实际情况，展现出自己的魅力。不能别人穿什么，你也穿什么，要有自己的风格，自己的个性，衣着选择应该在主观爱好、气质修养、审美情趣的支配下进行。总之，衣服必须与你的身材的实际条件、你的气质、你的爱好等相匹配，否则，就好像你穿了一件别人的衣服。

3. 整体性原则

穿衣首先要树立整体的搭配观念，服饰是立体活动的彩色“雕塑”，所以不要把上下装分开来考虑。正确的着装，其各个部分不仅要“自成一体”，而且在整体上要相互呼应、配合，才能尽显完美、和谐。如果着装的各个部分之间缺乏联系，“各自为政”，哪怕再完美也毫无意义。着装要坚持整体性原则，重点要注意两个方面：一是要恪守服装本身约定俗成的搭配，如穿西装时，应配皮鞋，而不能穿布鞋、凉鞋、拖鞋、运动鞋；二是要使服装各个部分相互呼应，局部服从整体，力求展现着装的整体之美，全局之美。如女性在整体上，要往瘦长婀娜型打扮，要有适合自己肤色的色彩系列，还要注意首饰、款式和面料的搭配等。

4. 整洁性原则

正确的着装，还应力求整洁，避免肮脏邋遢。着装要坚持整洁性原则，应体现于下述三个方面：一是着装应当整齐。不允许它皱皱巴巴，应常熨烫；二是着装应当完好。不应又残又破，乱打补丁。至于成心自残的“乞丐装”，在正式场合应禁穿。职业女性的丝袜，如发现有抽丝或破损现象，应立即更换，否则有损其职业形象。在国外，人们把穿着抽了丝的丝袜的妇女叫破了相的女人；三是着装要干净卫生。不应当又脏又臭，令人生厌，以任何理由搪塞应付而穿脏衣服，都是没有道理的。对于各类服装，都要勤于换洗，不应允许其存在明显的污渍、油迹、汗味与体臭。

5. 文明大方的原则

穿着服装，是人与兽的一大区别。在正式场合，要注意文明着装，主要体现在以下四点：一是忌穿着过露的服装。袒胸露背，暴露大腿、脚部和腋窝的服装，均应忌穿；二是忌穿过透的服装。倘若使内衣、内裤“透视”在外，令人一目了然，昭然若揭，当然有失检点；三是忌穿过短的服装。不要为了标新立异，而穿着小一号的服装。更不要穿短裤、小背心、超短裙这类过短的服装。它们不仅使自己行动不便，也不尊重别人；四是忌穿过紧的服装。不要为了展示自己的线条而有意选择过于紧身的服装，把自己打扮得像“性感女郎”，使自己的内衣、内裤的轮廓在过紧的服装之外隐隐约约。身体部位的过分暴露，不但有失自己的身份，而且也失敬于人，使他人感到多有不便。

（二）着装礼仪

1. **男士着装**

（1）正式场合。男士在出席重要会议、庄重的仪式或者正式宴请等场合时，一般要求着正装。而男士通常以西装为正装。一套完整的正装包括上衣、衬衫、领带、西裤、腰带、袜子和皮鞋。

西装上衣：西装上衣要求衣长在臀围线以上 1.5 厘米左右处，肩宽以探出肩角 2 厘米左右为宜，袖长到手掌虎口处。胸围以系上纽扣后，衣服与腹部之间可以容下一个拳头大小为宜。

搭配西装的衬衫：长袖衬衫是搭配西装的唯一选择，颜色以白色或淡蓝色为宜。衬衫领子要挺括；衬衫下摆要塞在裤腰内，系好领扣和袖扣；衬衫领口和袖口要长于西服上装领口和袖口 1～2 厘米；衬衫里面的内衣领口和袖口不能外露。如果西服本身是有条纹的，应搭配纯色的衬衫，如果西服是纯色的，则衬衫可以带有简单的条纹或图案。

西装与衬衫的搭配如下：① 黑色西服，可与以白色为主色调的衬衣或浅色衬衣搭配。② 灰西服可与白色为主的淡色衬衫搭配。③ 暗蓝色西服，可与白色和明亮蓝色的衬衣搭配。④ 蓝色西服，可与粉红色、乳黄色、银灰色和明亮蓝色的衬衣搭配。⑤ 褐色西服，可与白色、灰色、银色和明亮的褐色衬衣搭配。⑥ 绿色西服，可与明亮的蓝色、橘色和银灰色衬衣搭配。

领带：领带图案以几何图案或纯色为宜。系领带时领结要饱满。与衬衫领口吻合要紧，领带长度以系好后大箭头垂到皮俏扣处为准。

链接

领带的诞生

法国国王路易十四有一次召集大臣时，发现其中一位大臣脖颈上戴着丝巾。国王向前问道："你怎么跟别人不一样呢？"那位大臣惊慌失措地回答道："今天出门时天气比较冷，就戴了这条丝巾。原本想进门前摘掉的……"

国王连忙示意他不要摘掉丝巾，然后微笑着对所有人说："我宣布，从今天开始只要上朝，你们都要像他那样戴上丝巾。”就在这一刻，领带在路易十四的宣布声中诞生了。

领带的打法主要有单结、双结、温莎结等，具体打法如图 7-1 所示。

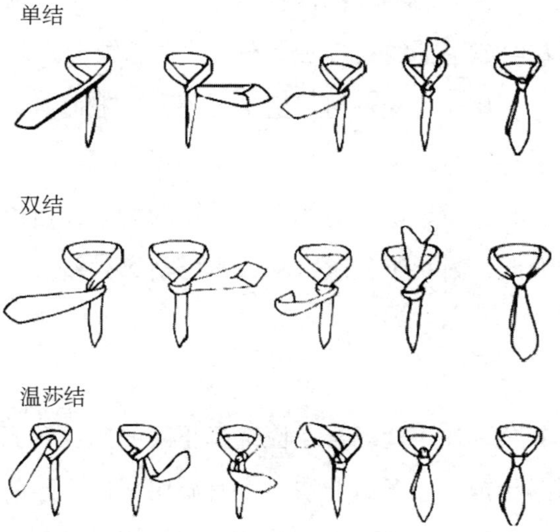

图 7-1　领带的具体打法

【小知识】　　　　　　**西装与领带的搭配**

1. 黑色西服，采用银灰色、蓝色调或红白相间的针条领带，显得庄重大方，沉着稳健。

2. 暗蓝色西服，采用蓝色、深玫瑰色、控黄色、褐色领带，显得淳朴大方，素淡高雅。

3. 乳白色西服，采用红色或褐色的领带，显得十分文雅，光彩夺目。

4. 中灰色西服，采用砖红色、绿色、黄色调的领带，另有一番情趣。

5. 米色西服，采用海蓝色，褐色领带，显得风采动人，风度翩翩。

西裤：裤线清晰笔直，裤脚前面盖住鞋面中央，裤脚后面至鞋跟中央。

腰带：腰带的选择，材质以牛皮为宜，皮带扣应大小适中，样式和图案不宜太夸张。对于腰围较大的男士，可改用吊带将裤子固定住。

袜子：袜子应选择深色的，切忌黑皮鞋配白袜子。袜口应适当高些，应以坐下翘起腿后不露出皮肤为准。

皮鞋：皮鞋应选择简单规整、鞋面光滑亮泽的式样。如果是深蓝色或黑色的西装，可以配黑色皮鞋；如果是咖啡色系西装，可以穿棕色皮鞋。压花、拼色、蛇皮、鳄鱼皮和异形皮鞋，不适于搭配正式西装。

（2）半正式场合。半正式场合是指在上班、午宴、一般性访问等场合。这个时候可以穿中等色、浅色或较明亮的深色西服，可穿素净、文雅与西服颜色协调的衬衫，配有规则花纹或图案的领带或是素雅的单色领带。

当然，在办公室上班时，衣着可以适当调整，一般而言，穿着有领子、有袖口的衣服是比较合乎礼仪的。

（3）非正式场合。旅游、访友等场合穿着可较为随便自由，可选择色调明朗轻快、花型华美的西服，衬衫可任意搭配，也可不穿衬衫，穿 T 恤衫，领带也可自由搭配。

2. 女士着装

（1）正式场合着装。在正式场合，应选择正式的职业套服；较为宽松的职业环境，可选择造型感稳定、线条感明快、富有质感和挺括感的服饰，以较好地突出职业女士的特征。服装的质地应尽可能考究，不易皱褶，色彩应纯正。服装应以舒适、方便为主，以适应工作强度。

一般来说，职业女性的正规服装大多选择套裙。在正式场合，套裙也是首选，上身是女式西装，下身是半短式裙子。也有三件套式的套裙，即女式西装上衣、半短裙外加背心。

办公室服饰的色彩不宜过于鲜艳，以免影响工作效率。应尽量考虑与办公室的色调、气氛相协调，并与具体的职业分类相吻合。外出工作时，服装款式应注重整体和立体的职业形象，注重舒适，简洁、得体，便于走动，不宜穿着过紧或过于宽松、不透气或面料粗糙的服饰。正式场合仍然以西服套裙最为合适；较正式场合也可选用简约、品质好的上装和裤装，并配以女式高跟鞋；较为宽松的场合，虽然可以在服装和鞋的款式上稍作调整，但切不可忘记职业特性是着装的基本标准。

外出工作时，忌讳着装具有强烈的表现欲的服饰，这是需要努力克制和避免的。色彩不宜复杂，并应注意与发型、妆容、手袋、鞋相统一，所用饰品也不宜夸张。手袋宜选择款型稍大的公务手袋，也可选择优雅的电脑笔记本公文手袋，表现女性自信、干练的职业风采。

（2）休闲服。休闲服是为适应现代个性化的生活方式而产生的一类服饰，具有生活服饰和职业服饰的双重性。穿着舒适大方，是休闲服的基本特点，成熟优雅是休闲服较高的着装层面。休闲服较多地体现了回归大自然的生活理念，从面料、款式上体现了服饰与人体之间更亲密、更坦诚、更自由、更从容的特征，是新时尚、新观念的服饰语言。面料多天然、优质，色彩应亲切、柔和，易于吸汗，不需熨烫等复杂打理。

（3）晚礼服。晚装服饰的特色、款式和变化较多，需根据不同的场合和需求而定。闪亮的服饰是晚礼服永恒的风采，但全身除首饰之外的亮点不得超过两个。晚装多以高贵优雅、雍容华贵为基本着装原则，西式的晚装多为开放型，强调美艳、感性、光彩夺目；中式传统晚装以中式旗袍为主，注重表现女士端庄、文雅、含蓄、秀美的姿态。

晚装既讲究面料的品质，也讲究饰品的品质，好的品质可以烘托和映衬女士的社会形象。女士最恰到好处的美是精致，晚装是凸显女士魅力的代表着装，讲究细部的款式和做工的精美。晚礼服是用于庆典、正式会议、晚会、宴会等礼仪活动的服饰。

（二）配饰规范

为了使个人的形象更加完美，良好的配饰可以起到画龙点睛的作用。有些配饰的实用价值不是很强，有些则给服装起着辅助、美化的作用。

常见的配饰有：丝巾、围巾、帽子、手套、手提包、首饰等。

1．丝巾、围巾、帽子、手套

不管什么场合，利用飘逸柔媚的丝巾稍作点缀，马上就能让女性的穿着更有韵味，可以用丝巾调节脸部色泽，如红色系可映得面颊红润；或是突出整体打扮，如衣深巾浅、衣冷色巾暖色、衣素巾艳。

但佩戴丝巾时要注意，如果脸色偏黄，不宜选用深红色、绿色、蓝色、黄色丝巾；脸色偏黑，则不宜选用白色、有鲜艳大红图案的丝巾。

围巾一般在春冬季节使用得比较多。它要和衣服、季节协调。厚重的衣服可以搭配轻柔的围巾，但轻柔的衣服却绝不能搭配厚重的围巾。围巾和大衣一般都适合室外或部分公共场所穿着，到了室内就要及时摘掉，否则会让人感到压抑。

帽子可以起到御寒、遮阳和装饰的作用。一般来说，男士进入房间就应该摘掉帽子。女士的限制少一些，在公共场所也可以不脱帽。但当自己作为主人在家里宴请别人，就不能戴帽子。

在西方的传统服饰中，手套曾经是必不可少的配饰。现在，不管在哪儿，手套除了御寒，无非就是为了保持手臂的清洁和防止太阳曝晒了。

2. 手提包

手提包是女性日常出席正式场合活动的重要饰物，要求小巧、新颖、别致、协调，给人以赏心悦目的感觉，手提包的颜色要与季节、服装、场合、气氛相协调。在严肃的社交场合，可使用颜色较暗、形状较方正的提包；参加舞会或宴会，可使用颜色鲜艳的羊皮小包或缎面小包。男士的手提包多为公文包，适应正式场合使用，一般应质地较好，做工精细，适合常外出或上班用的公文包，应注意实用性。

3. 首饰

（1）戒指。戒指要与手指形状、肤色相配。多肉手指宜戴无花纹小体积戒指，褐色皮肤或手背肤色偏黑的手宜配金戒指或深色宝石戒指，纤细小手则宜戴有装饰的戒指。

戒指一般戴在左手，而且最好只戴一枚，最多戴两枚。戴两枚戒指时，可戴在左手两个相连的手指上，也可以戴在两只手对应的手指上。

（2）耳环。耳环大小不一，色泽也是五颜六色的。选择耳环时主要考虑自己的脸形、头型、发型等。例如，下颌较尖的人应采用面积较大的扣式耳环；脸形较宽的人，宜选择面积较小的耳环。

（3）项链。选配项链，要结合自己的体型、脸形、脖子长度和衣服颜色等。例如，体型较胖、脖子较短的人宜选择较长项链，而身材苗条、脖子细长的人最好选择粗一些的短项链。

（4）手表与笔。手表、金笔和打火机在西方被称为男士三大配饰，被认为是身份的象征。男士在公务活动或社交活动中应该携带一支钢笔和一支铅笔。有条件的在较为正式的场合最好带一支金笔，笔可以放在公文包内或西装上衣内侧的口袋内，不要插在西装上衣左胸外侧的口袋中。

案例

松下幸之助的眼镜

一天，松下幸之助收到一家眼镜公司给他写的信，信里说到，在电视里我看到眼镜影响了你的形象。你到我们店来，我给你配一副眼镜。起初松下幸之助没有理睬，但这个公司三番五次给他写信，最后这个公司的经理亲自过来邀请松下幸之助去他们店里一趟。松下幸之助一看对方是个60多岁的老者，绝对不像是个骗子，于是就答应去一趟。到后一看，眼镜店特别大，实力特别雄厚。松下幸之助想，他不是想靠我的眼镜发点财，因为这不是小公司，不缺我这一个客户，那又是为什么呢？他就问那位经理。经理说，你的职业需要你出差到外国去，你戴的眼镜不好，外国人会误认为日本没有高级眼镜店，为了杜绝外国人看不起日本人，我必须让你戴一副好眼镜。此后，松下幸之助经常跟他的员工谈起这件事，强调注意仪容仪表的重要性。

二、仪容与表情礼仪

（一）仪容礼仪

1. 面容

面容需要修饰，以干净清爽为原则。每天早晚都需要洗脸，彻底清除面部的污垢、汗渍。出汗后应当及时洗脸。及时清除眼角、鼻腔、耳朵内的分泌物。男士需要及时刮胡须。

2. 发型

任何事情都会从“头”开始。好的发型有着外秀头型内修脸型的特殊作用。发型与身高、气质、职业背景和场合相匹配。职业状态中的发型以简洁大方为佳。曾有礼仪专家指出，当人们与一位商务人员碰面时，最吸引对方的主要是发型、化妆和饰品等。

（1）男士。男士发型要体现简洁大方的原则。男士发型的具体要求是前发不覆盖额头的一半，侧发不遮盖耳朵，后发不长于后发际线，鬓角不要长于耳朵的中部。

（2）女士。女性应根据年龄、职业、个人风格、场合的不同，得当梳理发型。发型跟风格统一协调会更好。正式职业场合的女性发型要求露出眉毛，束发或盘发，减少发型中随意和松散的感觉以打造干练形象。

【小知识】　　选择适合的发型

1. 发型要与年龄相符。年长者要求端庄、稳重。年轻者则要求整洁健康、美丽大方。

2. 发型要与气质相符。开朗活泼的人应选新颖俏丽的发型，轮廓不要太刻板、生硬；文朴、内向性格的人应选择秀丽、淡雅柔美的发型。

3. 发型要与脸形协调。椭圆形脸可以选择任何发型，圆脸应将顶部头发梳高，使脸部增加高度，设法遮住两极；长脸应适当遮住前额，并设法使双颊显得宽；方脸应设法掩饰棱角，使脸形显得圆润；额头窄的脸形，应增加额头两侧头发的厚度。

4. 发型要与服饰协调。为体现服饰的整体美，发型可以根据服饰的变化而改变。如穿着礼服时，可选择盘发或短发，以显得端庄、秀丽、文雅；披肩长发能显示女士的秀美，但在工作中往往不大合适，留披肩长发的女士在工作中应注意把头发束起，避免影响工作；穿着休闲服装时，则可选择更多适合自己脸形及体型的时髦发型。

5. 发型要与职业相符。时尚白领的发型要求干练、知性、简洁；着工作帽职业者的发型要简洁、美观，以中短发为宜。

---

3. 指甲和体毛

不能留长指甲，指甲的长度不应超过手指指尖；要保持指甲的清洁，指甲缝中不能留有污垢。不建议涂有色的指甲油。体毛必须修整，又黑又粗的体毛需要掩饰。

案例

精心美甲反失机会

前阵子，阿丽为应聘一家企业而将自己从头到脚武装一番：美发、耳环、新眼镜和一身套装，此外，她还专门找人给自己的指甲涂上粉红色，看起来漂亮极了。然而，适得其反，当她从文件夹里拿出简历时，粉红色的指甲便马上被面试官注意到。面试官的脸色顿时暗了下来，没多久，面试就结束了。

（二）化妆礼仪

1. 男士

男性皮肤相对粗糙、毛孔大，同时分泌的汗液和油脂较多，易使灰尘、污垢聚集，堵塞毛孔，从而引起各种各样的皮肤病和出现体味过重的情况，影响美观和形象，因此男性也需要化妆。公务和商务环境中整洁是第一要求，每日应剃须修面，不用气味浓烈的护肤品。定期洁牙护齿，保持牙齿洁白整齐。工作餐不吃刺激性食品，如生葱、生蒜，饭后淡茶漱口，以保证口气清新。

2. 女士

职业和社交环境中化淡妆，妆容以增加面部轮廓感和调整气色为主，保持口腔清洁。

女士化淡妆步骤：

（1）打粉底。在做好面部清洁、上化妆水、抹匀日霜的准备工作后，便可进入快速化妆程序。在面部打上一层薄薄的粉底，不仅可以遮盖皮肤上一些细小的瑕疵，还可以使肤色看起来更透亮，更均匀。粉底要选择适合自己肤色的，其原则是只要比肤色亮一点就好，切忌一味地追求美白，否则会有浮着的感觉。

（2）定妆。把散粉按压到脸上，让皮肤看起来粉粉嫩嫩的，之后用化妆刷扫去多余的散粉，这样可以使粉底更加均匀，并保持妆面的持久性。若是干性皮肤则可以省去这一步。

（3）描眉。想要脸部清爽有型，修眉必不可少。如果眉型修得足够好，描眉这一步是可以省略的。

（4）眼部提亮。眼影应适合自己的眼部特点，眼睛凹的人，建议选浅色或偏亮的颜色。眼睛凸的人，建议选深色或偏暗的颜色。眼部化妆，并非只有眼影、眼线、睫毛最重要，眉线以下的提亮也非常关键，不仅能让眉线更清晰，也能使眉眼之间更立体。

（5）打腮红。无论冷暖肤色都可以通过腮红为面色增添红润光泽，并修饰脸形。选腮红时，一般冷肤色选用粉红色、玫瑰红色的；暖肤色可选用桃粉色、杏色或珊瑚粉色的。为了使腮红与皮肤融合得更加细腻通透，建议使用膏状腮红。

（6）涂唇彩。涂唇彩的目的是使妆面更加靓丽完整，在夏季以淡为宜，不宜过于浓艳。

3. 卸妆

所需用品：洗面奶、纸巾和润肤品。

（1）局部卸妆。用纸巾蘸少量卸妆乳液，擦除眼部、眉部、唇部的化妆品。

（2）面部整体卸妆。用洗面奶涂在面部，双手轻擦。

（3）净面护肤。用纸巾擦去污物，用水洗净面部，用毛巾或纸巾擦干后抹润肤品。

（三）表情礼仪

1. 眼神

眼睛是心灵的“窗口”，能表达复杂、微妙、细腻、深邃的感情。它能如实地反映人的内心思想感情和思维活动。

眼神应保持坦然、和善、热情、乐观。冷漠、傲慢、贪婪的眼神都是不健康的，也是不会被他人接受的，只能使别人在内心产生抵触情绪；左顾右盼、挤眉弄眼、用白眼或斜眼看人，都是不礼貌的。

（1）注视位置。注视对方身体的不同位置，传达的信息会有差别，造成的气氛也有差别。不同的场合和对象，目光所及之处应有所不同。

公务注视：用于洽谈、磋商、谈判等场合。注视位置在以对方双眼为底线、额头为顶点的三角形区域内。若一直注视这个区域，便给人以严肃、认真的感觉，使对方感到是要谈正事，也就能保持主动。

社交凝视：用于各种社交场合。注视位置以对方双眼为底线、唇部为顶角的倒三角形区域内。这种注视令人感到舒服、有礼貌，可以营造一种和缓的社交气氛。

亲密注视：用于亲人、恋人之间，注视位置在对方双眼到胸部之间的区域内。

案例

面试中的眼神

在复旦大学举行的一次模拟面试中，13 位选手并坐一排，面对 4 位资深面试官，而台下则有近百名现场观众。不久，面试官之一的通用电气 FMP 项目主管王女士指出：一些选手在回答问题时眼睛总是环顾四方。因此，她提醒同学们，在正式面试时，一定要注意眼神交流，这不仅表示互相尊重，更是坦然无惧的体现。

（2）不同目光的运用。初次见面，应微微点头、行注目礼，表示尊敬和礼貌。

在集体场合发言讲话时，要用目光环视全场，表示“请予注意”。

应当通过适宜的目光与对方交流，调整交谈的气氛。始终保持目光的接触，随着话题、内容的变换，做出及时恰当的反应，使整个交谈融洽、和谐、生动、有趣。

2. 微笑

在日常交往中，微笑是交流的“润滑剂”，是善良、友好、赞美的表示。在大多数交往场合中，微笑都是礼仪的基础。亲切、温馨的微笑能使人们迅速缩小彼此间的心理距离，创造出交流与沟通的良好氛围。

（1）微笑训练。对着镜子微笑，首先找出自己最满意的笑容，然后不断地坚持训练此笑容，从不习惯到习惯微笑。

情绪记忆法，将生活中自己最好的情绪储存在记忆中，当需要微笑时，即调动起最好情绪，这时脸上就会露出笑容。

借助一些字词进行口形训练，微笑的口形为闭唇或微启唇，两唇角微向上翘。可借助一些字词发音时的口形来进行训练。如普通话中的“茄子”“切”“姐姐”“钱”等，当默念这些字词时所形成的口形正好是微笑的最佳口形。

说“E——”，让嘴的两端朝后缩，微张双唇；轻轻浅笑，减弱“E——”的程度，这时可感觉到颧骨被拉向斜后上方；相同的动作反复几次，直到感觉自然为止。

（2）微笑三结合。与眼睛的结合，在微笑的时候，眼睛也要“微笑”，否则，给人的感觉是“皮笑肉不笑”。

与语言的结合，微笑着说“早上好”“您好”“欢迎光临”等礼貌用语，不要光笑不说，或光说不笑。

与身体的结合，微笑要与正确的身体语言相结合，才会相得益彰，给对方以最佳的印象。

（3）经常微笑。学会微笑，应该在生活工作中不断地运用微笑，品味微笑：

- 自觉运用微笑。如果过去没有做到这一点，今天起就要建立这种自觉。
- 做任何事情之前，面带微笑。即做任何事情之前，无论是学习、工作、会朋友、交际，面带一个微笑。
- 感到紧张时，给自己一个微笑。这有助于缓解自己紧张的情绪和释放压力。
- 早晚面对镜子微笑。这其实很简单，就是每天早晨起来之后，面对镜子浮出一个微笑；每天晚上回家之后，再对镜子浮出一个微笑。

三、体态与举止礼仪

（一）站姿礼仪

站的姿势应该是自然、轻松、优美的。站立时，脚的姿势和角度可以变化，但身体必须挺直，给人挺拔坚定的感觉。

1. 基本站姿

基本的站姿从正面观看，全身笔直，精神饱满，两眼正视（而不是斜视）。两肩平齐，两臂自然下垂，两脚跟并拢，两脚尖张开一定角度，身体重心落于两腿正中；从侧面看，两眼平视，下颌微收，挺胸收腹，腰背挺直，手中指贴裤缝，整个身体庄重挺拔。站立时避免僵直硬化，肌肉不能太紧张，可以适宜地变换姿态，追求动感美。在站立时，不要躬腰驼背或挺肚后仰。不要东倒西歪地将身体倚在其他物体上，两手不要插在裤袋里或叉在腰间，也不要抱臂于胸前。

【小知识】　　脚姿的一些变化

站立时的脚姿可以有一些变化：一是两脚分开，两脚外沿宽度以不超过两肩的宽度站立；二是以一只脚为重心支撑站立，另一只脚稍息，然后轮换。

2. 男女标准站姿

（1）男性标准站姿。男性站立时，身体要立直，挺胸抬头、下颌微收、双目平视、两膝并严、脚跟靠紧，脚掌分开呈“V”字形。挺髋立腰、吸腹收臀、双手置于身体两侧自然下垂或者两腿分开，两脚平行，不能超过肩宽，双手在体前或身后交叉，右手搭在左手上，贴在臀部。

（2）女性标准站姿。女性站立时，双脚可呈“V”字形或“丁”字形。“V”字形站姿的要领为：膝和脚后跟尽量靠拢，两脚尖分开，呈30度角左右，双手相叠放于腹前，适用于商业、服务业领域。“丁”字形站姿的要领为：一脚在前，脚后跟靠于另一只脚的内侧，两脚尖分开，呈“丁”字形，双手相叠放于腹前。

男女标准站姿如图7-2所示。

图 7-2 男女标准站姿

3. 不同场合站姿

（1）与人交谈时。要面向对方站立，保持一定距离，太远或太近都是不礼貌的。站立姿势要正，可以稍弯腰。切忌身体歪斜、两腿分开距离过大，或倚墙靠柱、手扶椅背等不雅与失礼姿态。如果空着手，可双手在体前交叉，右手放在左手上。不可双臂交叉，更不能两手叉腰，或将手插在裤袋里或下意识地做小动作，如摆弄打火机、香烟盒、玩弄衣带、发辫、咬手指甲等。

（2）问候别人或作介绍时。向长辈、朋友、同事问候或作介绍时，不论握手或鞠躬时，都要双脚后跟并拢，脚掌打开 30 度角，膝盖要挺直。

（3）穿礼服或旗袍时。绝对不要双脚并列，要让两脚之间前后距离 5 厘米，以一只脚为重心。

（4）等车或等人时。两脚的位置可一前一后，保持 45 度角，肌肉放松而自然，但仍保持身体的挺直。

（二）坐姿礼仪

坐姿要舒适自然、大方端庄。在日常交往中，对入座和落座都有一定要求。入座时，动作要轻盈和缓，自然从容。落座要轻，不能突然坐下发出响声，起座要端庄稳重。

1. 正确坐姿

（1）入座时要稳、要轻。就座时要不紧不慢，大大方方地从座椅的左后侧走到座位前，轻稳地坐下。若穿的是裙装，应用手背将裙稍稍拢一下，不要坐下后再站起来整理衣服。

（2）面带笑容，双目平视，嘴唇微闭，微收下颌。

（3）双肩放松平正，两臂自然弯曲放于椅子或沙发扶手上。

（4）坐在椅子上，要立腰、挺胸，上体自然挺直，头正。

（5）双膝自然并拢。双腿正放或侧放，双脚平放或交叠。

（6）坐在椅子上，至少要坐满椅子的2/3，脊背轻靠椅背。

2. 男士坐姿

男子就座时，双脚可平踏于地，双膝亦可略微分开，双手可分置左右膝盖之上，男士穿西装时应解开上衣纽扣。正式场合要求男性两腿之间可有一拳的距离。在日常交往场合，男性可以翘腿，但不可翘得过高或抖动腿。

案例

被抖掉的生意

老王是某大型外贸企业的董事长。有一家前景不错的公司想与老王的公司合作。与对方约好了洽谈时间与地点后，老王带着秘书如期而至，经过近半小时的洽谈之后，老王做出了这样的决定：不和这家公司合作。为什么还没有深入洽谈，老王就放弃和该公司合作呢？秘书觉得很困惑。老王回答说："对方很有诚意，前景也很好，但是和我谈判时，不时地抖动他的双腿，我觉得还没有跟他合作，我的财就都被他抖掉了。"

在参加会议、业务洽谈、伏案工作、社交活动、交流娱乐时，要非常注意自己的坐姿。端庄优美的坐姿，不仅可以展示一个人的行为美和姿态美，而且可以给人以教养、庄重、信任的感觉。

3. 女士坐姿

女子就座时，双腿并拢，以斜放一侧为宜，双脚可稍有前后之差，若两腿斜向左方，则右脚放在左脚之后；若两腿斜向右方，则左脚放置右脚之后。这样正面看来双脚交成一点，可延长腿的长度，也显得颇为娴雅。女士分腿而坐显得不够雅观，腿部呈"V"字形也是不提倡的，女士若穿裙装应有抚裙的动作。一般来说，在正式社交场合，要求女性两腿并拢无空隙，两腿自然弯曲。

两脚平落地面，不宜前伸。在日常交往场合，女性大腿并拢，小腿交叉，但不宜向前伸直。

女士怎样才能做到优雅地叠腿而坐呢？在基本坐姿的基础上，双腿可略向前伸直，脚踝相叠，保持坐姿平稳，双腿同时轻轻离地向回收，相叠部位由脚踝过渡到膝盖，双腿向一侧倾斜，略微调整。在美观的基础上，以稳定、舒适为宜。

男女正确坐姿如图 7-3 所示。

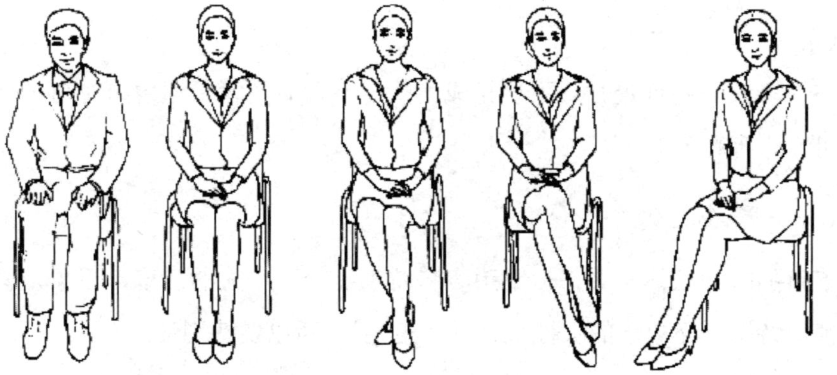

男士正脚位坐姿 女士正脚位坐姿 “丁”字脚位坐姿 叠膝式坐姿 “S”形坐姿

图 7–3　男女正确坐姿

（三）走姿礼仪

行走的姿势极为重要，因为人行走的时候多，而且一般又都在公共场所进行，人与人相互间自然地构成了审美对象。

1. 正确走姿

行走时，步态应该自然轻盈，目视前方，身体挺直，双肩自然下垂，两臂摆动协调，膝关节与脚尖正对前进方向。行走的步子大小适中，自然稳健。与女士同行，男士步子应与女士保持一致。走相千姿百态，或矫健或轻盈，或精神抖擞，或庄重优雅，只要与交际场合协调并表现出自己的个性的步伐就应该是正确的。

【小知识】　步行快慢在心理学上的解释

心理学家发现：走路时，步幅大，步子有弹性，方向感强，摆动手臂，能显示一个人的自信、快乐和富有能力。走路时，步幅小，速度时快时慢，缺乏方向感，不摆动手臂，则相反。女性走路时，手臂摆得越高，越能显示她的精力充沛和快乐。沮丧、苦闷、恼怒、思绪混乱时，人很少摆动手臂。

2. 注意事项

（1）应自然地摆动双臂，幅度不可太大，只能小幅摆动。

（2）前后摆动的幅度约 30 度左右，切忌做左右的摆动。

（3）应保持身体的挺直，切忌左右摇摆或摇头晃肩。

（4）膝盖和脚踝都应轻松自如，以免浑身僵硬，同时切忌走“外八字”或“内八字”。

（5）多人一起行走时，不要排成横队，不勾肩搭背。遇急事时可加快步伐，但不可慌张奔跑。

（四）蹲姿礼仪

下蹲的时间虽然不多，但下蹲姿势特别显示一个人的风度、形象及教养。稍有不慎，特别是穿裙子的女性很容易“走光”，所以要特别注意。

1. 正确蹲姿

（1）下蹲拾物时，应自然、得体、大方，不遮遮掩掩。

（2）下蹲时，两腿合力支撑身体，避免滑倒。

（3）女士无论采用哪种蹲姿，都要将腿靠紧，臀部向下。

2. 交叉式蹲姿

在实际生活中常常会用到蹲姿，如集体合影前排需要蹲下时，女士可采用交叉式蹲姿，下蹲时右脚在前，左脚在后，右小腿垂直于地面，全脚着地。左膝由后面伸向右侧，左脚跟抬起，脚掌着地。两腿靠紧，合力支撑身体。臀部向下，上身稍前倾。

3. 高低式蹲姿

男士下蹲时右脚在前，左脚稍后，两腿靠紧向下蹲。右脚全脚着地，小腿基本垂直于地面，左脚脚跟提起，脚掌着地。女士高低式蹲姿是左膝低于右膝，右膝内侧靠于左小腿内侧，形成右膝低左膝高的姿态，臀部向下，基本上以左腿支撑身体。

男女蹲姿如图 7-4 所示。

图 7–4　男女蹲姿

（五）手势礼仪

在日常交际中，手势具有普遍的适应性。了解手势使用的规范，有助于更准确地相互理解和交流，否则就容易产生误解。手势使用的原则是规范、合乎惯例、适度。

1. 不同手势的含义

（1）“OK”形手势。在我国表示数字“3”“可以”；在英国、美国表示“同意”“顺利”；在日本却表示钱；在法国表示数字“0”或“没有”。

（2）竖起大拇指。通常表示“好、了不起”，多用于表扬。另外，在英国、美国等国表示搭车；在意大利表示数字“1”；在希腊表示“够了，让对方‘滚蛋’”；拇指向下一般表示“厌恶”。

案例

丧失友谊的手势

一位美国工程师被公司派遣到他们在德国收购的一家分公司。一天，一位德国工程师向这位美国工程师提出改善新机器的建议时，这个美国工程师使用美国的“OK”手势给予回答。没想到德国工程师放下工具就走，并拒绝和这位美国人做进一步交流。后来这个美国工程师从一位主管那里了解到，他的那个“OK”手势被那个德国人理解为“你是个屁眼儿”。

（3）竖起食指。一般表示数字“1”；在法国表示“请求提问”；在新加坡表示“最重要”；在澳大利亚表示“请再来一杯酒”。如果食指放到嘴唇，表示“请保持安静”。

（4）“V”字形手势。在我国表示数字“2”；在英美等以英语为母语的国家表示“胜利”，这个“胜利”手势有全球化的趋势；但是当掌心向内时，侮辱人的意思。

（5）忌讳。用食指指人；掌心向上，用弯曲的手指召唤人。社交场合不宜出现的手势：掏耳朵、抠鼻子、拭眼屎、剔牙齿、修指甲、咬指甲、用手捂嘴、用手指在桌上乱写乱画、玩笔等。

2. 引导手势

（1）基本要领：五指自然并拢，掌心向斜上方，手与前臂成一直线，肘部自然弯曲，手臂轻微向一旁摆出一定的角度。另一只手自然下垂或背在身后，两脚并拢，可呈“V”字形或丁字形，同时说出礼貌用语（这边请、请坐、里边请等）。身体侧向宾客，目光兼顾来宾和所指方向，落于手上。

低位、中位、高位等引导手势如图 7-5 所示。

低位手势—斜摆式（请坐）　中位手势—横摆式（请进）　中位手势—曲臂式（里边进）　高位手势—曲臂式（请往前走）

图 7-5　低位、中位、高位等引导手势

课堂互动

评估一：形象塑造能力测评（男士）

（一）情景描述

意大利影星索菲亚・罗兰说：“你的着装，往往能看出你是哪一类人，它们代表着你的个性。”因此，服饰被认为是社交场合中的“第二肌肤”，在正式场合，它更是发挥着举足轻重的作用，反映着一个人的社会地位、个性品质等。对职业男士们来说，毫无疑问，得体的外表会在很大程度上帮助自己树立自信心。下面15个关于男士形象的问题，结合你的具体情况，同意的打“√”，不同意的打“×”：

1. 你是否要等到衣服很旧了才会买新的？

2. 你是否认为头发垂落到眉毛下面很有男人味？

3. 你是否认为内衣只要干净就行？

4. 参加面试时你是否认为系一条鲜艳的领带会凸显个性？

5. 盘腿坐着的时候，你的小腿是否会露出一截？

6. 在订购西服时，你觉得摘不摘掉袖口上的商标无伤大雅？

7. 你是否选择商家已经配好的衬衫和领带？

8. 别人赠送或是开会发给你的衬衫或领带你并不喜欢，你是否会为了杜绝浪费而继续使用？

9. 你的发型是否多年不变？

10. 你是否因为赶时间而穿上拖鞋去上班？

11. 是否等到皮鞋很脏时才会去擦？

12. 炎热的夏天，你是否在谈判场合选择短袖衬衫？

13. 在约谈客户时，你是否会将白袜子和黑皮鞋搭配？

14. 你平时佩戴的手表是否色彩夺目或造型夸张？

15. 你是否喜欢色彩、图案有趣的袜子，觉得它们是一种个性的表现？

（二）评估标准和结果分析

1. 在15道题中，有9道题以上打“√”的，表明你在塑造个人形象方面的能力欠缺。

2. 在15道题中，有6～9道题打“√”的，表明你在塑造个人形象方面的能力一般。

3. 在15道题中，有6道题以下打“√”的，表明你在塑造个人形象方面的能力很强。

评估二：形象塑造能力测评（女士）

（一）情景描述

请按你的第一反应来回答下列问题：

1. 你是不是经常穿袒胸露背的服装或洞洞比较多的服装？

2. 你的短袖T恤是不是都是无领的？

3. 你是不是习惯穿非常短的超短裙？

4. 你是不是只有高跟鞋，上班几乎没有平跟鞋？

5. 你是不是从来不戴丝巾？

6. 你是不是从来都只穿一种颜色的衣服，或从来不改变自己的色调？

7. 你佩戴的饰品，从来都以卡通形象为主？

8. 你是不是很喜欢穿连衣裙加裤子的搭配？

9. 你是不是在上班时也佩戴巨大的耳环，或特别喜欢佩戴粗大的金项链？

10. 你是不是很喜欢在手上戴几个戒指？

11. 你是不是很喜欢戴手套，即使与别人握手时也不会取下它？

12. 你是不是很喜欢戴墨镜，即使在室内，有时都会戴着它？

13. 你总感觉自己的面部上有多余的东西，即使是与朋友或客人聊天时，你都会一直抠它？

14. 你是不是从来都不喜欢或不参加任何有氧运动？

15. 如果身体开始发福了，你从来都不管它，或只会去吃减肥药？

16. 你是不是一周才洗一次头发，以致头发都一把一把地分不开？

17. 因为里面装了诸如化妆品、饮用水、日用小工具、雨伞、书籍、手机等太多东西，所以，你上班用的手提公文包鼓鼓囊囊的？

18. 你曾经趁别人不注意时，曾将一口痰吐在办公楼的走廊上？

19. 你喜欢穿秋裤，而外裤比较短，坐下时，秋裤经常露出来？

20. 你是不是上班时特别喜欢穿露脚趾的凉鞋？

（二）评估标准和结果分析

对以上问题的回答应该全部是“否”。如果你的回答中有一个“是”，那你应该好好补一补自身形象建设的课了。

第二节　会面礼仪

案例导入

重复的寒暄

一位住在某饭店的外国客人吉姆到餐厅吃饭，走出电梯时，站在电梯口的服务员向客人点点头，并用英语说："先生，您好！"吉姆微笑回答道："你好，小姐。"当吉姆走进餐厅后，引导员发出同样的一句话："您好，先生！"吉姆微笑地点点头，但没有开口。吉姆饭后到庭院中散步，当走出大门时，一位男服务员又是同样的一句话："您好！先生。"这时吉姆只是点头了事。当他回来时，服务员又是一句："您好！先生。"吉姆很不耐烦，默默走到电梯口，又窥见一位女服务员，又是那句："您好！先生。"吉姆实在不高兴，装作没听见就进了电梯。吉姆在离店时，给经理写了一封投诉信："……在一个中午的时间里，我遇到的几位服务员竟千篇一律地重复一句话'您好！先生'，难道你们就不会使用其他的语句吗？"

一、问候礼仪

（一）称呼

称呼是人们彼此之间的称谓。在社交场合，人们往往很在意别人对自己的称呼。亲切恰当、礼貌得体的称呼不仅表现出自己对对方的友好与尊重，同时也反映出自己的修养，从而拉近彼此的距离，推动交际顺利、愉快地进行。

1. 尊称

尊称是对别人采用恭敬的称呼，以表示敬重，一般是对上级、长辈、客人的称呼。

（1）职务性称呼。以交往对象的职务相称，以示身份有别、敬意有加，这是一种最常见的称呼方法。以职务相称，具体来说又分为三种情况：

- 仅称职务，例如，部长、经理、主任等。
- 在职务之前加上姓氏，例如，周主任、张处长、王委员等。
- 在职务之前加上姓名，这仅适用于极其正式的场合。例如，李某某市长。

（2）职称性称呼。对于具有职称者，尤其是具有高级、中级职称者，可以在工作中直接以其职称相称。以职称相称，也有三种情况：

- 仅称职称，例如，教授、律师、工程师等。
- 在职称前加上姓氏，例如，钱编审、孙研究员等。有时，这种称呼也可加以约定俗成的简化，如可将陈工程师简称为"陈工"。

- 在职称前加上姓名，适用于十分正式的场合。例如，某某教授、某某主任医师、某某主任编辑等。

（3）行业性称呼。在工作中，有时可按行业进行称呼。即直接以被称呼者的职业作为称呼。例如，将教员称为“老师”，将教练员称为“教练”，将专业辩护人员称为“律师”，将警察称为“警官”，将会计师称为“会计”，将医生称为“医生”或“大夫”等。在一般情况下，在此类称呼前，均可加上姓氏或姓名。

【小知识】

新人报到后，首先应该对自己所在部门的同事有一个大致了解。对自己介绍后，其他同事会一一自我介绍，这个时候，如果职位清楚的人，可以直接称呼“张经理、王经理”等，对于其他同事，可以先一律称“老师”。这一方面符合自己刚毕业的学生身份；另一方面，表明自己是初来乍到，很多地方还要向诸位前辈学习。等稍微熟悉之后，再按年龄区分和自己平级的同事，对于比自己大许多的人，可以继续称“老师”，或者跟随其他同事称呼。对于与自己年纪相差不多，甚至同龄的同事，如果关系很好，可以直呼其名。

2. 平称

平称不表示尊卑，一般是对同辈、同级、下属的称呼。

（1）姓名性称呼。可以直呼其名，不呼其姓，通常限于同姓之间，尤其是上司称呼下级、长辈称呼晚辈，在亲友、同学、邻里之间，也可以如此称呼。只称呼姓，要在姓前加上“老、大、小”等前缀。在工作岗位上称呼姓名，一般限于同事、熟人之间。

（2）性别性称呼。对商界、服务业从业人员，一般约定俗成地按性别称呼为小姐、女士或先生。

（3）身份性称呼。在双方初识之时，并且处于一个团体时，以身份、关系称呼比较合适，如同学、队友、团友、驴友等。

3. 谦称

谦称是一种谦卑的称谓，通过抑己来表示对对方的尊重。这种形式一般适用于书面语言，而且对方的观念比较传统。如用鄙人、在下、卑职等谦称自己，用家父、家母、愚弟、小儿等谦称自己的家属。

4. 问候

在交往中，几句得体的寒暄问候语，能使不相识的人互相认识，使不熟悉的人互相熟悉，使沉闷的气氛变得活跃，顺畅地进入正式交谈。常见的寒暄问候有以下几种形式：

（1）问安型，如“上哪儿去呀？”“怎么这么忙啊？”等。

（2）攀谈型，主要抓住双方的共同的亲近点，以此进行发挥性寒暄。如“老乡”“自己爱好的运动”等。

（3）关照型，在寒暄过程中要不留痕迹地解决客人在商务活动中的疑问或不安。

（4）言他型，如“今天天气真好”。

（5）夸奖型，如“小李，今天看上去真精神”。

【小知识】　　常用客套话

初次见面说“久仰”；好久不见说“久违”；等候客人用“恭候”；宾客来到称“光临”；未及欢迎说“失迎”；起身作别称“告辞”；看望别人说“拜访”；请人别送用“留步”；陪伴朋友用“奉陪”；中途告辞用“失陪”；请人原谅说“包涵”；请人批评说“指教”；求人解答用“请教”；盼人指点用“赐教”；欢迎购买说“惠顾”；请人受礼称“笑纳”；请人帮助说“劳驾”；求给方便说“借光”；麻烦别人说“打扰”；托人办事用拜托；向人祝贺说“恭喜”；赞人见解称“高见”：赠人书画题“惠存”；尊敬老师为“恩师”；称人学生为“高足”；请人休息说“节劳”；对方不适说“欠安”；老人年龄说“高寿”；女士年龄称“芳龄”；平辈年龄问“贵庚”；打听姓名问“贵姓”。

（二）握手礼仪

1. 握手要求

（1）正确握手。握手时，距对方约 70 厘米，上身稍向前倾。两足立正，伸出右手，四指并拢，虎口相交，拇指张开下滑，与受礼者握手。

掌心向里握手显示出一个人的谦卑和毕恭毕敬。平等而自然的握手姿态是两人的手掌都处于垂直状态。

（2）握手顺序。

- 长辈先向晚辈伸手。

- 年长者先向年幼者伸手。
- 女士先向男士伸手。
- 已婚者先向未婚者伸手。
- 上级先向下级伸手。
- 主人先向客人伸手。
- 客人辞行时，应先向主人伸手。

如果需要和多人握手，握手时要讲究先后次序，由尊而卑，即先年长者后年幼者，先长辈再晚辈，先老师后学生，先女士后男士，先已婚者后未婚者，先上级后下级。

2. 握手场合

（1）遇到较长时间没见面的熟人时。

（2）在比较正式的场合和认识的人道别时。

（3）在以本人作为东道主的社交场合，迎接或送别来访者时。

（4）拜访他人后，在辞行时。

（5）被介绍给不认识的人时。

（6）在社交场合，偶然遇上亲朋故旧或上司时。

（7）别人给予你一定的支持、鼓励或帮助时。

（8）表示感谢、恭喜、祝贺时。

（9）对别人表示理解、支持、肯定时。

（10）得知别人患病、失恋、失业、降职或遭受其他挫折时。

（11）向别人赠送礼品或颁发奖品时。

3. 握手禁忌

在行握手礼时应努力做到合乎规范、避免违犯下述禁忌：

（1）使用左手。

（2）握手时戴着手套或墨镜。只有女士在社交场合戴着薄纱手套握手，才是被允许的。

（3）握手时另外一只手插在衣袋里或拿着东西。

（4）握手时面无表情、不置一词或长篇大论、点头哈腰，过分客套。

（5）握手时仅握住对方的手指尖。正确的做法是要握住整个手掌。即使对异性，也要这么做。

（6）握手时把对方的手拉过来、推过去，或者上下左右抖个没完。

（7）拒绝和别人握手，即使有手疾或汗湿、弄脏了，也要和对方说一下“对不起，我的手现在不方便”，以免造成不必要的误会。

（8）坐着握手。

案例

玛丽·凯化妆品公司创始人玛丽在当推销员时，有一次，销售经理召集他们开会。会议结束时，大家都希望同经理握手。玛丽排队等了三个小时，终于轮到她与经理见面。但经理在同她握手时，甚至连瞧都不瞧她一眼，只是去瞅她身后的队伍还有多长。善良的玛丽知道经理很累。可是，自己也等了三个小时、同样很累呀！自尊心受到伤害的玛丽暗下决心：如果有那么一天有人排队等着同自己握手，自己将把注意力全都集中在对方身上——不管自己多累！

她后来多次站在队伍的尽头同数百人握手，常常持续好几个小时。无论多累，她总是牢记当年自己排那么长的队等候同那位销售经理握手时所受到的冷遇。如有可能，总设法同对方说点亲热话——也许只是一句，如“我喜欢你的发型”，或“你穿的衣服多好看呀”。她在同每一个人握手时，总全神贯注，不允许任何事分散了自己的注意力。

这样握手，使数百人都觉得自己是世界上最重要的。玛丽的公司就这样成为全世界知名的公司。

（三）介绍礼仪

1. 自我介绍

正确地作自我介绍，不仅可以扩大自己的交际范围，广交朋友，而且有助于自我展示、自我宣传，在交往中消除误会，减少麻烦。

（1）特殊场合要求。需要作自我介绍的情况有以下几种：

- 社交场合中遇到你希望结识的人，又找不到适当的人介绍。自我介绍应谦逊、简明，把对对方的敬慕之情真诚地表达出来。
- 电话约某人，而又从未与这个人见过面。向对方介绍自己的基本情况，还要简略谈一下要约见对方的事由。

● 演讲、发言前。面对听众作自我介绍，最好既简明扼要，又要有特色，利用“首因效应”，给听众一个良好的第一印象。

● 求职应聘或参加竞选。自我介绍的形式可能不止一种。既要有书面介绍材料（个人简历），还要有口头的，或详或简，或严肃庄重，或风趣幽默诙谐。自我介绍的好坏直接影响到求职或竞选的成功与否。

（2）寻求多样方式。在不同的场合，当遇到不同情况时，需要的自我介绍也是不相同的，因此，要寻求不同的自我介绍的方式，完美地自我介绍。

● 应酬式。该方式最简洁，往往只包括姓名一项即可，如“您好！我叫×××”适合于一些公共场合和一般性的社交场合，如途中邂逅、宴会现场、舞会、通电话时。它的对象主要是一般接触的交往人。

● 工作式。工作式的自我介绍，包括本人姓名、供职的单位及部门、担任职务或从事的具体工作三项。

● 交流式。交流式的自我介绍又叫社交式自我介绍或沟通式自我介绍，是一种刻意寻求交往对象进一步交流的沟通，希望对方认识自己、了解自己、与自己建立联系的自我介绍。这种方式的自我介绍适用于社交活动中，介绍大体包括本人的姓名、工作、籍贯、学历、兴趣及与交往对象的某些熟人的关系等。

● 礼仪式。一种表示对交往对象友好、敬意的自我介绍，适用于讲座、报告、演出、庆典、仪式等正规的场合。内容包括姓名、单位、职务等。自我介绍时，还应多加入一些适当的谦辞、敬语，以示对交往对象的尊重。

（3）控制介绍时间。

● 一般社交场合。在这种场合下作自我介绍时，要简洁、言简意赅，尽可能地节省时间，以半分钟左右为佳，不宜超过一分钟，而且越短越好。为了节省时间，作自我介绍时可利用名片、介绍信加以辅助。

● 在应聘、面试等场合。在这种场合下，自我介绍的时间应该控制在 3～5 分钟。时间分配上，可根据情况灵活掌握。好的时间分配能突出重点，让人印象深刻。

【小知识】　　自我介绍的技巧

1. 充满信心和勇气。忌讳妄自菲薄、心怀怯意。要胸有成竹，从容不迫，不能唯唯诺诺，但也不能虚张声势，轻浮夸张。

2. 表示自己渴望认识对方的真诚情感。任何人都以被他人重视为荣幸，如果你态度热忱，对方也会热忱。

3. 追求真实。进行自我介绍时所表达的各项内容，一定要实事求是，真实可信。过分谦虚，一味贬低自己去讨好别人，或者自吹自擂，夸大其词，都是不足取的。

4. 自我评价要掌握分寸。一般不宜用“很”“第一”等表示极端赞颂的词，也不必有意贬低，关键在于掌握分寸。

2. 为他人作介绍

为他人作介绍，就是介绍不相识的人相互认识，或是把一个人引见给其他人。

（1）正确的介绍顺序。介绍时要坚持受到特别尊重的一方有了解对方的优先权的原则，即介绍有先后顺序。

- 把男士介绍给女士，在女士面对尊贵人物时，则需要把女士介绍给尊贵的男士。
- 把晚辈介绍给长辈，优先考虑被介绍人双方的年龄差异，通常适用于同性之间。
- 将主人介绍给客人，适用于来宾众多的场合，尤其是主人未必与客人个个相识的时候。
- 把未婚者介绍给已婚者，仅适用于对被介绍人非常知根知底的情况之下。要是拿不准，不要冒昧行事。
- 把职位低者介绍给职位高者，适用于比较正式的场合，特别适用于职业相同的人士之间。
- 把迟到者介绍给先到者，适合于多种集会场合，出于对先到者的尊重。
- 把家人介绍给朋友和同事，当家人和同事相遇时，一般是先将家人介绍给同事或朋友。

（2）介绍人要求。

- 介绍人角色要求。介绍人的角色在不同情况和不同场合需要由不同的人来担任。在公务活动中，公关人员是最适当的介绍人人选。在接待贵宾时，介绍人应是本单位职位最高的人士。在社交场合，例如，参加舞会、出席宴会时，介绍不相识的来宾相互认识，是主人义不容辞的责任。在一些非正式场合，与被介绍人双方都相识的人也可以担任介绍人，介绍他们相识。如果想认识一个人，可主动要求另外一个与双方都比较熟悉的人作为引见人，根据礼节来讲，这是允许的。

● 介绍人陈述要求。介绍人的陈述，就是介绍人在为他人作介绍时应当说的话。一般来说，介绍人陈述的内容宜简不宜繁。内容通常是连名带姓加上尊称、敬语。介绍人还可以辅以手势，先指向一方说“赵先生”，再指向另一方说“何先生”。

【小知识】　　如何为他人作介绍

为他人作介绍时，要避免给任何一方厚此薄彼的感觉。不可以对一方介绍得面面俱到，而对另一方介绍得简略至极。也不可以对被介绍的一方冠以“这是我的好朋友”，因为这似乎暗示另外一个人不是你的朋友，显得不友善，也不礼貌。

介绍人陈述的时间宜短不宜长。在较短的时间内，将双方的基本信息陈述出来，使得双方迅速了解。

如果介绍人感到时间宽裕、气氛融洽，在为被介绍人作介绍时，除了介绍姓名、单位和所任职务，还可以介绍双方的爱好、特长、学历、荣誉等，为双方提供交谈的机会。

● 介绍人神态及动作要求。介绍时的神态，主要涉及介绍人在作介绍时的动作表情与被介绍人的所作所为两个方面。作为介绍人，在为他人作介绍时，态度要热情友好、认认真真，不要给人以敷衍了事或油腔滑调的感觉。

3. 集体介绍

集体介绍是他人介绍的特殊形式。需要介绍的不是一个人，而是许多人。

（1）集体介绍的顺序。

● 当被介绍者双方地位、身份大致相似时，可先介绍少数人员一方。若被介绍者双方地位、身份存在差异，如只有一人或少数，也应将其放在尊贵的位置，可放在最后进行介绍。

● 在演讲报告、比赛、会议和会见时，可向大家主要介绍首要人物。

● 若一方人数较多，可简略进行介绍。

● 如果对多方进行介绍，需要对被介绍的各方进行位次排列。排列的方法为：以其单位规模为准；以其负责人身份为准；按其企事业单位的字母顺序排列；以抵达时间的先后顺序为准；以距介绍者的远近为准；以座次顺序为准。

（2）集体介绍时的注意事项。

● 切忌使用让人误会的称呼，在首次介绍时要准确地使用全称。

● 介绍时要庄重、亲切，切勿开玩笑。

（四）名片礼仪

1. 名片种类

名片种类比较多，没有统一标准。以名片用途为标准，主要分为商业名片、公用名片和个人名片三种。

（1）商业名片。为公司或企业进行业务活动时使用的名片。名片常使用标志、注册商标、印有企业业务范围，大公司有统一的名片印刷格式，使用较高档纸张，名片没有私人家庭信息。

【小知识】　　**名片“三不”**

● 不随便涂改。

● 不提供私宅电话。

● 不写两个以上的头衔。

（2）公用名片。为政府或社会团体在对外交往时所使用的名片。名片常使用标志，部分印有对外服务范围，没有统一的名片印刷格式。名片印刷力求简单适用，注重个人头衔和职称。名片内没有私人家庭信息，主要用于对外交往与服务。

（3）个人名片。个人名片是指朋友间交流感情，结识新朋友时所使用的名片。名片设计可以个性化，也可自由发挥，常印有个人照片、爱好、头衔和职业，使用名片纸张根据个人喜好。有的名片中含有私人家庭信息，主要用于朋友交往。

2. 名片携带

名片携带要注意以下几点：

（1）数量充足，确保够用。

（2）名片要保持干净，不可出现褶皱、破烂。

（3）统一放置名片夹、公文包或上衣口袋之内，忌放入钱包、裤袋里。

3. 名片递交

（1）观察意愿。除非自己想主动与人相识，否则看对方是否有建立联系的意愿。如双方或一方没有这种愿望，无须发送名片，否则有故意炫耀、强加于人之嫌。

（2）把握时机。发送名片要掌握适宜时机，只有在确有必要时发送名片，才能发挥名片的效应。不要在大庭广众之下向多人发送名片。

（3）讲究顺序。双方交换名片时，应当首先由地位低者向地位高者发送，再由后者回复前者。在与多人交换名片时，最佳方法是由近而远，按顺时针方向依次发送。

案例

急往口袋塞名片，引对方不满意

王晓斌毕业后开始做市场营销，刚从学校毕业的他虽然虚心好学，但因为经验不足，因此在与客户打交道时偶尔会有失误之处。一天，他被引荐给一位潜在的大客户，对他而言这是个大好机会。为了跟对方多交谈而留下好印象，他在接过对方递来的名片时没有看就往口袋里面塞。对方看到王晓斌的这个动作之后，脸上立即流露出失望的表情。

（4）先打招呼。递上名片前，应先向接受名片者打个招呼，令对方有所准备。

（5）表示谦恭。要起立主动走向对方，面含微笑，上体前倾 15 度左右，以双手或右手持握名片，举至胸前，并将名片的正面面向对方，同时说“请多多指教”等客套话。

（6）态度谦和。接受他人名片时，无论多忙都要暂停手中的一切事情，并起身站立相迎，面含微笑，双手接过名片。

（7）认真阅读。接过名片后，应先致谢，然后从头至尾默念一遍，遇到显示对方头衔荣耀的职务，不妨轻声读出来，以示尊重和敬佩。

（8）精心存放。接到他人名片后，切勿随意乱丢乱放，而应将其谨慎地放于名片夹、公文包或上衣口袋里。

（9）有来有往。接受了他人的名片后，应立即给对方一枚自己的名片，没有名片或名片用完了，应向对方做出合理的解释，并致以歉意，切勿毫无反应。

4. 名片索要

（1）互换法，想要别人名片，先把自己的名片递给他人。

（2）平等法，平级之间可说“以后联系你”。

（3）谦恭法，可说“以后向您请教”。

课堂互动

评估一：称呼礼仪自我评估

（一）情景描述

根据平时在工作中的称呼，对自己做一个称呼礼仪评估。

1. 你的同事喜欢你对他的称呼吗？（　　）

A. 喜欢　　B. 不喜欢　　C. 一般　　D. 不知道

2. 你的上司喜欢你对他的称呼吗？（　　）

A. 喜欢　　B. 不喜欢　　C. 一般　　D. 不知道

3. 你的同事不喜欢你对他的称呼的原因。

4. 你的上司不喜欢你对他的称呼的原因。

5. 你的同事喜欢你对他的称呼的原因。

6. 你的上司喜欢你对他的称呼的原因。

（二）评估标准和结果分析

本次评估的重点在于分析你的同事和上司喜欢或不喜欢你对他们的称呼的原因。通过本次评估，你将更好地掌握职场中的称呼礼仪，以便更好地融入一个团队。

评估二：握手礼仪认知测评

（一）情景描述

下面给出一些握手礼仪的观点，哪些符合你的看法？

1. 握手时，距对方约 70 厘米，上身稍向前倾，两足立正，伸出右手，四指并拢，虎口相交，拇指张开下滑，向受礼者握手。

2. 长辈和晚辈之间，长辈伸手后，晚辈才能伸手相握。上下级之间，上级伸手后，下级才能接握。

3. 遇到较长时间没见面的熟人，在比较正式的场合和认识的人道别，在以本人作为东道主的社交场合，迎接或送别来访者时可以握手。

4. 握手时表情热情，简短寒暄，不点头哈腰，不过分客套。

5. 握手时仅握住对方的手指尖，好像有意与对方保持距离。正确的做法是要握住整个手掌。即使对异性，也要这么做。

6. 不拒绝和别人握手，即使有手疾或汗湿、弄脏了，也要和对方说“对不起，我的手现在不方便”。

（二）对照检查

以上是正确和约定俗成的握手礼仪，请仔细对照检查，这些规范与你平时在社交场合的习惯行为一致吗?

第三节　馈赠礼仪

案例导入

“千里送鹅毛”的故事发生在唐朝。当时，云南一少数民族的首领为表示对唐王朝的拥戴，派特使缅伯高向太宗贡献天鹅。路过沔阳河时，缅伯高把天鹅从笼子里放出来，想给它洗个澡。不料，天鹅展翅飞向高空。缅伯高慌忙伸手去捉，仅扯得几根鹅毛，他捶胸顿足，号啕大哭。随从们劝他说：“天鹅已经飞走了，哭也没有用，还是想想补救的方法吧。”缅伯高一想，也只能如此了。

到了长安，缅伯高拜见唐太宗，并献上礼物，唐太宗见是一个精致的绸缎小包，便令人打开，一看是几枚鹅毛和一首小诗。诗曰：“天鹅贡唐朝，山高路途遥。沔阳河失宝，倒地哭号啕。上复圣天子，可饶缅伯高。礼轻情意重，千里送鹅毛。”唐太宗莫名其妙，缅伯高随即讲出事情原委。唐太宗连声说：“难能可贵！千里送鹅毛，礼轻情意重！”

一、馈赠目的

（一）交际

1. 送礼目的与交际目的一致

无论是个人还是组织机构，在社交中为达到一定目的，针对交往中的关键人物和部门，通过赠送一定礼品，以达到交际目的。

2. 礼品与送礼者形象一致

礼品的选择，要使礼品能反映送礼者的心意和思想感情，并使其与送礼者的形象有机地结合起来。

案例

不懂送花禁忌惹怒病人

李华在北京某一外企上班。一天，上司琳达生病住院，李华决定到医院看望她，为此，李华在花店买了一束红玫瑰。到半路上她突然觉得只有这种颜色会显得单调又俗气，因此又转身回头买了一些黄玫瑰，将之与原来的红玫瑰混合在一起。结果，琳达见她的时候，先是高兴，紧接着大怒。因为在西方大多数国家看来，黄色的花是不吉利的。

（二）巩固和维系人际关系

在人际交往过程中，无论是个人或是组织机构，必然产生各类关系和各种感情。如何巩固和维系人际关系与感情，可以采取许多办法。馈赠就是其中之一。这类馈赠，在礼品种类、价值、档次、包装等方面都呈现多样性和复杂性。

（三）酬谢

这类馈赠是为答谢他人的帮助而进行的。礼品的选择十分强调物质价值。礼品的贵贱厚薄主要取决于以下三个因素：

（1）帮助性质。帮助性质分为物质的和精神的两类。一般说来，物质的帮助往往是有形的，能估量的。而精神的帮助则是无形的，难以估量的，然而其作用又是相当大的。

（2）帮助目的。帮助是慷慨无私的，还是另有所图的或公私兼顾的。只有那种真正无私的帮助，才是值得真心酬谢的。

（3）帮助时机。一般情况下，危难之中见真情。因此，得到帮助的时机是日后酬谢他人的最重要的衡量标准。

（四）公关

这种馈赠，表面上看来不求回报，而实质上其索取的回报往往更深地隐藏在其后的交往中，是一种为达到某种目的而用礼品的形式进行的活动。它多发生在对经济、政治利益的追求和其他利益的追逐活动中。

二、馈赠原则

认真研究和把握馈赠的基本原则，是馈赠活动得以顺利进行的重要前提。

（一）轻重得当

通常情况下，礼品的贵贱厚薄，往往是衡量交往对象的诚意和情感浓烈程度的重要标志。然而，礼品的贵贱厚薄与其物质的价值含量并不总成正比。礼品既有物质的价值含量，也有精神的价值含量。总之，除非是有特殊目的的馈赠，其他馈赠礼物的贵贱厚薄都应以对方能愉快接受为尺度。

（二）及时适宜

注意把握好馈赠的时机，包括时间的选择和机会的择定。一般贵在及时，超前、滞后都达不到目的。机会贵在事由和情感及需要的程度。

（三）效用性

一般在生活水平较高时，倾向于选择艺术欣赏价值较高、趣味性较强和具有纪念性的物品为礼品。因此，应视受礼者的物质生活水平而定，有针对性地选择礼品。

（四）投好避忌

由于民族、生活习惯、生活经历、宗教信仰及性格、爱好的不同，不同的人对同一礼品的态度是不同的，或喜爱或忌讳或厌恶，因此要注意投其所好、避其禁忌。馈赠前一定要了解受礼者的喜好，尤其是禁忌。

三、赠礼礼仪

（一）礼品选择

赠礼之前要认真挑选礼品，既要符合受礼者的兴趣爱好，又要达到赠礼的目的，因此尽量使礼品恰到好处。

（1）根据对方身份。一般来说，对家贫者，以实惠为佳；对富裕者，以精巧为佳；对恋人，以纪念性为佳；对朋友，以趣味性为佳；对老人，以实用为佳；对孩子，以启智、新颖为佳；对外宾，以特色为佳。

（2）根据对方的兴趣爱好和实际需要。如送给爱喝茶的人茶叶，赠给爱书法的人文房四宝，如鲜花赠美人，宝刀赠英雄等。

（3）根据彼此的关系。送给恋人玫瑰花可以，给普通朋友送玫瑰花就会引起误会。

（4）根据赠送目的。如中秋节送月饼，开业庆典送花篮，求婚送戒指等。

（二）礼品包装

精美的包装不仅使礼品的外观更具艺术性和高雅的情调，并体现出赠礼人的文化和艺术品位，而且还可以使礼品产生和保持一种神秘感。好的礼品若不讲究包装，不仅会使礼品的价值大打折扣，而且还易使受礼人轻视礼品的内在价值，从而折损由礼品所寄托的情谊。包装之前，应当去除价格标签。此外要注意包装纸的颜色、图案，比如白色的包装纸，意味着不祥。

（三）赠礼场合时机

一般而言，赠礼的场合时机最好安排在节假日及对方的纪念日，如中秋节、春节、生日、婚礼、周年纪念等。

（1）当众只给一群人中的某一个人赠礼是不合适的，会使受礼人有受贿和受愚弄之感，而且会使没有受礼的人有受冷落和受轻视之感。

（2）给关系密切的人送礼不宜在公开场合进行，只有礼轻情重的特殊礼物才适宜在大庭广众面前赠送。

（3）只有能表达特殊情感的特殊礼品，才可以在公众面前赠予。

（4）最好当着受礼人的面赠礼。观察受礼人对礼品的感受，并适时解答和说明礼品的功能、特性等。

案例

给对方麻烦的礼物

王经理有一次送客户上火车。在候车室里，他突然想到应该给客户送一瓶本地出产的名酒，于是，他叫客户多等他一阵，自己则出站外买礼物。半小时后，王经理才匆匆忙忙地赶回来，手里提着一瓶酒，硬是塞给对方。客户随身带的东西已经很多，且又已打包好，而现在突然多出一样东西，使他不得不又重新整理一次，以腾出空间。随着检票时间的临时，客户弄得满头大汗。

可见，赠礼要选好时机，不然，反而会给对方带去麻烦。

（四）赠礼态度

平和友善的态度，落落大方的动作并伴有礼节性的语言表达，才是令赠受礼双方都能接受的。偷偷摸摸地把礼品放在某处不仅达不到赠礼的目的，甚至会适得其反。

（五）赠礼禁忌

（1）尊重风俗习惯。不能给老人送钟表——那是“送终”的谐音；夫妻、恋人不能送梨，梨与“离”谐音。

（2）尊重个人禁忌。如有的人花粉过敏，最好不要送花给她。

（3）数字禁忌。4 的谐音是“死”，因此给东亚人送礼应避开 4；给欧美人送礼，应避开 13。

（4）颜色禁忌。白色在我国多表示哀思，而在欧美却表示圣洁。

四、受礼礼仪

（1）受礼者应在赞美和夸奖声中收下礼品，并表示感谢。一般应赞美礼品的精致、优雅或实用，夸奖赠礼者的周到和细致，并伴有感谢之词。

（2）双手接过礼品，视具体情况或拆看或只看外包装，还可请赠礼人介绍礼品功能、特性、使用方法等，以示对礼品的喜爱。

（3）只要不是贿赂性礼品，一般最好不要拒收，可以找机会回礼。

五、送花礼仪

赠花一般情况要赠送鲜花，尽量不要用干花、纸花或者是发焉凋零的花送人。赠送鲜花，形式多种多样，可以送花束、花篮、盆花、插花和花环。

（一）花的寓意

鲜花赠人，寄托的是纯粹的情意，和赠送其他礼品相比，送花显得高雅、浪漫。以花送人，并不是随便采摘或者购买一些花就可以。送花首先要对各种花的寓意有所了解，否则不但不能达到送花的目的，甚至会造成误会。

【小知识】　　各种花代表的含义

水仙——自尊/单恋　木棉——热情

牡丹——富贵/羞怯　银杏——长寿

紫薇——喜悦/长寿　紫荆——故情/手足情

玫瑰——爱情/热情　杜鹃——爱的快乐/节制

茶花——美德/谦逊　茉莉——你属于我/亲切

梅花——忠实/坚毅　海棠——亲切/诚恳/单恋

荷花——神圣/纯洁　铃兰——纤细/希望/纯洁

含羞草——敏感/可爱　紫丁香——青春的回忆

牵牛花——爱情/依赖　百合花——纯净/神圣美

君子兰——宝贵/高贵　风信子——悲哀/永远怀念

康乃馨——温馨/慈祥　金镇花——真诚的爱/羁绊

郁金香——名誉/美丽　紫罗兰——信任/爱的羁绊

（二）不同对象送花礼仪

（1）拜访尊敬的名人、长者，可送兰花、水仙花。

（2）拜访父母，可以送剑兰花，送给母亲最适宜的花是康乃馨。

（3）恋人相会时，可以送玫瑰花、蔷薇花、丁香花。

（4）参加婚礼或者看望新婚夫妻时，可以送海棠花、并蒂莲、月季花。

（5）朋友可以送芍药花、红豆，可由杉枝、香罗勒和朋脂花组成花束。

（6）探望病人，可以送马蹄莲、康乃馨，最好不要送盆栽给病人，因为这意味着“根留医院”。

（三）禁忌

1. 品种禁忌

同一品种的鲜花，在不同国家和地区寓意不同，甚至相反。如中国人喜欢荷花，因为其“出淤泥而不染，濯清涟而不妖”，可是日本人忌荷花，认为荷花同死亡相连，所以不要送荷花给日本人。

2. 色彩禁忌

不同的国家和民族对鲜花的色彩有不同的理解。中国人喜欢红色，新人结婚时，也使用大红“囍”字、红色的鲜花、红色的衣服和环境布置。

在西方人眼里，白色的鲜花象征着纯洁无瑕，新人的衣裙也是白色的。但是在老一代中国人眼里，送给新人白色的花儿象征着“不吉利”。西方人送花多以多种颜色的鲜花组成一束，很少送清一色黄色或红色。

送花给住在医院里治病的病人，切勿送红白相间的花。此外，英国人不喜欢除玫瑰外的其他白色或红色的花，加拿大人忌讳白色。

案例

乘坐飞机时携带着鲜花

张先生有一次到法国探望自己的女朋友，他欣喜不已，虽然临行前忙不胜忙，但还是专程赶到花店买了一束红白相间的玫瑰花，并随身带在飞机上。不过，从安检到登机、坐下，张先生就发现自己好像哪个地方出现差错了一样，因为周围的人都在用一种非常异样的眼神来盯着他，就连热情大方的空姐在为自己服务时也感觉非常不自然。

这件事过去了很久。有一天，张先生在书店里面翻开一本介绍礼仪的书，才突然想起这段经历，并明白个中缘由。原来，是他带给自己女朋友的那束花使他遭受到其他人的侧目。在西方，以鲜花作为礼物虽然很流行，但对于鲜花的品种、颜色都非常讲究。在西方，人们在乘坐飞机时，通常是不能随身携带鲜花的，特别是红白相间的鲜花，因为西方人认为那样做会导致空难。

张先生原本是想跟自己的女朋友浪漫一次，没想到因为自己对鲜花礼仪的无知而引来周围乘客的侧目。

3. 数量禁忌

在中国，参加喜庆活动往往要送双数，意味着“好事成双”。在丧葬仪式上则应送单数，以免“祸不单行”。

在西方国家，送人鲜花要送单数。花是自然的一部分，选择偶数的花被认为缺乏审美感和鉴赏力。所以送花 1、3、5、7 枝可以，奇数是吉利的象征，只有送 13 枝才是不吉利的。

在日本、韩国、朝鲜和中国南方的一些地区，由于发音或其他的原因，认为“4”是不吉利的，送鲜花时，数目不能是“4”枝。日本人还忌讳送花数目为“9”，因此不能送他们“9”枝花。此外，不能送日本人带 16 瓣的菊花，因为这是日本皇室纹章的标记。

课堂互动

馈赠礼仪测试

（一）情景描述

下列是一份馈赠礼仪调查问卷，结合你的情况做出回答。

1. 过节时给好朋友准备小礼物。(　　)

A. 总是　　B. 经常　　C. 偶尔　　D. 很少　　E. 没有

2. 会花很多时间去挑选礼物。(　　)

A. 总是　　B. 经常　　C. 偶尔　　D. 很少　　E. 没有

3. 给别人买礼物时，会找人做参谋。(　　)

A. 总是　　B. 经常　　C. 偶尔　　D. 很少　　E. 没有

4. 讲究送出礼物的时间。(　　)

A. 总是　　B. 经常　　C. 偶尔　　D. 很少　　E. 没有

5. 在收到礼物时，当着对方的面赞美礼物的精致。(　　)

A. 总是　　B. 经常　　C. 偶尔　　D. 很少　　E. 没有

6. 在收到礼物时回赠对方。(　　)

A. 总是　　B. 经常　　C. 偶尔　　D. 很少　　E. 没有

7. 在送礼物时，注重礼物的包装。(　　)

A. 总是　　B. 经常　　C. 偶尔　　D. 很少　　E. 没有

8. 以相同的礼物送给不同的朋友。(　　)

A. 总是　　B. 经常　　C. 偶尔　　D. 很少　　E. 没有

9. 让他人转交礼物。(　　)

A. 总是　　B. 经常　　C. 偶尔　　D. 很少　　E. 没有

10. 收到价钱比较便宜的礼物时，心中感觉很别扭。(　　)

A. 总是　　B. 经常　　C. 偶尔　　D. 很少　　E. 没有

11. 在赠送礼品时，附带价格标签。(　　)

A. 总是　　B. 经常　　C. 偶尔　　D. 很少　　E. 没有

12. 送宣传性物品给朋友。(　　)

A. 总是　　B. 经常　　C. 偶尔　　D. 很少　　E. 没有

（二）评估标准和结果分析

1～7 题，选 A 得 4 分，选 B 得 3 分，选 C 得 2 分，选 D 得 1 分，选 E 得 0 分；8～12 题，选 A 得 0 分，选 B 得 1 分，选 C 得 2 分，选 D 得 3 分，选 E 得 4 分。各题得分相加，得出总分。

36 分及以上，说明你平时非常注重馈赠礼仪，而且做得很到位。

24～36 分之间，说明你平时还能够注意到馈赠礼仪，也掌握一定的馈赠礼仪知识，但还不够。

24 分及以下，说明你在平时还不够重视馈赠礼仪，因此要努力学习。

第四节　公共礼仪

案例导入

“女士优先”应如何体现

在一个秋高气爽的日子里，迎宾员小贺，着一身剪裁得体的新制服，第一次独立地走上了迎宾员的岗位。一辆白色高级轿车向饭店驶来，司机熟练而准确地将车停靠在饭店豪华大转门的雨棚下。小贺看到后排坐着两位男士，前排副驾驶座上坐着一位身材较高的外国女宾。小贺一步上前，以优雅姿态和职业性动作，先为后排客人打开车门，做好护顶姿势，并目视客人，礼貌亲切地问候，动作麻利而规范、一气呵成。关好车门后，小贺迅速走向前门，准备以同样的礼仪迎接那位女宾下车，但那位女宾满脸不悦，使小贺茫然不知所措。通常后排座为上座，一般凡有身份者皆此就座。优先为重要客人提供服务是饭店服务程序的常规，这位女宾为什么不悦？小贺错在哪里？

故事思考：尊重妇女是一种社会公德。在西方国家流行着这样一句俗语："女士优先"。在社交场合或公共场所，男子应经常为女士着想，照顾、帮助女士。诸如：人们在上车时，总要让妇女先行下车时，则要为妇女先打开车门，进出大门时，主动帮助她们开门、关门等。西方人有一形象的说法："除女士的小手提包外，男士可帮助女士做任何事情。"迎宾员小贺未能按照国际上通行的做法先打开女宾的车门，致使那位外国女宾不悦。

一、出行驾乘礼仪

人们经常需要出行，同各种交通工具有着非常密切的联系。无论是乘坐汽车、轻轨、地铁、火车、轮船、飞机，还是步行，均离不开交通工具和交通设施，不管以何种方式出行，都必须有秩序意识、自律意识、互助意识、礼让意识。自觉遵守交通礼仪是人们起码的常识。

（一）步行礼仪

无论外出到什么地方，借助何种交通工具，都离不开步行。在公共场所行走，更能体现一个人文明礼貌修养的程度。因此，有关步行的礼仪是交通礼仪的核心内容所在。

在拥挤或狭窄的路段上行走应自觉礼让，特别对年长者、妇女、患病体弱者一定要主动让路。

行走时以中速为宜，非紧急情况下不要猛跑。如果不小心碰到了别人或踩了别人的脚，要主动向对方道声"对不起"，即使对方态度不好也不要与其发生口角。别人撞了自己或踩了自己的脚应大度宽容，对主动道歉者说声"没关系"，不可以口出怨言，斥责对方。如果遇到残疾人不仅要主动让路，必要时还应主动上前搀扶一把，决不可与其抢道，更不能以强欺弱无视公德。

行路途中除自觉遵守交通规则，还应积极维护社会公德，敢于和违法行为作斗争。遇到别人发生矛盾，不要围观起哄，而应主持公道，分清是非，排解纠纷。

（二）骑车礼仪

自行车或者电动自行车是当下人们主要的交通工具之一，尤其随着共享单车的普及，骑车成为很多城市人的出行首选。那么，如何成为一个文明的骑车人呢？骑车首先要遵循靠右通行的原则；要注意车速，遇到行人应该避让；不争不抢，遇到拥堵互谅互让；骑车出入大门时，要减速或下车；骑自行车其他应该注意的礼仪。

（三）乘车礼仪

以车代步，是现代社会的一个显著特点。由于乘坐车辆类型不同，其注意事项也有差异。

1. 乘坐市内公共交通工具礼仪

现代化城市往往拥有各种各样的公共交通工具以方便大家的出行，包括轻轨、公共汽车、地铁等都是城市居民的主要交通工具。现代人们的出行离不开公共车辆。由于我们国家交通事业还不够发达，车少人多，车厢里常常很拥挤。因此，乘客彼此之间便特别要求讲究文明乘车，遵循文明的乘车规则：

（1）遵守乘车秩序。候车时应排队，车来后，要按顺序上车，不要争先恐后，乱挤乱撞。发现有老弱病残者或孕妇女士上车时，要主动让其先上车。遇到行动不便的人，要主动帮助。尤其是年轻人，不要自恃身强力壮，推开别人往前冲，更不要明明看到车内满员，已上不去，却硬扒住门，不让开车，这些做法是十分野蛮无理的。

（2）处处礼让。进入车厢，要尽快站好自己的位置，路远的乘客要往里走让出门口，不能横冲直撞争抢座位。所有的男士、女士和孩子都应该将座位让给残疾人或站立困难的人，让给老年人、孕妇、怀抱婴儿的母亲和拿各种东西的人。年轻人应该将座位让给老年人，与父母一起出门的年轻人应将座位让给父母，而不是自己抢着坐。对年老体弱的乘客，或者比你小的小朋友，都要主动让座。带小孩的同志要注意不要让小孩站在椅子上，踩脏座位，车内拥挤时应将孩子抱在腿上，把座位让出来。身边有空座位时，要先看看周围有没有需要照顾的人，不要急忙坐下，如果与别人同时站在空座位旁，应向对方表示谦让，不要为了占座搞小动作。如果别人给自己让座，应微笑着说声“谢谢”，不要以为别人给自己让座是天经地义的事。

（3）宽容忍让。车上人多拥挤，互相间难免磕磕碰碰，切不可斤斤计较。若是自己踩了别人，要马上向对方表示道歉，说声“对不起”；如被别人碰了一下，要有一点绅士风度，点头示意表示谅解，不可“一触即跳”，骂骂咧咧，甚至出言不逊。

（4）遵守车厢规范。坐在座位上，不要翘起二郎腿，以免妨碍车内的通行或蹭脏别人的衣服。不要在车厢内吃油煎食物、冷饮或带壳食品，维护车辆清洁，不要随地吐痰、乱丢果皮纸屑。不要把携带的物品放在座位上，携带表面有汤水或污迹的物品要包好，以免蹭在别人身上。

（5）多为他人着想。上车后要脱下雨衣，以免雨水沾湿别人；拿了雨伞，要记得把雨伞的尖顶部分朝下，防止戳伤别人；如果拿着腥湿的物品，应先把它们装进塑料袋再上车，以免弄脏他人的衣服。

（6）上车时要按规定购票，要自觉买票和出示月票或磁卡。下车应早做准备，如离车门较远，要有礼貌地问一下前面的乘客是否下车，并及时调整位置，如自己不下车，应主动为下车的人让道。

2. 乘坐轿车礼仪

乘坐轿车应当遵循“客人为尊，长者为尊”的原则。上车时，应让车子开到客人跟前，要帮助客人打开车门，然后站在客人身后让客人先上车。若客人中有长辈，还应扶其先上车，自己再行入内。

如果专职司机开车，车内后排的座位，右边为大，左边次之，中间再次之。晚辈或地位较低者，坐在司机边上的座位。如果是主人亲自开车，则应把司机边上的位置让给尊长，其余的人坐在后排。

与别人一同乘坐轿车时，举止要规范，具体为：

（1）上下轿车时，还要注意正确的姿势。男士可以一步跨入轿车，女士这样做却不雅观。女士正确的做法是：上轿车时，头和身体先进入轿车坐好，然后再将车外并拢排列的双脚放入车内；下车则相反，双脚先出来，在车外并拢，然后头和身体再出来。

（2）坐车时，不要东倒西歪碰到别人身上。穿短裙的女士上车时应双腿并拢，背对车座坐下后，再收入双腿；下车时正面面对车门，双脚着地后，再移身车外。如果跨上跨下，爬上爬下，姿态将极不雅观。

（3）不要在车上吸烟或又吃又喝、乱扔垃圾等，更不要将手或腿、脚伸出车窗外。

（4）不要与司机闲聊，更不要让司机听移动电话或看书刊。在开、关车门时，不要弄出声响，或用力过大，以免夹伤人。自己上下车、开关门时，要看好后行，以免疏忽大意，伤及他人。

3. 乘坐火车礼仪

火车是重要的长途旅行交通工具之一。良好的乘车环境需要大家共同努力，因此在乘车过程中，要讲文明、懂礼貌，多一分宽容，多一分礼让，这样，不仅能减少许多不必要的麻烦，还能保持良好的心情，减轻旅途疲劳。

（1）自觉遵守候车规则。候车室是供旅客休息的公共场所，候车时应注意以下几点：

- 爱护室内的公共设施。
- 不要大声喧哗。
- 携带的物品应放在座位下或座位前，不抢占或多占座位。不要躺在座位上使别人无法坐下休息。
- 保持候车室卫生。废弃物应主动扔到果皮箱内，不随地乱扔东西，不随地吐痰。
- 检票时要自觉排队，不乱拥乱挤，要有秩序地上车。

（2）按照位置就座，放好行李。按照车票标志座位就座，如果因为特殊原因需要换座应友好协商，不可霸座。长途旅行一般携带行李较多，乘客间要相互照顾，合理使用行李架，放、取行李时应先脱掉鞋子后站在座位上，以免踩脏别人的座位。自己的行李要摆放整齐，尽量不压在别人的行李上，如果实在不行也应征得别人的同意。

（3）自觉维护车厢环境。不在车厢内吸烟。不要毫无顾忌地打喷嚏。没有特别原因不要在车厢狭窄的过道上走来走去，坐在座位上不要把脚伸到过道上。不要津津有味、旁若无人地大嚼食品，不要把果皮、残剩食物及废弃物在车厢内随地乱扔。不要随地吐痰。不要在车厢内大声说话，不管谈的是工作上的事、家中的事，还是闲聊都应如此。

（4）邻座之间友好相处。长途旅行，与邻座的旅客有较长的时间共处，有兴趣时可以共同探讨一些彼此都乐于交谈的话题。但交谈前应先看清对象，与不喜欢交谈的人谈话是不明智的，和正在思考问题的人谈话也是失礼的。即使与旅伴谈得很投机，也不要没完没了，看到对方有倦意就应立刻停止谈话。注意谈话中不要问对方的姓名、住址及家庭情况，这些不是好的交谈话题。如果阅览别人的报刊或使用邻座的物品，应先征得对方同意，不可随便取用。别的乘客看报刊时，不能凑上去观瞧。

4. 乘坐飞机的礼仪

飞机是目前世界上最快捷的交通工具，有速度快、时间短、乘坐舒适等特点，很适合人们的旅行。由于空中旅行和地面旅行有许多差异，因此有些事项应引起特别注意。

（1）提前办理乘机手续。乘机手续，主要指购票和登机手续，它比较严格且较为复杂，应提前办理。乘坐飞机，至少应在飞机预定起飞时间前一个小时至一个半小时到达机场，在这段时间里要核查机票、办理行李装运手续，还需进行一些必要的登记。时间充裕才会从容不迫，忙而不乱。

（2）妥善处理携带的行李。携带行李应尽可能轻便。国际、国内航班对行李的重量均有严格的限制，行李超重不仅提取麻烦，而且需要交纳费用，因此尽量少带为宜。随身携带的行李，登机后可将其放到置物架上，放置时应避免把置物架塞得过满，造成其他乘客行李无处可放。不可将行李放在座位上，更不能占用其他乘客的座位。

（3）遵守规定，文明乘机。飞机飞行期间，乘客应严格遵守机上宣布的有关规定。当“系好安全带”的信号灯亮时，要迅速系好安全带。如果你恰好正在盥洗室，应尽快回到座位上系好安全带。在飞机上使用盥洗室或厕所应尽量少占用时间，使用完毕要保持其清洁，任何地方也不要留下令人不愉快、不整洁的痕迹。要尽量避免做让人反感的事，如：不要突然放下座椅靠背，放靠背前应先回头看一下后面的人，让后面的人有准备；不要用力将托板推回原位，以免这种震动使前面的人吓一跳；不要不断地碰撞别人的座位；有跷二郎腿摇摆或颤动习惯的人，最好主动要求坐在靠通道的座位上，这样可避免影响他人。

（4）尊重乘务人员的劳动。飞机飞行中，乘务员会为乘客提供服务，如送饮料、食物或报纸等。在接受服务后应向乘务员道声“谢谢”或点头致谢意。无特殊事情，应尽量不要麻烦乘务员，因为乘务员担负着为所有乘客服务的职责。如果有事确需乘务员帮助时，可使用呼唤按钮或向乘务员招手示意，不可大声呼叫。

5. 驾车礼仪

随着生活水平的提高，私家车的保有量也在增加，相应的道路拥堵情况也易发生，尤其是在城市道路，因此在驾车时也需注意自身礼仪规范，做文明驾驶员。

（1）文明开车，表现出良好的驾驶风度。要注意礼让，要了解各个路段的时速限制，注意路上的交通标志，集中精力、谨慎驾驶。

（2）不要抢行，不要对着车前的行人猛按喇叭，喇叭应尽量在遇有情况时使用。如拐弯转道时，应提前开亮转向灯。

（3）下雨天开车，要尽量慢行，尽量避开水坑，以免使污水溅到行人身上。

（4）道路拥挤或车辆堵塞时，应自觉循序而进或耐心等候，绝不可从车队中脱离出来超越前面的车辆把道路堵死，使对面的车辆也无法通行。

（5）在快、慢车道分明的公路上行车，应根据自己的情况合理选择，既不要在快车道上开“蜗牛车”，也不要在慢车道上开“飞车”，还要注意不要来回频繁变换车道，影响后面车辆行驶。夜晚开车时要适时变换远近灯光，绝不可一直用远光直射对方。

（6）停车应到允许停放的地方，停车时不要占用两个停车位，不要挡住车道及出入口。

（7）不要车窗抛物，车内的废弃物、瓜果皮、塑料袋、空瓶空罐等，要先放在一起，等找到垃圾箱后再行处理，无论何时何地，乱扔垃圾都是极不文明的。

【小知识】

轿车座次的尊卑，主要取决于三个因素（以左侧驾驶座为准）。

（1）主人驾车。当主人或领导亲自驾车的时候，一般称为社交用车，上座为副驾驶座。一般前排座为上，后排座为下；以右为尊，以左为卑。这种坐法体现出“尊重为上”的原则，体现出客人对开车者的尊重，表示平起平坐，亲密友善。

（2）专职司机驾车。由于右侧上下车更方便，因此要以右尊左卑、方便、隐秘为原则，方便为上。在接待非常重要的客人时，上座是司机后座，因为该位置的隐秘性好，而且是车上安全系数较高的位置。

（3）普通轿车乘坐顺序，如图 7-6 所示。

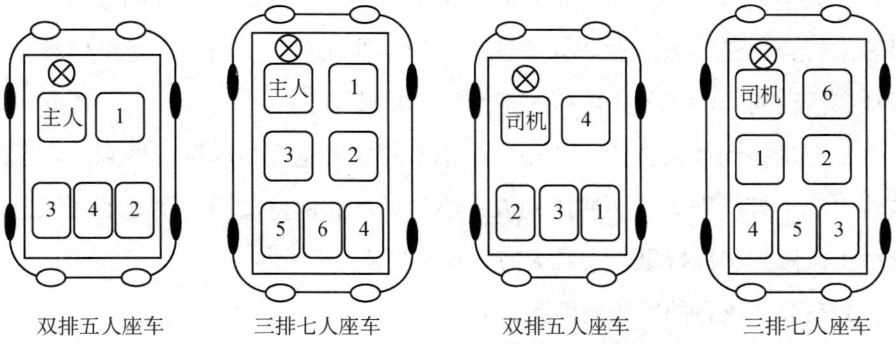

图 7–6 普通轿车乘坐顺序

6. 乘电梯礼仪

乘坐电梯的礼仪有两种情况：第一种是在公共场合如商场、车站、地铁出口等场合的乘电梯礼仪；第二种情况是单位内部的乘电梯礼仪。对于第一种情况，国际上有一条约定俗成的礼仪，就是“右侧站立，左侧急行”。在乘坐传递式电梯时，没有事的人自觉靠右站立，将左侧通道留给有急事的乘客通行。这不仅保证了有序有效的运行秩序，还体现了一个城市市民的文明素质。目前，华盛顿、东京等城市，人们乘坐电梯都形成了自觉“靠右站立”的习惯。

第二种情况乘电梯的礼仪是：①上下电梯见到公司主管或来宾，可点头微笑致意。②电梯门开，可进入时应迅速入内。③进入电梯后，有人接踵而至时，则应先按下 open（开）按钮。④倘若是最后一名入电梯者，为节省时间，可按下 close（关）按钮。⑤电梯门关后，除按下自己要抵达楼层的按钮，同时也应热心询问同行者要抵达的楼层并代为按下。⑥务必谨遵电梯搭载人数的限制。见有超载的可能时，即不应强行入内，否则待铃响才退出，更会使自己尴尬不已。⑦抵达目的地后，如电梯中人太多，就应向别人致歉，并挤出人群快步走出电梯。而绝不可一言不发地突然推开人群，独步而行。⑧当与顾客或上司乘电梯时，应考虑地位的尊卑，可请年长位尊者先出电梯。需要时，可扶持照顾其出入电梯。

二、公共场所的基本礼仪

公共场所也叫公共场合，是指人群聚集，供人们学习、工作、社会交往、休息、文体娱乐、参观旅游及满足部分生活需求所使用的一切公共建筑物、场所及设施。公共场所属人为环境，是人们日常生活中不可缺少的组成部分。公共场合最显著的特点，是其公用性和共享性。它为全体社会成员服务，是全体社会成员进行社会活动的场所。公共场所的基本礼仪要求如下：

（1）无论是到什么样的公共场所，基本的要求是互相尊重，做到尊老爱幼、尊重他人、不打扰别人、不妨碍别人、小声说话、保持安静。要处处注意自己的言行举止，做到和蔼持重、文雅大方、谈吐斯文。

（2）在公共场合的穿戴要做到整齐、干净、朴素，不要过分夸张。

（3）在公共场合要保持自己身体的平静、安静、无异味，即身体尽量不要发出声响和散发异味。

（4）在公共场合里不要吸烟，更不能把废弃物随便乱丢，也不要随地吐痰、擤鼻涕。

（5）在公共场合的出进，一定要做到轻、缓、静，不要用脚踢门，也不要慌张忙乱，以免引起不必要的误解，不可在座椅上躺卧。

（6）在公共场合不仅要谦恭文雅，而且要爱护公共财物，不要乱写乱画，更不能刻意毁坏。

（一）旅游中的礼节

旅游是一种陶冶性情、增强体魄的高尚与文明的活动。随着人们生活水平的提高，任何人都可能成为旅游者，外出旅游不可不讲文明和礼节。

爱护旅游地的名胜古迹、花草树木、公共设施等，不要乱倒、乱泼、乱丢、乱踩、乱画，更不要攀枝折花。

出入旅游地，要讲究卫生，保持安静。如野餐、野炊后，应将废物收集带走或就地挖坑处理干净。不要大声喧哗戏闹。关心他人，谦让和善，在景色美丽的地方拍照时，要礼让谦和，不要争强占先；若有人妨碍拍照时，应礼貌招呼，不能大声呵斥；若别人拍照，不要在其前来回走动影响他人；在通过山洞、小桥、曲径、窄路时，要瞻前顾后，不要拥挤争先；中途休息处，不要横躺睡觉，也不要坐椅背或脚踩凳面，见老弱病残和怀抱小孩，就应主动让座；划船时，注意不要把水溅到别人船上和他人身上；带小孩玩乐时，注意不要让小孩长时间独占游乐设施。途中问路，称呼得当、谦逊亲切；情侣同游，举止端庄，不可过分亲热；遇他人求助，主动热情；求人帮助，礼节先行。

（二）影剧院礼节

在许多国家，文化生活很受重视，有的人如果一个月不去一两次剧院或音乐厅就觉得是生活中的遗憾。不论是观看芭蕾舞或歌剧，倾听交响乐或演唱会，欣赏影片，人们都不仅仅把这看作是娱乐消遣，而是当作一种艺术享受。因此人们对上剧场或者音乐厅都是郑重其事，并且彬彬有礼，大家共同维护剧场中的典雅、和谐的气氛。歌德曾说："剧院被看作是最神圣的殿堂，在这里发生的任何破坏秩序的行为都被视为破坏这一神圣气氛的罪行，而应立即受到惩罚。"可见，影剧院礼节是如何得到人们的重视的。

出入这些场所，应该注意以下几点：

● 修饰打扮和仪表应合乎时宜。袒胸露背、浓妆艳抹、衣着怪异等都是不文明、不礼貌的行为。

● 准时入场。应在开演前几分钟入场落座，万一迟到了，或随服务员悄然进入或自行进入。走姿要低，速度要快，经过同排观众前对其转让行为应予致谢。

● 在观看过程中，应自觉摘下帽子，以免影响后面观众的视线。坐姿要稳，不要左右晃动，不要把脚伸到前排座位上，也不要脱鞋脱袜，污染空气。不要吸烟，不要吃有声响和带壳（皮）的东西。不要乱扔杂物，要讲究卫生。

● 在观看过程中，不要窃窃私语，也不要大声谈笑喧哗。特别对于自己熟悉的电影或剧本，不要喋喋不休预先作介绍，以免影响他人情绪。恋人之间，不要过分亲昵，或情话绵绵，交头接耳那都是不文明的行为。

● 在观看过程中，要尊重演员的劳动，一幕结束或一剧（曲）终了，应通过掌声、喝彩声表示致意，不可喝倒彩、吹口哨、跺脚或怪叫。若演出中出现故障，或其他特殊情况应予谅解，耐心等待。一般来讲，为演出所打动，不要在演出过程中叫好或鼓掌。如果你观看的是歌剧，那么通常在一曲咏叹词唱完时鼓掌；在音乐会上，则是在乐队指挥站到乐谱架后时鼓掌。有时候主要演员在演出之前走上舞台时，也应报以掌声。如果你对演奏的乐曲不太熟悉，最好勿为人先，等大家掌声响起之后，再跟着鼓掌，否则会“孤掌难鸣”。

● 在观看过程中，一般不要中途退场，确因特殊情况需退场，应轻声离座，走姿要低，速度要快，以免影响他人，最好在演出间隙时退出。

（三）校园礼仪

校园是人生金色的摇篮，也是培养社会新人的摇篮。这一摇篮里，有梦想，有文化知识的系统传播，还有道德理想、文明礼貌的养成。这些任务的达成，需要一套完整的教育实践模式，从礼仪教育的角度看，同样要建立一套完整的校园礼仪规范，使学生在校期间都能受到良好的礼仪训练。这样经长时间的实践，使规范逐渐融入办学的优良传统。优良传统一旦形成，有形的规范就会转化为无形的约束力量。这样，新学生一进入校园，就会受到某种优良传统的熏陶，就会在无形的约束力量之中，自觉养成讲文明、懂礼貌、重礼仪的道德观念和行为习惯。校园礼仪是在校园生活中产生的，它包括校园生活的各个方面的内容。

1. 尊重教师

学生对教师应该虚心诚实，言行有礼，在行动上应按规范认真去做。平日在校园内与教师相遇，不管是否给自己任课，均应含笑问好。如果环境狭窄（楼道、走廊）应向旁边跨开一步，给教师让道。唐代文学家韩愈说：“师者，所以传道授业解惑也。”可见，教师的责任是极重的，教师的劳动是很高尚的，所以理应得到人们的尊重。

韩愈又说：“人非生而知之者，孰能无惑？惑而不从师，其为惑也，终不解矣！”这里提醒我们，学生到课堂上课的主要目的，就是为了从师而解惑。一个学生不遵守课堂纪律，也就是对教师的不尊重，其为惑也，怎能解呢？同时，这又是对其他同学的不尊重，会影响别人的解惑。正因为课堂是学生从师解惑的主要场所，所以每个学生都应遵守课堂纪律，这既是对教师辛勤劳动的尊重，也是一种基本的礼貌。

（1）课堂上。在课堂上学生要衣着整洁，姿势端正。夏天，不赤脚穿拖鞋，不穿无袖背心。冬天，课堂上不应戴帽子、戴手套或口罩等。

学生如遇到特殊情况，不得已在老师开始上课后才进入教室，应特别注意举止的文明和礼仪的周到。

教师在上课时向学生提问，回答老师提问时应注意：

● 学生要在教师点到自己的名字时，站起来答题，切不可坐在座位上回答。

● 在起立回答问题时，站姿、表情要大方，说话声音要清晰，不要过低，使老师同学都能听清楚。

● 有时，对老师的提问自己回答不出来，但又偏偏被点到名。这时，自己应该站起来，以抱歉的语调向老师实事求是地表明：这个问题自己回答不出来。

● 在别人回答教师的提问时，不应随便插话。如别人回答错了，或者回答不出时，切不可在旁边讥笑嘲笑。当老师发问“有哪个同学能回答这个问题”时，自己可以再举手，在得到教师允许后，站起来回答问题。

对教师讲述的内容有异议时，最好下课后单独找教师交换意见，共同探讨，但尽量不要在无关紧要的细节上纠缠，教师精力不济时应主动停止交谈，教师若还有上课任务，应留意给教师一点休息方便的时间。若在课堂上或公共场合非提不可时也要注意方式，态度要诚恳谦恭，不可无礼冲撞，不可扰乱课堂秩序。

（2）办公室。

案例

我国宋代有位学者叫杨肘。一天，他和另一位学者游酢冒着严寒同去向老师程颐求教。到了那里，见老师坐在堂上睡着了。为了不打扰老师，他们恭恭敬敬地站在门外等着。过了很久，老师醒来看见杨肘、游酢正静悄悄毕恭毕敬地侍立在外面，连忙说：“你们二位有什么事？快请进来吧。”老师醒了并请他们了，他们才进门。此时，门外漫天大雪，地上积雪已有一尺多厚，杨肘、游酢全身都白了。从此，“程门立雪”就成为尊敬老师的一个故事而流传了下来。

由此可见，在征得老师同意后方可进入教师居所或办公室，这也是我国民族传统的尊师礼仪之一。今天和古代相比，学科更加复杂，学校范围更大，老师人数也更多了。办公室是老师们静心工作的地方，随便进出和打扰老师显然是不礼貌的行为。

2. 友爱同学

（1）在校园里。同学相见时，应互相致意问好。同学间可彼此直呼其名，但不能用“喂”“哎”等不礼貌用语称呼同学。在有求于同学时，须用“请”“谢谢”“麻烦你”等礼貌用语。借用学习和生活用品时，应先征得同意后再拿，用后及时归还，并要致谢。

对同学的相貌、体态、衣着不能评头品足，也不能给同学起带侮辱性的绰号，绝对不能嘲笑同学的生理缺陷。在这些事关自尊的问题上一定要细心加尊重，同学忌讳的话题不要去谈，同学讨厌的事不要去做，千万不要“哪壶不开提哪壶”。

对于同学遭遇的不幸、偶尔的失败、学习上暂时的落后等，不仅不应嘲笑、冷落、歧视，而且应该热情帮助。既可帮助对方分析原因，总结经验教训，也可用安慰、同情、鼓励的话语去抚平对方心灵的皱褶，有时，即使是一句话也不说，但陪对方散步、打打球也不失为友爱的方式。

古人说：“慧于心而秀于言。”与同学说话，能使心灵的聪慧得到交流，能使同学之间增加了解、增进情谊和相互增长知识。但要起到这样的作用，就要注意与同学说话的礼仪，也往往由此而能推断出这位同学的品性教养、思想面貌和文化水平。那么，与同学说话具体应注意哪些礼仪呢？下面分态度和内容两个方面来讲。

- 说话态度：与同学说话要态度诚恳、谦虚；要语调平和，不可装腔作势；还要关心听自己说话同学的兴趣和情绪。听同学说话时，态度要认真，不可做其他事，不可表示倦怠、打哈欠或焦急地看钟表；不要轻易打断别人的话，要插话或提问一定要先打招呼；若同学说得欠妥或说错了，应在不伤害同学自尊心的情况下，恳切、委婉地指出。
- 说话内容：与同学说话的内容要真诚实在，要实事求是地谈出自己对事物的看法。不说胡乱恭维别人的话，也不说使别人感到伤心、羞愧的事，更不说不文明的污言秽语。

古人说：“言，心声也。”一个学生说话的态度和内容若是美的，那么，他的心灵也必然是美的。

（2）学习生活。同学之间天天相处，难免会有一些磕磕撞撞的事或意见上的分歧。这时，要克制自己、尊重别人，要破除身上的“骄”“娇”二气，心平气和地讲道理，不能使气任性，也不能用不文明的语言辱骂同学，更不能粗暴地动手打架。对同学如果有意见发表，应以委婉口气为宜，不要随便在大庭广众之下议论同学的不是。

向同学询问事情，实际上是麻烦别人对自己进行帮助和指导，因而，要注意如下几方面的礼貌。

● 应选择能答复自己问题的同学，作为被询问的对象。

● 要选择被询问同学有空闲或方便的时间去询问，不可打扰或影响同学的学习。

● 开始询问之前，一定要先说：“同学，对不起，我打扰您一下，向您请教一个问题。”在被询问的同学同意后，再询问。

● 若被询问的同学一时回答不上，自己应当尽快为其解除尴尬，说：“不要紧，这件事是比较难回答的，耽搁了您的时间，谢谢。”

● 被询问的同学若把所询问的事情告诉了自己，应该在向他道谢之后，再离去。

男女同学在校园内共同学习，朝夕相见，为了大家相处得更好，双方也都应注意如下几点基本礼仪：

● 异性同学之间，应特别以礼相待，要相互平等，相互尊重，相互帮助。

● 男同学应彬彬有礼，女同学应文雅大方。异性同学之间的接触，事前应得到女同学的许可，接触的地点要公开，举止、言谈要大方，要高雅，要有礼貌，谈话的时间要短，相互不要靠得太近。

● 异性同学之间，不能互起绰号，不能讲粗话、脏话和庸俗的传闻，不能久久凝视对方，不能打打闹闹。对异性同学的容貌、身材和衣着，也不应评头品足，不应伤害对方的自尊心。

● 对异性同学的弱点、缺点或残疾，不可进行嘲讽，而应热心帮助。

● 在体力劳动等方面，男同学应该主动关心、帮助和照顾女同学。

● 在学校里拒绝异性同学的追求，所采取的措施要文明，要有分寸，不可讥笑对方，不可公开异性的求爱信函，更不可伤害对方。

● 到异性同学的住宿处串门，一定要注意时间。不可选择在多数同学要处理生活问题的时候，更不可选择在夜间已打过熄灯钟之后。

（3）宿舍生活。住校学生生活在一个大家庭里，学习、生活及其他活动都是集体进行的。因而除了要求学生自觉遵守学校规定的住校守则，还应特别注意如下一些礼仪。

● 尊重集体和集体的生活秩序：不随便使用、翻弄或移动别人的东西；个人用物安放在一定的地方，如遗失物品，不胡乱猜疑别人；平时在宿舍里不高声谈笑，夜间就寝后上下床动作要轻，并尽可能用微型手电筒照明，以免影响别人的休息；听收音机或录音机时尽量使用耳机，或尽量把音量调轻。

● 关心他人和重视公共安全；如有同学病了，要主动关心和照顾；公共场所的清洁卫生，要自觉维护和主动打扫，一般不随便去其他宿舍串门，尤其是异性宿舍；也不随便把外人带进学校；用电、用火都要随时注意安全。

● 遵守作息时间：起床、入寝、自修、用膳、熄灯等，都应按照学校规定的作息时间进行。

● 爱惜公家财物：要随手关灯，节约用水，不浪费粮食，不损坏集体宿舍的各种设备，如无意中损坏了公物，要主动承认并自觉赔偿。

案例

东汉时期，有个叫陈蕃的人，他年轻时很想干一番大事业，立志要“扫除天下”。可是，他却从来不肯动手把自己家里的环境打扫干净。当时就有人批评他说：“一屋不扫，何以扫天下！”陈蕃不愿做扫地这样具体的事，说明他的大志是不实在的，从精神文明的角度来说，就是空的。同样，一间学生寝室里如果床铺乱糟糟，地上很肮脏，这些学生就是嘴上口号叫得再漂亮也没什么用。人们从寝室这个窗口，可以一眼看出：住在这间寝室里的学生们既缺乏劳动和卫生习惯，又不讲究精神文明。

对住校的学生来说，正因为寝室是他们的主要生活环境之一。它的面貌，在一定程度上也能体现和反映出这些学生的文化修养和思想修养。所以，在寝室内要注意如下礼仪：

● 要保持寝室整洁，定期擦洗地板、桌子、橱柜和门窗，定期打扫寝室。

● 被褥要折叠得整齐美观，衣服、鞋帽要整齐地放置在一定的地方。

● 换下的脏衣服、脏鞋袜要及时清洗和晾干，未洗之前不可乱丢，要安置在隐蔽的地方。

● 毛巾、脚布都要挂整齐，并且不与别人的靠叠在一起，以避免相互感染。脸盆等其他洗漱用具应有规律地安放在一定的地方。

● 手机等重要用品，不能乱丢乱放，要安全可靠地放在自己的书桌内或者橱内。

● 借用他人的东西，虽是同室，也必须得到物主的同意，用后要及时归还。东西若有损坏，应照价赔偿。

● 在寝室内，应与在别的地方一样，不可乱叫同学的绰号，不可讲粗话和下流的话。

学生多数是青少年，对生活尚欠理解，也谈不上有什么生活经验。在这种情况下离开父母而投入集体生活，必然会遇上种种困难。倘若同学间能互相关心和互相帮助，就容易克服困难，就能使同学感到集体的温馨。因而，在集体生活中互相关心是必要的。

但是，这里也应有个限度，如果一个学生过分热衷于别人的私事，也有可能会导致侵犯他人的个人权利。假如有人有意或无意地去干预别人的这些私事，那么其后果也许是比较难堪的。

课堂互动

公共场所礼仪认知测评

（一）情景描述

下面给出一些公共场所礼仪观点，哪些符合你的看法？

1. 查阅目录卡片时，将卡片翻乱或撕坏，用笔在卡片上涂抹画线。在图书上随意画圆点、涂抹、折页，把自己需要的资料图片撕下来。

2. 在学期期末的考试周之前的几天，早早地来到图书馆，当时图书馆还剩下几个空位子，这个时候，拿出几本书摆放在上面，为室友占座。

3. 入住酒店时，穿着背心、拖鞋和朋友一起到楼下用餐，用餐时大声说话，吵吵闹闹。

4. 住酒店时，在房间的墙壁上乱画，弄脏家具的表层，吸完烟后直接把烟头戳在桌面上。

5. 不小心弄坏了酒店的物品，并没有隐瞒抵赖，而是承担责任并且加以赔偿。

6. 如果将在酒店连续住上几天，为此留一张纸条给客房服务员，告诉他们，床单和牙刷不必每天都换。

7. 离开图书馆时，将自己的位子清理干净，将座椅向书桌靠拢。

8. 在超市购物时，把购物车放在通道的一侧，然后再挑选另一侧货架上的商品，以免挡住别人的去路。

9. 在医院看望病人时，注意将手机调成振动，接打电话到走廊拐角处。

10. 在医院挂号时，发现挂号收费的医生是自己的初中同学，因此就直接到窗口请求对方优先办理。

11. 在挑选商品时，应该事先考虑一下，不应在选购时过分挑剔、换来换去，如由于某些原因需要调换已买好的商品，应耐心地向营业员说明原因。

12. 在超市购物时，不小心打碎了罐装食品，见到这样的情景，匆匆忙忙离开现场。

（二）评估标准和结果分析

以上描述有些是符合礼仪的，而有些则不符合。请按礼仪规范找出不符合礼仪的行为，说明其不符合礼仪的原因。通过对照分析，你可以更好地理解公共场所礼仪。

实践训练

一、分析讨论

小琪说，她乘坐飞机时，最怕的就是周围有人脱鞋。她形容道“如果将各地域的臭脚聚在一起，那几小时的密闭飞行简直就是一种刑罚。”她说：“按理说，在公共空间里休息是不能脱鞋的，但有一次出国，我乘坐的是外航，人家空中小姐还给旅客提供拖鞋，这就意味着飞机上可以脱鞋休息。”那么，飞机上到底能不能脱鞋呢？

你认为怎样才不会失礼于人，请给出理由。

二、情景模拟

情景模拟 1——名片交换礼仪

（一）活动背景和规则

你初次和一位经理谈业务，约好了在一家咖啡厅见面。你在咖啡厅接待了他，交换名片，商谈业务。

以两人为一组进行表演。按抽签顺序宣读现场模拟题，选手有五分钟的表演时间。选手对场景进行模拟，表演完毕后，选手可进行适当解说，培训师按照评分标准进行打分。

（二）模拟要点

1. 提前到达咖啡厅，接待经理。

2. 首先要把自己的名片准备好，整齐地放在名片夹、盒或口袋中，要放在易于掏出的口袋或皮包里。

3. 见面时，要热情握手问好，上身稍向前倾斜。递交名片时要用双手或右手，用双手拇指和食指执名片两角，让文字正面朝向对方，递交时要目光注视对方，微笑致意，可顺带一句“请多多关照”。

4. 接名片时要用双手，并认真看一遍上面的内容。如果接下来与对方谈话，不要将名片收起来。应该放在桌子上，并保证不被其他东西压起来，使对方感觉到你对他的重视。

5. 先请对方入座，自己方可坐下。

（三）老师评分

	总得分	评分理由
第一组		
第二组		
第三组		
第四组		

情景模拟 2——图书馆礼仪

（一）活动规则

以个人或者团队形式进行表演。按抽签顺序宣读现场模拟题，选手有 5 分钟的表演时间。选手对场景进行模拟，表演完毕后，可进行适当解说，培训师按照评分标准进行打分。

（二）场景

你去图书馆看书，看到只有一个位置空着。空位旁边的一位同学把包放在了空位前的桌子上，包口向着她敞开着。你坐了这个位置。当你坐下来后，把书拿出来看，一会儿，你的手机响了。你接完电话，看了书，就离开了图书馆。

（三）模拟要点

1. 进入图书馆，要衣着整齐，轻轻走路。

2. 有礼貌地询问“请问这里有人吗”，或者“我可以坐这里吗”，等别人回应后，才可以入座。

3. 把书拿出来看的时候，要轻拿轻放。手机要调至震动，来电话了，要出去在走廊接听，不可大声说话，应尽快结束通话。

4. 看完书后，把书放回原处。离开时，把椅子轻轻抬起，移到桌子底下。

组别/个人	礼仪规范要点（满分—80）	表演（满分—10）	创意（满分—10）
1			
2			
3			
4			
5			

推荐阅读

《社交礼仪教程（第五版）》作者：金正昆，出版社：中国人民大学出版社，出版时间：2016 年 6 月。

第八章 职场礼仪

【学习目标】

- 明确职场礼仪的重要性
- 了解职场礼仪的基本原则
- 掌握职场礼仪的注意事项

【技能目标】

- 有效运用职场礼仪提升个人价值
- 营造良好人际关系赢得职场机会

【名人名言】

- 《左传》：礼以行义，义以生利，利以平民，政之大节也。
- 卢梭：怀着善意的人，是不难于表达他对人的礼貌的。
- 《易传》：唯宽可以容人，唯厚可以载物。君子以厚德载物。
- 托克维尔：如果事先缺乏周密的准备，机会也会毫无用处。
- 尚涛：在面试的过程中，互动是很重要的。你的眼睛要懂得迎接来自听众的眼神，这是一个求职者所必需的技能。

第一节 求职面试礼仪

案例导入

李娇在上大学期间就听说就业不容易，所以毕业前投了很多简历，但都石沉大海，没有结果。后来终于盼来两家企业面试的机会，但都以失败告终。她感觉自己表现得不错，可就是没通过。于是找到职业顾问进行咨询，才知道面试需要讲究的学问有很多，尤其是礼仪方面的知识。于是她在做了职业生涯规划之后又进行了面试辅导，对面试前、面试过程中、面试之后的所有要求、做法和问题接受了全方位辅导，又针对专业和职业进行了场景训练。再次面试时她心中有了底，心态也非常好，信心十足，面带微笑，语气和缓，讲究礼节，应对自如，不但顺利通过面试，还得到面试官的赞许。李娇高兴极了，因为她终于以专业求职者的姿态，在众多竞争者中脱颖而出，进入了一家著名的高科技公司，在同学中最先找到了适合自己的工作。

【思考】只有掌握良好的职场礼仪，才能在职场竞争中获得优势，进而为职业成功扫清障碍。

参加求职面试，面试官往往都把求职者作为职场新人来看待，所以求职者一定要适应职场规则，而掌握职场礼仪，做到举止得体、礼貌待人，求职者的职业生涯也许会更加顺利，更容易获得成功。所以求职者除了要具备良好的专业素养，掌握相关的求职面试礼仪也是非常必要的。

一、面试前的礼仪

案例

面试者为什么都不合格

北京有一家外资企业招工，对学历、外语、身高、相貌的要求都很高，且薪酬也挺高，吸引了许多高素质人才前来应聘。许多年轻人过五关斩六将，到了总经理面试的最后一关。

许多年轻人想，这很简单，只不过是走走过场罢了。没想到，这最后一关的面试出问题了。一见面，总经理便说："很抱歉，年轻人，我有点急事，要出去10分钟，你们能不能等我？"年轻人说："没问题，您去吧，我们等您。"老板走后，这些年轻人一个个踌躇满志、得意非凡，于是围着老板的大写字台，只见上面文件一摞、信一摞、资料一摞。年轻人你看这一摞，我看那一摞，看完了还相互交换。10分钟后，总经理回来了，说："面试已经结束。很遗憾，你们没有一个人被录取。"这些年轻人都很疑惑。

从这一案例可以看出，尊重是礼仪之本，尊重别人亦是对自己的尊重。求职者除了应该具备相应的专业技能、专业素养，还必须懂得这至关重要的面试礼仪。

掌握求职面试的礼仪规范很重要，透过礼仪可以看出求职者的涵养与素质，它甚至决定着面试的成败。因此，每一个求职者都不能忽视整个求职过程中的任何一个细节。

（一）简历与求职信的礼仪

对所有的求职者来说，求职的第一步就是要做好自己的简历与求职信，简历就是自己的求职介绍信，通过这介绍信基本可以看出用人单位能否给予你面试的机会。书写求职信与制作简历一定要充分展示出自己的专业优势及业务方面的相关爱好，但也一定要有不失礼仪之言辞。

（1）明确求职岗位。求职者应根据自己的应聘单位及岗位，认真书写求职信。求职信必须套用规范的信函格式，简历文辞也必须要有信函的基本语式即载明求职者的姓名、地址、电话号码、邮箱等重要信息。

（2）求职信的开头称呼一定要使用敬称“尊敬的招聘主管”（不要使用“尊敬的先生”，招聘主管或许是位女士），且文末要有表达谢意之词，但求职信中不要滥用名言或夸大其词，简历内容要真实得当。

（3）求职信中应向用人单位详尽介绍自己及业绩。简历与求职信的内容要规范，书写要工整，字体最好用小四号或四号，简历最好用表格式，而求职信的行距最好用 1.5 倍行距，且语言要严谨、简洁、大方，求职信一般不超过一页。

（4）在简历制作中不要谈及薪金和待遇之言辞。

（二）面试准备的礼仪

古人说：“凡事预则立，不预则废。”为了得到自己心仪的职业，实现事业的抱负，求职者在参加面试前有必要做好各种准备工作，包括心理、物件及服装仪容等方面的准备。

案例

出乎意料的面试

小岳是一位公共关系经理，不久前他带着简历到一家公司应聘，一开始一切都很正常，那名女主管表现得非常友好，问了小岳一些常规问题。突然间，那名女主管在没有任何征兆下，突然朝小岳大声责骂，指责她在履历上造假撒谎，在一连串侮辱性的肮脏词语后，女主管要求小岳立即滚出办公室，而当小岳满脸惊诧地离开时，她还将简历表从背后扔向了她。小岳以为这份工作肯定泡汤了，可是第二天，那名女主管却打来电话，恭喜她成功通过面试，马上就可以上班。女主管解释称，她当时的态度是测试小岳面对突发情况或艰难的窘境会如何反应。

【思考】由于商业竞争日趋激烈，许多老板希望招到最好的雇员，均趋向于采用所谓的压力测试的方式来面试应聘者。招聘人员会朝面试者大喊大叫，甚至向他们泼茶水，或通过询问隐私性问题，对面试者尽情侮辱。据称，这种非传统的面试方法，可以帮他们更精确地评估雇员潜在的心理素质。

1. 心理准备

（1）了解企业情况。若对面试企业的单位性质、发展历程、业务范围、企业文化等有了基本的认识，当面试官问及企业的问题时，就不会陷入慌乱，从而在面试中处于有利的地位。

案例

你可以走了

周先生参加了一次面试。面试时，无论是介绍自己的经历还是谈业务，从主考官的表情来看，都非常满意。但到面试接近尾声时，主考官突然问：“周先生，我看你事先做了很充分的准备，说明你对我们公司和这份工作很重视，那你知道我们公司是干什么的吗？”“干什么的？”周先生一下子就蒙了。半晌，他一脸尴尬地说：“对不起，这一点我还没来得及关注……”主考官手一挥道：“好了，周先生，你可以走了。”

【思考】面试前的准备工作，绝不能只关注自己，还要多了解招聘单位与应聘职位的情况。只有这样，才能使自己的面试更加完美，进而获得成功。

（2）控制紧张感。许多人在面试前都会产生紧张感，这是正常现象，适度的紧张可以增强积极性，有利于更好地发挥。但是，过于紧张，则会干扰人的正常活动，导致面试发挥失常。

（3）消除幻想。求职者对所应聘岗位的竞争及薪资待遇会有自己的预期，有时不免会幻想“天上掉馅饼”，轻易找到满意的工作。这种脱离实际的想法会打消求职者的积极性，最后往往事与愿违，难以找到自己满意的工作。

（4）克服自卑感。人们在求职前总是踌躇满志，但当遇到挫折时，便被“打回原形”，自信心大减，感到空前的挫败。对于性格内向及有生理缺陷的求职者尤为明显。

2. 物件准备

求职者在面试前要准备好各种物件，如公文包、求职记录笔记本、多份打印好的简历、面试准备的材料、个人身份证、所获奖励证书、登记照片等，所有准备好的文件都应该平整地放在一个牛皮纸信封里。

（1）求职时带上公文包会给人以专业人员的印象。公文包不要求买很贵重的真皮包，但应看上去大方典雅，大小应可以平整地放下 A4 纸大小的文件。

（2）笔记本里面应记录有参加过求职面试的时间、各公司名字、地址、联系人和联系方式、面试过程的简单记录、跟进记录等。求职记录本应该随时带在身边，以便记录最新情况以供随时查询。

3. 服装仪容准备

求职者的着装要与用人单位的文化、风格保持一致。不同的公司穿着等形象要求各不相同，为了融入公司的文化，在面试前最好先初步了解用人单位的着装风格和着装要求，结合用人单位的文化氛围和应聘岗位的职业需求，准备好自己的职业服装。男生应选择自然大气的服装，女生应选择庄重大方的服装，给人以干净利索、具有专业精神的印象。

案例

时尚打扮带来的缺失

阿英去面试某公司的公关小姐，为体现现代气息和青春活力，她特地穿上一套时尚的牛仔裤和一双运动鞋。面试官的第一个问题就是问她为何这身打扮？阿英充满自信地说：“我这个打扮是为了体现青春活力，这正是公关小姐所需要的气质。”面试官听后脸上充满诧异，最终，他们没有录用阿英。

【思考】关于“面试的时候应该穿什么”的问题，面试官的答案几乎是一致的：“穿适合该行业的和该职业的服装参加面试”。面试礼仪是每个人在求职的过程中所表现出的由里到外的一种涵养，外表的礼仪是对招聘单位和招聘人员最起码的尊重。

（1）服装。总体要求整洁合身、稳重干练、端庄大方、符合身份。

● 男性面试时服装应遵循“三个三”。

三色原则：全身颜色不得超过三种（色系）。

三一定律：三个部位（鞋子、腰带、公文包）的色彩大体要一致。

三大禁忌：一是穿西装时左边袖子上的商标没有拆掉；二是袜子出现问题（男士穿西装时需穿黑色棉质袜子，长及小腿中部，不可以露出腿部肌肉）；三是穿夹克打领带。

案例

日本的著名企业家松下幸之助很重视礼仪，他长期率先垂范，要求员工懂礼貌、讲礼节。

其实，以前松下幸之助自己也不修边幅，企业也不注重形象，因此企业发展缓慢。一天，在理发时，理发师不客气地批评他不注重仪表，说：“你是公司的代表，却这样不注重衣冠，别人会怎么想，连人都这样邋遢，他的公司会好吗？”从此，松下幸之助一改过去的习惯，开始注意自己在公众面前的仪表仪态，生意也随之兴旺起来。松下电器的种类产品享誉天下，与松下幸之助长期率先垂范，要求员工懂礼貌、讲礼节是分不开的。

● 女性面试时服装应整洁、清爽、干练。面试时适宜穿中、高跟皮鞋使人显得挺拔、自信，穿套裙时要穿长筒袜，不能露腿，袜子有“腿部时装”之称，不能出现残破，袜子不能有脱丝。

（2）化妆。面试基本的面容要求就是要保持面部的干净清爽，无汗渍和油污等不洁之物。总体上说，应以淡妆为宜，以自然真实为度，以协调、高雅、精神、舒适为美，以清洁、健康为旨，塑造出一副淡雅清秀、健康自然、鲜明和谐、富有个性的容貌，使面试者更能焕发出青春的光彩，增强自信心，在面试的过程中为自己增加魅力。忌喷过浓的香水、穿没拉直的丝袜、指甲未修剪、头发散乱蓬松等。

（3）饰物。总的原则是宜少而轻，简单得体的修饰，与服装协调一致。忌佩戴叮当作响的珠宝饰物，女士尽量不佩戴耳环、项链、手镯等饰品，尤其是金光闪闪的饰物；男士更不能佩戴饰品。一身珠光宝气可能会给考官留下热衷打扮、虚荣心强的负面印象。

（三）面试到达礼仪

准确记住面试时间，切不可迟到。面试者应提前到达面试地点，以示求职的诚意。若时间充裕，面试前有必要先去用人单位实地查看一下，以熟悉面试的场所，但具体必须做到以下几点：

（1）在预约前 10 分钟到达指定面试地点。

（2）熟悉面试入场与退场的具体要求。

（3）到洗手间最后一次检查自己的仪表。

（4）用职业的方式向接待员通报自己的到来。

注意：也许面试开始早于你的预料。

案例

晓丽是一名即将毕业的大学生，在毕业前夕她投出了很多简历，终于等来了一家心仪已久公司的面试通知。可是由于面试地点较远，在路上又堵车了，导致晓丽没有按照规定时间到达面试地点，最后错过了这次面试的机会。

面试时应当守时，这也是面试的基本礼仪，守时是职业道德的基本要求，提前 10～15 分钟到达面试地点最佳。

二、面试中的礼仪

某家公司的总裁曾经说过：“我希望看到求职者为面试而认真付出的努力，因为那是一种认真负责的工作态度。如果有人申请我公司的职位，却不屑于在第一次表现出他们最好的一面，那么他们肯定不会在任职期间做到最好。”从面试中看工作态度，应聘者应在面试的有限时间里充分注重礼仪，把握每一个细微的言行，展现出最好的一面，才能为面试赢得成功的机会。

案例

一名公司经理录用了一个没有任何人推荐的小伙子，当别人问他录用理由时，他这样说：“他带来了许多介绍信。他神态清爽，服饰整洁；在门口蹭掉了脚下带的土，进门后随手轻轻地关上了门；当他看见残疾人时主动让座；进了办公室，其他的人都从我故意放在地板上的那本书上迈过去，而他却很自然地俯身捡起并放在桌上；他回答问题简洁明了，干脆果断，这些难道不是最好的介绍信吗？”

从这个案例我们可以看出，第一印象十分重要，第一印象往往从谈话、举止、着装、个人的个性与修养中得来。良好的礼仪和外在形象能展示出求职者美好的外表和内在，使面试官产生好感，形成良好的第一印象。

面试礼仪折射出了一个人的修养与内涵，恰到好处的表情与举止往往会给面试官留下良好的第一印象，便于求职者沉着应对面试环节，提高面试成功率。

1. 进出礼仪

在进出面试办公室时，应注意进退礼仪。在没有通知你进入面试室之前，千万不要擅自进去。当轮到你的时候，无论房门是否关闭，你都要用食指和中指的第二指节轻轻叩门，得到允许后方可走进室内。不要忘了回身将门关上，动作要轻，切忌“砰”地用力把门扣上。面试结束时，要起身向面试官表示谢意。不要随意移动座椅，出门前再次正式地给面试官道声“谢谢”，并说“再见”，开关门的动作一样要轻盈。

2. 目光接触

面试时，应注意力集中。面对面试官时，应当与主考官保持目光接触，以表示对主考官的尊重。目光接触的技巧是，盯住主考官的鼻梁处，每次 15 秒左右，然后自然地转向其他地方，例如，望向主考官的手、办公桌等，然后隔 30 秒左右，再望向主考官的鼻梁处。切忌目光游移，躲避闪烁，这是缺乏自信的表现。在“一对多”面试的情况下，求职者的目光不能只注视其中的某一位面试官，而要兼顾在场的所有面试官。

3. 身体姿势

在面试官没有示意坐下时切勿急于坐下，示意坐下时，应先说“谢谢”，坐下后保持良好的坐姿。要坐在椅子的前三分之一与三分之二之间，收腹挺胸，绝对不能背靠椅背，或者弯腰弓背，一定要显得有精气神和自信。不要翘起二郎腿，不要抖腿或晃腿。男生落座时的双脚分开比肩宽略窄为宜，双手要自然地放置于大腿上；女生落座时则应双膝并拢并弯曲靠后，穿着裙装时更应注意坐姿。

案例

四川某职业技术学院的应届毕业生小刘在班里的学习成绩一般，但开拓能力很强，人也很机灵。面临择业，小刘既兴奋又紧张。通过参加一系列的招聘活动，最后他选择应聘一家有知名度的广告公司。

进入广告公司的大门后，小刘就在前台小姐的引领下摇摇晃晃地走进面试室，见到考官席上坐着的两位考官看着自己，忙点头说了声：“你好”，但不等回话，小刘一屁股就坐在了椅子上，两腿叉开，胳膊肘支在了椅子扶手上，等着主考官的问话。两位考官开始问问题，小刘略显紧张地回答着。也许是为了平缓自己的情绪，小刘不断地变换着坐姿，一会儿翘起“二郎腿”，一会儿又踮起脚尖，两条腿还不时地晃动着。面试只进行了5分钟就结束了，小刘站起身来，歪斜着身子问何时能得到答复，考官只说了一句：“回家等着吧！”小刘又摇晃着身子走了，可考官还在嘟囔：“我们要的是员工，不是浪子！”

4. 注意倾听

面试时要全神贯注，不要走神，认真听清楚面试官所提的每一个问题，同时迎合面试官的肢体语言，形成一定的互动。比如适当地点点头，表示你在认真听并且已经听懂了。用适度的肢体语言配合表达。如果遇到你不会的问题，你也不要显得大惊失色，可以找一些相关的话题作为切入点，慢慢展开，也许会达到意想不到的效果。

5. 声音和情绪的控制

控制说话的语速，不要尖声尖气，声细无力，应保持音调平静，音量适中，回答简练，不带“嗯”“这个”等无关紧要的习惯语，以免显得在自我表达方面不专业。要善于控制自己的情绪，无论面试官是对你大加赞赏，还是表示不在意，你都要做到宠辱不惊，千万不能因兴奋而手舞足蹈，也不能因沮丧而当场给面试官甩脸色。

6. 察言观色

要学会看明白面试官的神情所表达的意思。如果对方对于你所阐述的问题有明显的心不在焉或疲态时，你必须及时刹住话题，不要再滔滔不绝，而要将话语的主动权交还给面试官。如果面试官流露出很感兴趣的样子，你也不能得意忘形，而是要把握好语言的用词和分寸，要让人觉得你在自信的同时还非常谦虚。也就是做到察言观色，尽快掌握主考官对哪些方面感兴趣，再根据事先的准备做着重表达。

三、面试后的礼仪要求

若面试官当场宣布面试成功，应立即向面试现场所有的面试官和工作人员致谢，感谢招聘单位给自己面试的机会，感谢面试官给予自己展示才华的机会，并诚恳地表示今后将继续工作；若面试官没有当场宣布面试结果，说明面试官还需进一步考虑，不要急切逼问结论。

若不成功，要保持风度，礼貌告退。离开面试现场时应注意关门礼仪。在关门时动作要轻，不能在关门时发出比较大的声响。如果你关门时不注意小细节，而是用力关门引起较大的响声，一定会给面试官留下很不好的印象。所以，即使面试接近尾声也要把求职礼仪进行到底。

面试以后在适当时机可以考虑电话回访，电话感谢要简短，最好不要超过 1 分钟。电话里不要询问面试结果。因为这个电话仅仅是为了表现你的礼貌和让对方加深对你的印象而已。也可以在面试后的两三天内给招聘单位写一封感谢信，以加深招聘人员对自己的印象，增加求职面试的成功概率。但是，感谢信应简洁一些，最好不要超过一页纸。信中可以提及自己的姓名、简单的情况及面试时间，并对招聘人员致谢。信的结尾还可以表达自己的信心及对招聘单位的祝福。

案例

一个叫史蒂文斯的中年男人在一家公司做程序员，他已经在这家软件公司做了 8 年。然而，就在公司倒闭之年，史蒂文斯的第三个儿子降生了，巨大的经济压力使他喘不过气来。于是，史蒂文斯开始了漫长的求职生涯。然而一个月过去了，他一无所获。一天，史蒂文斯在报纸上看到一家软件公司要招聘程序员，待遇非常好。他立刻赶到公司，准备参加应聘。应聘的人实在太多了，竞争将会异常激烈。经过简单交谈，公司通知他一个星期后参加笔试。在笔试中，史蒂文斯因为工作经验丰富，所以轻松过关，剩下的只有两天后的面试了。

然而，就在这最后一关中，史蒂文斯没被选中。不过史蒂文斯并没有怨恨，而是给这家公司写了封信，以表感谢之情。信中这样写道："感谢贵公司花费人力、物力，为我提供了这次笔试、面试的机会。虽然我落聘了，但通过应聘使我大长见识，获益匪浅。"

公司收到信件后，被史蒂文斯的诚意所动，甚至总裁也知道了这封信。3 个月后，新年来临，史蒂文斯收到了一张精美的新年贺卡，上面写着：尊敬的史蒂文斯先生，如果您愿意，请与我们共度新年！贺卡是他上次应聘落选的公司寄来的。原来，公司又出现了职位空缺，他们第一个便想到了史蒂文斯。

史蒂文斯应聘的这家公司就是美国著名的微软公司，而十几年后，史蒂文斯凭着出色的业绩，一直做到了公司的副总裁。面试过程要求以礼始，以礼终，面试终结，应聘者应给面试官表示感谢。

课堂互动

活动一：面试礼仪模拟训练

每班分成若干小组，以5～6人为一组，进行面试礼仪的模拟。其中1人为求职者，其他人为面试考官。请根据自身专业，结合本测试进行综合测评，考察求职者各方面的综合素质。活动内容见表8-1。

表8-1　活动内容

序号	测查内容	是	否
1	着装是否符合行业标准		
2	头发是否干净整洁		
3	是否化有适宜的妆容		
4	礼仪体态是否标准		
5	是否面带笑容，给人以友好的感觉		
6	说话是否能让您听清楚		
7	表述是否准确、不啰唆		
8	回答问题是否从容、有智慧		
9	是否有过多的小动作		
10	是否向您了解过企业（单位）的相关问题		
11	面试全程是否有礼貌、有修养		
12	您和他（她）的短暂交流，是否让您记住了他（她）		

12个“是”——非常优秀。

10～11个“是”——优秀，你还可以表现得更好。

8～9个“是”——合格，你仍需要努力。

7个“是”以下——不合格，你还要多加练习才行。

活动二：文明礼仪知识测试题

（1）下列选项中，又被称为国家公务员礼仪的是（　　）。

A. 商务礼仪　　B. 国际礼仪　　C. 政务礼仪　　D. 服务礼仪

（2）穿西装时，应穿（　　）。

A. 旅游鞋　　B. 皮鞋　　C. 布鞋　　D. 凉鞋

（3）穿西服套裙时，应（　　）。

A. 穿短袜　　B. 穿彩色丝袜

C. 光腿　　D. 穿肉色长筒丝袜

（4）领带夹应别在七粒扣衬衫上（　　）个纽扣之间。

A. 第四与第五　　B. 第二和第三　　C. 第三和第四　　D. 第五和第六

（5）佩戴首饰原则上不应超过（　　）。

A. 五样　　B. 四样　　C. 三样　　D. 二样

（6）理想的洗澡次数是（　　）。

A. 每天都洗澡　　B. 每周洗一次

C. 两天洗一次　　D. 每月洗一次

（7）应坚持经常洗头，最好是（　　）。

A. 每周洗一次头　　B. 每周洗两次头

C. 每天洗一次头　　D. 每天洗两次头

（8）与人相处时，注视对方双眼的时间应不少于相处总时间的（　　）。

A. 三分之一　　B. 一半　　C. 五分之一　　D. 十分之一

（9）公务员着装时全身服装的色彩不应超过（　　）种。

A. 二　　B. 三　　C. 四　　D. 五

（10）国家行政机关所使用的最重要、最频繁的通信工具是（　　）。

A. 传真　　B. 电脑　　C. 电邮　　D. 电话

（11）打电话时，话筒与自己的口部最规范的距离是（　　）。

A. 5 到 6 厘米　　B. 4 到 5 厘米　　C. 2 到 3 厘米　　D. 1 到 2 厘米

（12）在正常情况下，每一次打电话的时间应当不超过（　　）。

A. 1 分钟　　B. 2 分钟　　C. 3 分钟　　D. 5 分钟

（13）接电话时，拿起话筒的最佳时机应在铃声响过（　　）之后。

A. 一声　　B. 两声　　C. 四声　　D. 五声

（14）通电话过程中，如有事需暂时需要让通话对象等待，时间一般不超过（　　）。

A. 1 分钟　　B. 2 分钟　　C. 3 分钟　　D. 5 分钟

（15）欢迎元首时，鸣礼炮（　　）。

A. 18响　　B. 21响　　C. 25响　　D. 28响

（16）欢迎政府首脑时，鸣礼炮（　　）。

A. 19响　　B. 21响　　C. 24响　　D. 28响

（17）橄榄是（　　）的国花。

A. 朝鲜　　B. 新加坡　　C. 希腊　　D. 印度

（18）当你离开朋友家，请主人不要送的时候应该说（　　）。

A. 留步　　B. 失陪　　C. 拜访　　D. 不送

（19）进入别人房间首先要敲门，得到允许方可进入，敲门一般要敲（　　）。

A. 2下　　B. 3下　　C. 4下　　D. 5下

（20）我国的国花是（　　）。

A. 牡丹　　B. 茉莉　　C. 玫瑰　　D. 郁金香

（21）被称为“紫皮护照”的是（　　）。

A. 外交护照　　B. 公务护照

C. 因公普通护照　　D. 因私普通护照

（22）我国现行的公务护照有效期最长不超过（　　）。

A. 一年　　B. 五年　　C. 十年　　D. 二十年

（23）下列机构不悬挂国徽的是（　　）。

A. 区政府　　B. 区法院　　C. 区检察院　　D. 区公安局

（24）我国国旗的长与宽之比是（　　）。

A. 5∶3　　B. 5∶4　　C. 3∶2　　D. 1∶1

（25）下列肤色中宜穿深色服装的是（　　）的人。

A. 肤色偏黑　　B. 肤色苍白　　C. 肤色发红　　D. 肤色白净

（26）穿西服时，最理想的衬衫颜色是（　　）。

A. 蓝色　　B. 白色　　C. 灰色　　D. 咖啡色

（27）一位女士拥有5枚戒指、3条手链、4条项链和2副耳环，则她应该（　　）。

A. 全部佩带　　B. 各佩带一件

C. 佩带某一类的全部　　D. 佩带总共不超过3件

（28）男士剃胡须的次数应该是（　　）。

A. 每天至少一次　　B. 每两天至少一次

C. 每三天至少一次　　D. 每星期至少一次

（29）迎宾活动一般提前（　　）到达迎宾地点。

A. 30 分钟　　B. 20 分钟　　C. 15 分钟　　D. 10 分钟

参考答案：

（1）C （2）B （3）D （4）A （5）C （6）A （7）C （8）A

（9）B （10）D （11）C （12）C （13）B （14）B （15）B

（16）A （17）C （18）A （19）B （20）A （21）D （22）B

（23）D （24）C （25）D （26）B （27）D （28）A （29）C

第二节　职场交往礼仪

案例导入

伟人礼仪

尼克松总统回忆自己首次访华在机场与周总理见面时说："当我从飞机舷梯上走下来时，伸出我的手，向他走去。当我们的手握在一起时，一个时代结束了，另一个时代开始了。"据基辛格回忆，当时尼克松为了突出这个握手的镜头，还特意要求包括基辛格在内的所有随行人员都留在专机上，等他和周恩来完成这个历史性的握手后，才允许他们走下专机。

握手是人与人的身体接触，能够给人留下深刻的印象。强有力的握手、眼睛直视对方，将会搭起积极交流的平台。握手礼仪在人际交往中起着举足轻重的作用。1972 年 2 月 21 日的这一次中美领导人的握手，持续了整整一分钟的时间，被誉为是"跨越太平洋的握手"，具有非比寻常的意义。尼克松总统主动先伸出自己的右手，与周总理的右手紧紧握在一起，这一被无数镜头定格的握手打破了中美关系 25 年的坚冰。

工作过程中的交往技巧如同机器转动的润滑剂，如果处理不当，它会给你的工作和生活平添许多障碍。

一、工作交往礼仪

（一）与同事相处的礼仪

案例

廉颇负荆请罪

战国时期赵国的蔺相如因“完璧归赵”和“渑池之会”之功而被封为上卿，位在大将军廉颇之上。廉颇很不服气，扬言要当面羞辱蔺相如。蔺相如得知后，尽量回避、容让，不与廉颇发生冲突。蔺相如的门客以为他畏惧廉颇，然而蔺相如说：“秦国不敢侵略我们赵国，是因为有我和廉将军。我对廉将军容忍，是把国家的危难放在前面，把个人的私仇放在后面啊！”这话后来传到廉颇耳中，他静下心来想了想，觉得自己为了争一口气，就不顾国家的利益，真不应该。于是，他脱下战袍，背上荆条，到蔺相如府门上门请罪。蔺相如见廉颇来负荆请罪，连忙热情地出来迎接。从此以后，他们俩成了好朋友，同心协力保卫赵国。

【思考】廉颇因为妒忌而故意伤害同朝大臣蔺相如，又因为蔺相如的顾全大局及宽容胸襟而负荆请罪，最后成为好朋友。所以，同事之间只要相互尊重、宽容相待，就一定能营造和谐的工作氛围。

（1）尊重并平等对待同事。不仅尊重同事的人格，尊重对方的成果，也要尊重同事的物品。不私自查看同事的物品。

（2）物质来往一清二楚。工作期间和同事之间不免有金钱、物质上的往来，应当做到及时归还；若有损坏，应当予以补偿。

（3）关心同事。当同事生活中或工作中遇到困难，要主动伸出援手，而不是冷眼旁观。互相帮助能增进彼此间的互信。

（4）不在背后议论同事，不打小报告。不背后议论同事，尤其是同事的私事，更不要打小报告，这样可能会引起不必要的麻烦，恶化同事之间的关系。

（5）勇于承担责任。对自己的失误或同事间的误会主动澄清并勇于承担责任，不推诿搪塞。当和同事产生矛盾时，要积极化解矛盾，承认错误。

（6）公平竞争。同事之间常常存在着竞争关系，要想成为优秀的员工，需要靠自己的努力，而不采取不正当措施，否则只会产生麻烦。

（7）虚心学习。多向同事学习，互通有无，善于发现同事的优点，并给予真诚的赞扬。

案例

阿艳是一位新应聘来的职业院校毕业生，她工作勤奋认真，为人非常热情，但是同事们都不喜欢她。某天的中午休息时间，阿艳看到同事张姐正在整理自己的照片，阿艳马上抢过鼠标，她一边看一边说："哎呀，张姐你太不上相了，这么胖，你老公也这么矮……"某天工作时间，阿艳看到同事小孙从总经理办公室走出来，她跑上去搭话："什么事？ 是不是上次的合同搞砸了被老板骂了？"小孙面露不悦，快速离开了。阿艳又跑到同事小董那里去说："小孙被老板骂了，肯定是因为上次的合同的事……"

【思考】阿艳犯了什么错？触到了同事交往的禁忌。

1. 在公司范围内谈论私生活。
2. 在同事面前表现出与上司的亲近，甚至炫耀与上司的私交。
3. 和关系好的同事在其他同事面前亲密交往，拉帮结派。
4. 讨好喜欢打听别人私事的同事。
5. 以自我为中心说闲话和谣言。
6. 诉苦抱怨，破坏团体氛围。

（二）与上司相处的礼仪

（1）尊重上司。在公众场合见到上司，无须过度热忱，但更不可视而不见，没有礼貌。不在场合或有第三人存在的情况下与上司谈家常，特别是上司的家事。

（2）理解、体谅上司。理解上司意图，切忌机械行事。出错不要找借口，更不能说"是您叫我这样做的"等。

（3）坦然面对批评。上司说话时不要插嘴，更不要在挨批评时插嘴，要学会自我检讨，承担责任。上司的批评如果偏离事实，要用恰当的方法予以解释。

（4）及时反馈。遇到困难时应当及时跟领导反映，完成上司交代的任务也应及时汇报。

案例

买不到老板需要的东西，怎么办?

有一次，经理叫小王到A地买一种材料。当小王匆匆忙忙地赶到那个地方时，却发现那种材料刚好卖完了。这时候，小王只好无奈地回到办公室，等待经理的进一步指示。见到空手而回的小王，经理勃然大怒，称其办事不力。

【思考】其实，小王可以做一番调查，然后汇报说:“A地刚好没有这种材料，但我看了一下B地有，价格如何如何，C地也有，价格如何如何。经理，您看怎么办?”

案例

刘女士的“冷暖”遭遇

我们公司的场地构造有点特殊，进门的玄关旁边有一个座位，因为我是财务人员，不用和他们的项目组的同事坐在一起，所以玄关旁边的位子就是我的座位。我们前几个月新来了一位大学毕业生，进门首先看见我，招呼不打一声，头也不点一个，每次直瞪瞪地看我一眼就走进去了，我怀疑她可能以为我只是相当于前台的阿姨，所以如此不屑。后来过了几天，大概她终于搞清楚我并非什么接接电话、收收快递的阿姨，而是掌管她每个月工资的“财政大臣”，猛地一天就殷勤起来，一进门，“刘老师”叫得响亮。可是，我心里的感受却不一样了，即使她现在对我再怎么尊敬，毕竟是有原因的，我对她也生不出什么好感来。我就很纳闷怎么一个堂堂大学生刚进社会就学会了势利? 如果我真的是前台阿姨，是不是她这辈子都不打算跟我打招呼?

【思考】新人刚进职场，礼貌很关键，人际关系一定要妥善处理，不能以貌取人或者想当然，要记得地位低下的员工同样也是前辈或者长辈，哪怕是打扫卫生的阿姨，如果正好清理到自己的纸篓什么的，不忘记说一声“谢谢”，就会平添自己很多的亲和力，为自己积攒良好的人脉关系。要牢记与领导交往的“三不”:

1. 不能不守底线。对领导的错误做法不及时加以善意的提醒，如果领导出事，自己也跟着倒霉。

2. 不逢迎拍马。处处奉承、巴结领导。要记住，不靠自己的德才和业绩立足，会被同事小瞧。

3. 不委曲求全。屈从于领导的权威，如果想以此来博得领导的欢心，结果是自己受了委屈，能力和品格也会遭到质疑。

（三）与下属相处的礼仪

（1）以身作则、注重个人修养。带头执行公司的各项规章制度。做好本职工作，成为员工学习的榜样。

（2）信守承诺。说到就要办到，办不到要给出令人信服的理由，否则领导的权威会受到质疑。

（3）尊重下属。只有处理好和下属的关系，工作任务才能得到有效顺利执行。

（4）公平公正、宽以待人。公平公正地待人处事，不偏袒每一个人，宽容对待下属。

（5）善于听取下属的意见。从善如流的领导是智慧的领导，积极吸取下属的建议，能推动整个团队向好的方向发展。

（6）知人善任。要了解下属的差异，了解下属的特点及优缺点，在合适的位置安排有这方面优点的人，做到人尽其才，用人不疑，疑人不用，那样才能充分发挥员工的特长及工作积极性。

课堂互动

办公室交往礼仪自我评估

（一）情景描述

用“是”或“否”回答下列问题：

（1）当我走进办公室的时候，不大和别人打招呼。（　　）

（2）我喜欢在同事面前聊家常。（　　）

（3）当我对某个同事看不顺眼时，我总能让他知道。（　　）

（4）当我有急事时，我会不停地给相关同事打电话。（　　）

（5）我认为自己的工作要自己完成，不要总寻求别人的帮助。（　　）

（6）我不会主动询问别人的需要。（　　）

（7）休息时间是自由的，我可以不用管别人。（　　）

（8）我会在办公室放自己喜欢的公仔或零食。(　　)

（9）当看见不熟悉的同事时，我会假装不认识。(　　)

（10）在休息时间接到工作电话我会很生气。(　　)

（二）评价标准及结果分析

如果你有 8 个及以上的问题回答为“是”，说明你不懂办公室礼仪，必须努力学习。

如果你有 5 个及以下的问题回答为“是”，说明你知晓基本的办公室礼仪，但还需更加注意。

如果你只有 3 个及以下的问题回答为“是”，说明你比较懂得办公室礼仪，再接再厉吧。

课后实践

训练 1：以 6 位同学为一组进行模拟面试，每个人轮流扮演求职者，剩下 5 人做面试官。每一轮面试时间控制在 15 分钟以内。

训练 2：以 5 位同学为一组，讨论这样的一个问题：你在洗手间碰到了你的同事，你如何处理这一情形。请设计 3 种以上应对策略。当每一组完成讨论后，在全班范围内对结论进行汇总。

训练 3：看下面一则案例，说说夏鸥的成功秘诀是什么，你从中得到了哪些启示。

【案例】有一批应届毕业生 30 人，实习时被辅导员带到某知名外企参观。全体学生坐在会议室里等待经理的到来，这时有秘书给大家倒水，同学们表情木然地看着她忙活，其中一个还问了句：“有绿茶吗？天太热了。”秘书回答说：“抱歉，刚刚用完了。”夏鸥看着有点别扭，心里嘀咕：“人家给你水还挑三拣四。”轮到他时，他轻声说：“谢谢，大热天的，辛苦了。”秘书抬头看了他一眼，满含着惊奇，虽然这是很普通的客气话，却是她今天听到的唯一一句话。

门开了，经理走进来和大家打招呼，没有一个人回应。夏鸥左右看了看不知怎么回事，静悄悄的，稀稀落落地跟着拍手，犹豫地鼓了几下掌。

经理挥了挥手：“欢迎同学们到这里参观。平时这些事一般都由办公室负责接待，因为我和你们的辅导员是老同学，非常要好，所以这次我亲自来给大家讲一些有关情况。我看同学们好像都没有带笔记本，这样吧，王秘书，请你去拿一些我们部里印的纪念手册，送给同学们作纪念。”接下来，更尴尬的事情发生了，大家都坐在那里，很随意地用一只手接过经理双手递过来的手册。经理脸色越来越难看，来到夏鸥面前时，已经快要没有耐心了。夏鸥礼貌地站起来，身体微倾，双手握住手册，恭敬地说了一声：“谢谢您！”经理闻听此言，不觉眼前一亮，伸手拍了拍夏鸥的肩膀说：“你叫什么名字？”夏鸥照实作答，经理微笑点头，回到自己的座位上。

早已汗颜的辅导员看到此景，微微松了一口气。两个月后，夏鸥收到了该外企寄来的一份聘书。有几位颇感不满的同学找到辅导员说：“夏鸥的学习成绩最多算是中等，凭什么选他而没选我们？”辅导员看了看这几张稚嫩的脸，笑道：“是人家点名来要的。其实你们的机会是完全一样的，你们的成绩甚至比夏鸥还要好，但是除了学习之外，你们需要学的东西太多了，修养是第一课。”

第九章　媒介礼仪

【学习目标】

- 明确媒介礼仪的内涵
- 学习电话、邮件、网络等常用礼仪规范

【技能目标】

- 培养媒介礼仪意识
- 学会利用媒介进行良好沟通

【名人名言】

子曰：恭、宽、信、敏、惠。恭则不侮，宽则得众，信则人任焉，敏则有功，惠则足以使人。

墨子：志不强者智不达，言不信者行不果。据财不能以分人者，不足与友；守道不笃、遍物不博、辨是非不察者，不足与游。

（英）培根：礼仪是微妙的东西，它既是人们交际所不可成缺的，又是不可过于计较的。如果把礼仪看得比月亮还高，结果就会失去人与人真诚的信任。

第一节　电话礼仪

案例导入

一通打错的电话

小张今天刚上班，办公室电话响起来，小张接起来说：“喂，哪位？”对方是女声，声音很大地说：“什么哪位呀？是我！”小张很奇怪地问：“你是谁呀？”对方答道：“我是我呀。你怎么连我都没听出来呀！”小张觉得莫名其妙，只好说："你打错了吧？"对方一愣，说："你是谁呀？"小张说："你找谁？"对方却反问："你是谁？"且追问小张在哪里，电话号码是多少，小张说出办公室电话。对方一听，就把电话给挂掉了。

"别人错把电话打给我，我客气地告诉对方打错了，可对方不依不饶，非要问出个所以然，经我解释后，对方二话不说就挂断电话，连句道歉的话都没有。"小张无奈地说："这种情况已经不止一次了，让人摸不着头脑，这种不讲电话礼仪的行为让人气愤。"

【思考】打错电话虽是生活小事，但如果遭遇粗暴态度，着实让人心寒。从某种程度上来讲，忽视通话礼仪的后果往往比面对面不讲礼仪所带来的影响更为恶劣。

随着手机、电子邮件和一些其他技术手段的诞生，商业关系已经和以前的状况大不一样了。现代科技众多自相矛盾的特点之一是：这些发明在方便人们联系的同时也疏远了人们的关系。不管我们在什么地方、在做什么事情，我们都能随时保持联络。一个人甚至在不知道对方外貌和声音的情况下，就能完成交易。人们面对面交流越来越少，在日常生活或职场中，电话是人们使用最多的通信工具，如果能够正确地使用电话，掌握电话通话的技巧礼仪，就能做到既完成任务，又能够使自己的通话对象领会自己的善意和敬意。

一、使用电话的基本礼仪

1. 态度友好真诚

电话传播的是声音，声音能体现出通话人的态度，而态度在电话交流中起着重要的作用。因此，打电话时，要保持良好的心情，给对方留下良好的印象。

2. 语速语调适当

在电话里的声音应当清晰、吐字清脆，应适当提高音调以显得富有朝气。语速过慢会显得懒散，过快会让人忙乱，难以完全理解意思。可以根据对话者的年龄、性格适当调整语速。通话时提高声调会显得格外悦耳优美。

3. 语言简洁明了

预先想好要说的内容，不能现想现说，否则会造成麻烦。控制好通话时间，分清闲聊和公务聊天时间的区别。

4. 确认重要内容

通话内容中涉及重要的信息，比如日期、时间、号码等，需要再三重复确认，这一良好习惯会提高你的通话效果。有时方言等也会影响通话的质量，因此，需要再三确认对方传递的信息。

5. 认真做好记录

打电话前准备好纸和笔，以备做记录，防止忘记或记错信息。当接到他人来电需要记录信息时，就可以从容不迫，自如应对。

二、拨打电话的礼仪

（一）拨打前

1. 选择恰当时间与时机

选择合适的时间打电话反映了一个人的素养和礼仪。在不合适的时间打电话，则会比较容易受到排斥。因此，在选择打电话的时间时，要注意以下几个方面：

（1）拨号之前，应想一下此时此刻与对方通话是否合适。在可能的情况下，应尽量选择在对方方便的时间通话。避开一天中禁止打电话的时间。不要在他人的休息时间内打电话，每天上午 7 点之前、晚上 10 点之后、午休和用餐时间都不宜打电话。而在一天的工作时间内，打电话也有次数的多少之分。

（2）掌握一周内打电话的时间规律。周一，大多数人很忙碌，尤其是上午；周二到周四是打电话的最合适的时机，应充分用好这几天。周五尤其是下午打电话得到的答复一般是：等下周我们再联系吧，因此，不宜在这天下午打电话。

（3）考虑对方所在地区的时差和工作时间的差异。

案例

一通失礼的电话

小张有一次上午十点钟给新疆的一位老板打电话。

“喂，是刘总吗？”

“你是谁？”

“我是上海莲花服装贸易公司经理办公室的秘书。”

"对不起，我在吃早饭，你等一会儿再打过来好吗？"

"哦，好的。"

小张就这样挂上了电话，但并不知道对方觉得他很失礼。

【思考】上海与新疆有两个小时的时差，虽然都用北京时间，但作息时间还是有差异的。8：00～10：00，大多数人会紧张地完成头一天顺延下来的工作，并开始该日新的工作，最好这个时间不贸然打电话；10：00～10：30，可以分批次地打电话；14：00～15：00，尤其是夏天，不宜打电话；下班前15分钟，如果是简短的电话，目的是取得联系、邮寄资料的话，可以打电话，否则不要打。

（4）打公务电话，不要占用他人的私人时间，尤其是节假日时间。非公务电话应避免在对方的通话高峰和业务繁忙的时间段内拨打。

2. 通话前

重要的内容应在打电话之前用笔写出。在给对方拨打电话之前应做好以下准备工作：

（1）资料准备。电话机旁备好电话记录簿、记录笔、电话号码簿及常用电话号码表。

（2）核实信息。要准确核查（或记下）对方的电话号码、联系地址、姓名。

（3）培养习惯。要养成一听到铃声便一手持笔，一手摘机。拨号前和摘机前都要想清楚为什么打电话，记清有关时间、地点、缘由、事情和结果等问题。

（4）注意保密。在一般电话里，不要涉及保密事项。

（5）打好草稿。内容重要的、数据复杂的、时间约定严格的电话，必须先打好草稿。经核对无误后，方可拨号。

（6）思想准备。在某些特殊情况下，接打电话前还必须做好一些思想上的准备。如要找的人不在，或对方电话号码变更，或与通话方曾有误解，或发生争执，或讨论敏感问题等，应尽量避免由于受情绪影响可能形成的通话障碍。

（7）学会讲普通话。练习学会讲普通话，以便对方听懂。

（8）配备录音设备。应配备电话录音设备，对重要内容的电话要及时录下，以做凭证。

（9）注意选择接打电话人。根据电话内容的不同，注意确定接打电话人员。如主要领导不在单位，来电话找领导，应考虑由谁代接；打电话若涉及保密内容或重要事项，应考虑谁讲最适宜。

（二）接通后

（1）对相识的人，简单问候后即谈主题。

（2）对不相识的人，先讲明自己的身份、目的，再谈问题。

（3）用“您好”“请”“谢谢”“对不起”“再见”等礼貌用语。

（三）拨打中

（1）表达全面、简明扼要。

（2）需谈论机密或敏感话题时，电话接通后要先问对方谈话是否方便。

（3）交谈中如有事情需要处理，要礼貌告知对方，以免误解，未讲清的事情要再约时间并履行诺言。

（四）情况处理

（1）如所找对象不在，应委托他人简要说明缘由，主动留言，留下联系方式和自己的姓名。

（2）记住委托人的姓名，并致谢。

三、接听电话的礼仪

（一）接听电话

1. 接电话

（1）接听电话要及时。铃响三声内接听，先问好，如接电话稍迟一点，应该致歉，说声“让您久等了”。接外线电话要报公司名称，转来的电话应报部门名称和自己的姓名。如果同事的电话响了，而同事不在，可以代为接听，并传达相关事宜。

案例

某公司的办公室里，某职员的电话响个不停，但他刚巧不在，同事们却只顾忙自己的，对于电话的响声不管不顾。这时，总经理路过，便代为接听。周围的职员变得尴尬，纷纷表示以后会及时接听同事的电话。

【思考】接听电话，似乎简单，但若处理不当，会影响企业形象。

（2）应采取委婉礼貌的方式应对难以及时应答的电话。遇到推销电话，如果自己对所推销产品不感兴趣，可以说“对不起，我对该产品不感兴趣，我要去做某事了”，或者直接说“对不起，我在开会”，然后挂断。若是熟人闲聊，而你在忙，可以说“对不起，我在工作，回头再联系”。对于不知情的询问，可以说“对不起，我去咨询一下，稍后回复您”。

案例

接到面试电话时

如果接到通知电话时你正在单位或其他场合，不方便回答对方的问题或询问，应当及早说明：“对不起，我现在有事，能不能换个时间给您打电话？”或说：“抱歉，我现在正在开会，能否改个时间联络？”，等等。若在接电话前已有了新的工作选择，则应及时告知对方。若决定接受面试，则详细询问对方面试的时间、地点、到达途径、联系人、所需时间、所需携带材料等情况，并询问对方的办公电话号码，以便迷失方向时或面试后联系。结束电话之前，一定要感谢对方的来电，显示你的职业修养。接电话应尽可能言简意赅，听清来意，问清需要的信息就礼貌挂断，不要拖泥带水，让自己镇定，时常有应聘者一时激动匆匆挂线，印象分会打折。

2. 通话中

（1）尽可能避免厌烦的神情和语调，要仔细倾听对方的讲话，一般不要在对方话没有讲完时打断对方。如实在有必要打断时，应该说：“对不起，打断一下。”

案例

态度冷淡，丢掉客户

某公司的业务主管打电话给甲公司，想要谈一笔大业务，但拿起电话却不小心口误说成了乙公司。甲公司的接话人一听要找的是自己的竞争对手，没好气地说“你打错了”，然后“啪”的一声就挂断了电话。这位业务主管半天才回过神来，发现是自己口误说错了，但同时他也觉得心里十分不舒服。因为在以前和这位接电话的员工联系过几次，对方的语言都是温文尔雅的，但现在看来，那些表面功夫都是装出来的。于是，这位主管看破真相后，打消了再打电话的念头，也不想再和这家公司合作了。

【思考】这其实不是打错的电话，只是说错了话而已。遇到这种情况应该礼貌地纠正一下对方，在确认对方确实是打错的情况下再挂电话也不迟。聪明的人即使接到错打的电话有时也会耐心地与人聊几句，或者给对方善意的提醒，说不定会给自己带来好运的。

（2）通话时如果有他人过来，不得目中无人，应点头致意，如果需要与来人讲话，应讲“请您稍等”，然后捂住话筒，小声交谈。

3. 通话后

应轻放话筒，应在对方挂断后再放话筒；留言或转告要立即执行，将来电所托事项填写在“电话留言便条”上，以口头形式传达，或以便条形式传递。

（二）代接电话

转接电话，首先必须确认同事在办公室，并说：“请您稍等。”若同事不在，应主动询问对方是否希望留言或转告，并做好详细的电话记录。记录要按 5W1H（Who、When、Where、Why、What、How）来处理询问并记录。记录后复述内容，务必准确、全面，尤其要记下人名、地名、电话、邮箱、日期与数字等，以避免不必要的信息错误。同事回来后，立即转告并督促回电（不要随便将同事的手机号码告知别人）。通话结束时，要表示谢意，并让对方先挂断电话。最后不要忘了说再见。

（三）接听电话的技巧

（1）接听电话三大禁忌：久候、问题重复、谈话不得要领。

（2）上司如果不接电话，应设法圆场，不让对方感到难堪和不安。

（3）对自己不了解的人或事情不能轻易表态，尤其是否定，应有不拒绝任何可能的机会的意识。

（4）接到打错的电话，要保持风度，切勿跟陌生人发脾气。

（5）若是没听清对方的话，语气平缓，请对方再重复一次，不能生硬地说：“你说什么，我没听清？”

（6）如果通话时间有限，应明确告知对方。

（7）重视未接来电。如果是认识的人，应当选择适宜的时间回拨。如果是陌生号码，可以不予考虑，谨防受骗，对方若真的有急事，还会再打来的。

（四）接听电话的礼貌用语

对不起，让您久等了。

对不起，我打错电话了。

您好，请问您有什么事？

不用谢，这是我们应该做的。

您放心，我会尽力做好这件事。

我就是，请问您是哪位？……您请讲。

您好，能帮我找××接电话吗？谢谢！

您好，请问您是××公司××部门的××吗？

请稍等，我这就去看看你要找的××在不在。

您打错号码了，这里是××部门，……没关系。

您好，这里是××公司××部门，请问您找哪位？

我是××公司××部门的××，请问如何称呼您？

××不在，我可以替您转告吗？或者请您稍后再来电话好吗？

对不起，这项业务请您向××部门咨询，他们的电话号码是……

对不起，这个问题……请留下您的联系电话，我们研究后给您答复，好吗？

四、手机使用礼仪

随着手机的普及，与之伴随的各种问题层出不穷。斯普林特公司（Sprint）在2004年7月发布了“无线礼仪报告”，显示绝大多数美国人，知道正确的手机使用礼仪，但是并不能坚持实行。其中，40%的人承认曾经在公共场合讨论过自己的私事，77%的人曾经在公共休息室中偷听过别人的电话通话，80%的人认为人们在使用手机方面的礼仪，要比5年前粗鲁很多。因此，需要注意手机使用的礼仪。

（一）手机设置

（1）手机保持畅通，尽量不关机，以免他人找不到你。

（2）选择合适的手机铃声，粗俗的铃声会给你带来负面影响。

（3）保持手机电量。低电量的情况下使用手机，会损耗手机电池的寿命。

（4）手机音量以双方能听到即可，不宜旁若无人地大声通话，信号不良时，可以改换通话位置或改用其他通信方式。

（5）当不使用手机时，请锁住手机按钮，以防意外拨打诸如 119、110、120 等特殊的电话号码。

（6）更换号码应当及时通知亲朋好友及商业合作伙伴。

案例

电话礼仪影响就职印象

在某市人才市场举办的 IT 人才招聘会上，一家公司的人事经理刘先生向记者讲述了他在招聘中遇到的“通信故障”。

半个月前，刘先生所在公司收到了 50 余人的简历，在进行筛选后，他按简历上留的号码，给其中比较优秀的 10 个人打电话，通知他们面试时间。

让他感到意外的是，10 人中有 5 人因“手机关机”“不在服务区”“手机号码已过期”“无人接电话”等原因无法联系上。最令人哭笑不得的是，他给一名男性应聘者打电话，手机接通后首先是一片麻将洗牌声，然后一个女声说：“他现在很忙，你待会儿再打……”刘先生只好很严肃地说：“我这里是某某软件公司，现在通知他面试，希望他能尽快接电话！”这才与应聘者联系上。

刘先生非常无奈地说：“这些通信不畅者中，多数是应届大学毕业生。如果不是招聘进度很紧，我是不愿意那么耐心地把电话打到他们学校，让校方通知他们的。这样的应聘者，印象分肯定是要差多了。”

对此，专家指出，电话礼仪体现一个人的素质和诚意。某人才市场招聘部部长李先生认为，尽管求职者并非故意制造通信障碍，但毕竟“保持通信畅通”是求职礼仪和诚意的基本体现，也是求职成功的前提条件之一。

现在的毕业生一方面感叹工作难找，但另一方面却没有在细节上珍惜机会。找工作的毕业生最好定期检查通信工具是否畅通，尤其是在用人单位的工作时间；给应聘单位留固定电话号码的，一定要注明本人接听电话的时段；即使因故不能接听电话，最好转到“秘书台”或托人留口信，在方便时再给用人单位回复。

（7）手机尽量不要挂在胸前，宜妥善放于包内。

（8）需要静音的场所，如会议室、电影院、课堂应设置为“静音模式”。

（二）手机短信礼仪

（1）在对方不方便接听的时候，可以发送短信，但不能在夜间发送。

（2）婉转表达观点的时候，可以选择发送短信。

（3）拒绝不健康短信内容。即使是转发的内容，也反映你的品位和水准。

（4）及时删除不想被他人看到的短信。

（5）发送短信不能没完没了，如果有很多内容，可以写邮件或直接打电话沟通。

（6）节日问候不要群发短信。

（7）短信末尾尽量署名。

（8）紧急的事情不要发送短信，应当直接打电话，特殊情况除外。

（三）手机使用禁忌

（1）上课或上班期间，不要低头玩手机。

（2）在剧院或医院特定的场所尽量不要接打手机，以免影响他人观看演出或休息。

（3）在狭窄的场所，如电梯里、楼梯上，不宜停留接打电话。

（4）不要代他人接听手机。

（5）不要在安静的地方任由手机铃声响个不停。

（6）不要在公共场合不停地打电话，忽视身边的人。

（7）飞机起降过程中禁止使用电话，应当关机，不要调成“飞行模式”。

（8）不在驾驶汽车时接打电话。

（9）加油站禁止接打手机。

小链接

为什么加油站不能使用手机

“安全第一”是加油站的基本要求。加油站常见的安全措施有：摩托车熄火加油、加油站员工必须穿静电服上岗、加油站内严禁明火、严禁使用手机、不得向塑料桶加油等。

有人认为在加油站接打手机会引发爆炸事故是危言耸听，但手机的无线电会产生电流——射频电流。当射频电流在金属导体间环流时，遇有锈蚀或接触不良，就会产生射频火花。只要射频火花持续1微秒以上、能量大于6毫瓦时就会引燃甲烷与空气的混合气。由于汽油是易挥发性物质，在油气罐及天然气管泄漏而形成的可燃气危险区，手机产生的射频火花很容易引起爆炸，导致灾害的发生。

课堂互动

一、拨打电话礼仪测试

（一）情景描述

在很多办公人员看来，打电话实在是“小菜一碟”，以致对此不屑一顾。如果你认为每题的行为是对的，就在括号内写“正确”，反之，在括号内写“错误”。

1. 电话形象嘛，反正别人看不到，有点小问题没关系。面对面的时候，多多注意就行了。(　　)

2. 打电话要注意对象，在中小城市里，服务人员打电话当然用方言啦。(　　)

3. 为了能准确约到客户，可以晚上把电话打到他家里。(　　)

4. 为防止对方听不见，说话声音要大一点。(　　)

5. 为了拉近关系，初次和客户电话交谈的时候可以聊聊客户的个人情况。(　　)

6. 打通电话，先告诉对方你要找的人。(　　)

7. 如果给英国客户打电话，北京时间19：00点可别打，人家正在休息呢。(　　)

8. 为了保持旺盛的精力、更有效地工作，可以躺、靠在椅子上打电话。(　　)

9. 作为打电话的人，即使是服务人员，也应该先挂电话。(　　)

10. 肚子饿的时候，可以边吃点噪音小的零食边接电话，使自己的“底气”更足。(　　)

（二）评估标准和结果分析

10道题的答案都是"错误"。如果你答错2道以上，说明到了要注意自己打电话形象的时候了。如果你答错4道以上，你的电话形象已经影响到企业形象、公司业务的地步，改变已经刻不容缓了。

二、接听电话礼仪测试

（一）情景描述

对照自己平时接电话的实际表现，做一下评估，如果你认为下列行为是对的，就在括号内写"正确"，反之，在括号内写"错误"。

1. 电话响过十几声再从容地接起来。（　　）

2. 如果不是本部门的电话就不要理，免得耽误正常的工作。（　　）

3. 如果是其他同事的业务电话，要立即大声喊他来接。（　　）

4. 手头工作实在太忙的时候，可以不接电话，或是直接把电话线拔掉。（　　）

5. 如果两部电话同时响起来的时候，只能接一部，另一部不用管它了。（　　）

6. 快下班的时候，为了能更好地解答客户咨询，让客户改天再打电话来。（　　）

7. 接客户电话的时候，要注意严格控制时间长度，牢记"三分钟原则"。（　　）

8. 如果电话意外中断了，即使知道对方是谁也不应该主动打过去，而是等对方打过来。（　　）

9. 接到打错的电话不用理会，马上"啪"地挂掉，不能耽误工作时间。（　　）

10. 在和客户谈业务的时候，如果手机响了，应该避开客户到其他地方接听。（　　）

（二）评估标准和结果分析

以上各题的现象都是不适宜的接听电话行为，10道题的答案都是"错误"。作为职场新人的我们平时要多多学习礼仪。

第二节　邮件礼仪

案例导入

精心的邮件是成功的敲门砖

某单位行政主管负责招聘工作，由于工作需要整天上网看邮件，一是要找招聘网站合作，二是要在大量的应聘简历中筛选。然而在大量的邮件中，一份定期发来的署名邮件获得了意想不到的成功。

这是A招聘网站的一个客户经理发给他的，本来是争取获得签约的机会，但主管综合考虑后选择了与B招聘网站合作，回绝了A招聘网站客户经理的业务合作请求。

可这个客户经理并没有因此放弃同主管的联系，每周都发给他一个幽默故事，或者养生保健知识等精巧的小文章，每当节假日都会有个问候或电子贺卡。

起初主管看到他的邮件就直接删除，从来不回信。但时间久了，总能接到他的邮件，主管便记住了他的名字，并开始看他的邮件，偶尔也回复一个问候。一年以后，B招聘网站的合作到期了，主管主动打电话给这位客户经理签单，并把其他朋友的单位介绍给他。至今这个客户经理的邮件还在发，不过他们始终没有见过面。

【思考】在邮件中显示你的诚意，对方总会感觉到的。耐心，总会有回报。随着互联网科技的发展，电子邮件的使用日益频繁，学习电子邮件的基本礼仪显得尤为迫切。良好的邮件礼仪，能够帮助我们提高工作效率，避免诸多不必要的麻烦。

小资料

电子邮件的发明

1971年，美国国防部资助的阿帕网项目正在如火如荼地进行当中，一个非常尖锐的问题出现了：参加此项目的科学家们在不同的地方做着不同的工作，不能很好地分享各自的研究成果。原因很简单，因为大家使用的是不同的计算机，每个人的工作对别人来说都是没有用的。他们迫切需要一种能够借助于网络在不同的计算机之间传送数据的方法。为阿帕网工作的麻省理工学院博士雷·汤林森（Ray Tomlinson）把一个可以在不同的电脑网络之间进行复制的软件和一个仅用于单机的通信软件进行了功能合并，命名为 SNDMSG（Send Message），为了测试，他使用这个软件在阿帕网上发送了第一封电子邮件，收件人是另外一台电脑上的自己。尽管这封邮件的内容连汤林森本人也记不起来了，但那一刻仍然具备了十足的历史意义：电子邮件诞生了。汤林森选择“@”符号作为用户名与地址的间隔，因为这个符号比较生僻，不会出现在任何一个人的名字当中，而且这个符号的读音也有着“在（at）”的含义。

一、电子邮件礼仪

在如今的科技时代，电子邮件的使用远远超过了书信的使用。不论是在工作还是在个人生活中，电子邮件作为一种便捷的交流方式已不可或缺。

（一）主题明确

主题是接收者了解邮件的第一信息，因此要提纲挈领，使用有意义的主题行，可以让收件人迅速了解邮件内容并判断其重要性。

案例

邮件无称呼丢进垃圾箱

某公司行政人员中刚入职的小林一个月前接到一个任务，给 350 个客户发本公司《新产品发布会会议通知》，并要求电子邮件回执，可临近会议只剩一周了，负责组织会议的技术部门竟然只接到几个回执。按以往的惯例这是不正常的，于是派销售部给各用户打电话落实，用户竟然都说没接到邮件通知。单位人员再去追问小林，他信誓旦旦地说不止发了一遍，可以查已发邮件记录。当查看小林邮件时，发现他发出的邮件都没有明确的主题内容。为了省事，他只写了个“小林”，就群发了，结果没有人知道小林是谁、是何内容，大多数人没看，就都按照垃圾邮件处理了。

【思考】我们应当知道：邮件和普通信件一样，是讲究书写礼仪的，尤其是信息时代，垃圾邮件铺天盖地，更要注意邮件质量。小林的故事告诫我们，当我们准备发出一封邮件时，应该再检查一下，自己的邮件是否写好标题，主题是否突出，不然的话，你的邮件很可能会石沉大海。

讨论：你在与别人的电子邮件沟通中有没有碰到过类似的经历？应该如何改进？

1. 标题不要空白，这是失礼行为。

2. 标题要简短。

3. 标题要反映内容和重要性，切忌含义不清。

4. 一封信只针对一个主题，不在一封信内谈及多件事情，以便于日后整理。

5. 可适当使用特殊字符（如“*”“#”等）或大写字母来突出标题，引起收件人的注意，但应适度，特别是不要随便就用“紧急”之类的字眼。

6. 回复对方邮件时，可以根据回复内容需要更改标题，不要重复一大串。

案例

很多邮件是没有必要的

20世纪90年代的英特尔公司，在8.8万雇员中进行的调查显示，平均每位雇员每天收到200封新邮件，30%的邮件被认为是没有必要的。面对这么多邮件，雇员一般每天需要花3个小时来处理。

因此，在发送每一封邮件之前，我们都应该问问自己：“这封邮件有必要发吗？”或者“这封邮件的主题突出吗？”

【思考】如果每一封邮件都有明确的主题，邮件的接收人就容易判断“是否需要”，从而减轻工作量。

（二）称呼与问候

1. 恰当称呼

邮件的开头要称呼收件人。既显得礼貌，也明确提醒某收件人，此邮件是面向他的，要求其给出必要的回应；在有多个收件人的情况下可以称呼“大家”。

如果对方有职务，应按职务尊称对方，如“××经理”；如果不清楚职务，则应按通常的“××先生”“××女士”称呼，但要确定性别。

2. 问候语

最简单的开头写一个“你好”；结尾需要写个“祝您顺利”之类的祝福语。

案例

希德科通信公司针对网络使用者进行电子邮件礼仪调查，以了解他们眼中最具有冒犯性的电子邮件使用方式，以下是十条最不受欢迎的邮件使用方式：

1. 转发伤风败俗的玩笑。

2. 不厌其烦地描述自己的不幸。

3. 使用大写字母写邮件。在英文邮件中，如果信件的内容都用大写字母写的话，会被认为是“网络中的大喊大叫”，因此是不够礼貌的。

4. 传播不负责任的流言蜚语。

5. 讨论敏感的个人问题。

6. 随意批评其他人。

7. 对工作或老板抱怨不休。

8. 依赖电子邮件来避免与对方面对面地谈棘手问题。

9. 详细谈论自己或者其他人的健康问题。

10. 与家人或朋友争论不休。

【思考】

（三）正文

（1）简明扼要，行文通顺。正文应简明扼要地说清楚事情；如果具体内容确实很多，正文应只作摘要介绍，然后单独写个文件作为附件进行详细描述。多用简单词汇和短句，准确清晰地表达，不要出现晦涩难懂的语句。

（2）语气要根据收件人与自己的熟悉程度、等级关系、邮件是对内还是对外性质的不同，选择恰当的语气进行撰写，以免引起对方不快。尊重对方，多使用“请”“谢谢”之类的语句。

（3）对于很多带有技术介绍或讨论性质的邮件，单纯以文字形式很难描述清楚，可配合图表加以阐述。

（4）不要动不动使用“：)”“^_^”之类的笑脸字符，在商务信函里面这样显得比较轻佻。

（四）附件

（1）如果邮件带有附件，应在正文里面提示收件人查看附件。

（2）附件文件应以有意义的名字命名。

（3）附件数目不宜过多，数目较多时应打包压缩成一个文件。

（4）如果附件是特殊格式文件，应在正文中说明打开方式，以免影响使用。

（五）结尾签名

每封邮件在结尾都应签名，这样对方可以清楚地知道发件人的信息。

（六）回复技巧

（1）及时回复。收到他人的重要电子邮件后，即刻回复对方是必要的，这是对他人的尊重。理想的回复时间是 2 小时内，特别是对一些紧急和重要的邮件。如果正在出差或休假，应该设定自动回复功能，提示发件人，以免影响工作。

（2）进行针对性回复。在回件答复问题的时候，最好把相关的问题抄到回件中，然后附上答案。让对方一次性理解，避免再反复交流，浪费资源。

（3）回复不得少于 10 个字。对方给你发来一大段邮件，你却只回复“是的”“对”“谢谢”“已知道”等字限，这是非常不礼貌的。

（4）小心使用“回复所有人”的功能。如果你某一阶段收到的邮件是多人对于某一问题看法的，这时你需要有区别地回复各个发件人。

案例

粗糙的回复

小丽刚进一家专业人员协会工作，因为没有会员主管，她就直接给协会主席发了一封邮件，访问如何能联络她最近认识的某一个会员。3 天过去了，她还没有收到主席的回复。考虑到第一封邮件可能在网络传递中出现问题，她再次给主席发了一封邮件。

协会主席回复了她的邮件，不过邮件内容只有那个协会会员的一个电子邮件地址，而小丽本来期待的是更诚恳、更丰富一些的邮件。因为协会主席的邮件如此生硬，反而显得小丽自己有些冒昧和无礼。

【思考】尽管电子邮件在形式上比较自由，是一种方便快捷的媒介，但是绝不能以草率的态度使用它。因为对方可以通过电子邮件来评定你，电子邮件同样是需要礼仪的。

（5）不要就同一问题多次回复讨论。如果收发双方就同一问题的交流回复超过 3 次，这只能说明交流不畅，说不清楚。此时，应采用电话沟通等其他方式进行交流后再做判断。电子邮件有时并不是最好的交流方式。

（七）注意事项

1. 情绪控制

避免带有情绪的邮件。例如，解雇或者训斥别人，或终止合同，这些情况最好当面解决。千万不要在发火的时候发送邮件，花些时间冷静下来，在邮件发出之时再读一遍，避免出现让你后悔的内容。

2. 公私分明

“公私分明”一词，常用来形容一个人的品德操守极优，将公家的与私人的界限划分得很清楚。公归公，私归私，不假公济私，也不因个人私务而影响公务。

案例

公私不分的电邮

美国民主党总统提名人的有力竞争者希拉里·克林顿（Hillary Clinton），正陷入一场涉及其美国国务卿任内行为的新一轮争议中。有媒体称，她在执行政府公务的时候只使用个人电子邮件账户。就在这一新闻传出之际，有报道称希拉里正考虑 4 月就启动总统竞选的计划，却很快被其他候选人抢了风头。

作为美国 2016 年总统选举民主党最有可能的提名人，希拉里这一身份和行为令她很容易成为了两党攻击的目标。在希拉里部分任期内担任白宫新闻秘书的罗伯特·吉布斯告诉美国全国广播公司：“我认为希拉里只用个人电子邮件账户的举动显然很不寻常。”

研究政府操守的专家、律师杰里·赖斯曼表示，希拉里只用个人电邮账户的行为是“愚蠢的”。他还预言，人们会质疑她这么做是不是为了隐藏什么。

【思考】生活与工作必须分开，特别是对于身份敏感的工作人员，公私不分会给自己带来不必要的麻烦，哪怕是邮件这样相对私人的交流形式。

3. 正确使用转发和抄送

在你转发邮件之前，首先确保所有收件人需要此邮件包含的消息。除此之外，转发敏感或者机密信息要小心谨慎，不要把内部消息转发给外部人员或者未经授权的接收人。

如果有需要还应对转发邮件的内容进行修改和整理，以突出信息。不要将针对某一问题往来回复（RE）了很多次的邮件直接转发给他人，这样让人摸不着头脑。

发邮件的直接对象（To）是要受理这封邮件所涉及的主要问题的，理应对邮件予以回复响应。而邮件的抄送对象（CC）则只需要知道这回事，没有义务对邮件予以响应，当然如果抄送对象有建议，也可以回复 E-mail。

二、正确使用电子邮件

1. 不要让 E-mail 彻底代替电话

很多人都有这样的感觉，当习惯用 E-mail、QQ、微信或短信时，发现自己能不打电话时就尽量避免打电话，因为“怕人家烦”，尤其是需要道歉、澄清、辞职、砍价时。但另一方面，我们的口头沟通能力下降了！我们感觉已经无法面对电话中的客户、老板或同事了。但这样不行，必要时拿起手机拨过去，用礼貌、清晰、抑扬顿挫的语言跟对方沟通，让对方充分感受到你声音的魅力并被打动。

一位网络礼节专家曾经说过：“没有一件事情像私人电子邮件一样……不要把任何你不想在公司公告板上发表的内容通过电子邮件发出去。如果内容可以公布在公告板上，那就可以用电子邮件的形式发送。最后，如果你正在考虑要不要通过电子邮件来发送含有私人内容的邮件的话，那还是亲自送达，或者通过邮局寄信好了。”如果是私人的事情，为什么不边喝咖啡边聊，或者是打电话谈呢？

2. 选择合适的时间发件

不能半夜给客户打电话谈价格时，不能在出差途中、火车上给老板打电话汇报情况时，怎么办？很简单，发 E-mail。销售小说《输赢》里有这么一招，你只管在晚上零点之后给客户、老板发 E-mail 谈工作吧，当他们收到时会为你的勤奋感动的！

3. 选择合适的对象发件

如果你的客户电话常常是忙音或留言录音，你不妨发一个电子邮件给对方；如果你通过调查了解到对方是个不苟言笑的人，又习惯使用电子邮件，而自己的心理承受能力又较弱，可以选择发邮件给对方；如果你不善语言表达，第一次与客户沟通也可以使用电子邮件，而且今后如果事情不是太急，也可以采用这种方式。

课堂互动

一、课堂讨论“史上最牛女秘书”的故事

2006年4月7日晚，EMC大中华区总裁陆纯初回办公室取东西，到门口才发现自己没带钥匙，而此时他的秘书瑞贝卡已下班。陆纯初多次试图联系她未果后，勃然大怒。于是，在凌晨1时13分通过内部电子邮件系统给瑞贝卡发了一封措辞严厉且语气生硬的“谴责信”。

这封用英文写就的邮件中说：“瑞贝卡，星期二我曾告诉过你，想东西、做事情不要想当然！结果今天晚上你就把我锁在门外，我要取的东西都还在办公室里。问题在于你自以为是地认为我随身带了钥匙。从现在起，无论是午餐时段还是晚上下班后，你要跟你服务的每一名经理都确认无事后才能离开办公室，明白了吗？”陆总在发送这封邮件的时候，同时传给了公司几位高管。英文原文的语气比以上翻译的中文更为强烈。

看到邮件后，女秘书针锋相对，在两天后她通过邮件回复说：“首先，我做这件事是完全正确的，我锁门是从安全角度上考虑的，毕竟这里不是没有丢过东西，如果一旦丢了东西，我无法承担这个责任。其次，你有钥匙，你自己忘了带，还要说别人不对。造成这件事的主要原因是你自己，不要把自己的错误转移到别人的身上。第三，你无权干涉和控制我的私人时间，我一天就8小时工作时间，请你记住中午和晚上下班后的时间都是我的私人时间。第四，从到EMC的第一天到现在为止，我工作尽职尽责，也加过很多次的班，我也没有任何怨言，但是如果你们要求我加班是为了工作以外的事情，我无法做到。第五，虽然咱们是上下级的关系，也请你注重一下你说话的语气，这是做人最基本的礼貌问题。第六，我要在这儿强调一下，我并没有猜想或者假定什么，因为我没有这个时间，也没有这个必要。”

在以如此强烈的语气回复了总裁的邮件后，瑞贝卡更是将此信发送给 EMC 中国各分部的员工。所以，EMC 中国公司的所有人都收到了这封邮件。

这封电子邮件在 EMC 中国公司的员工中引起了轰动，几天之内，它在网上得到数千人转发，引起了网民们的普遍热评，瑞贝卡也因此得到了“史上最牛女秘书”的称号。

问题 1. 分析陆纯初的做法错在哪里？

2. 分析瑞贝卡的做法错在哪里？

3. 如果你是领导，你该怎样处理？

二、电子邮件礼仪测试

（一）情景描述

在你认同的观点后面打“√”；在否定的观点后面打“×”。

1. 恰当地称呼收件者，拿捏尺度。(　　)
2. E-mail 的开头和结尾最好有问候语。(　　)
3. 标题一定不要空白。这是最失礼的。(　　)
4. 文章要短、要简洁。(　　)
5. 通过邮件能看出一个人的处事态度。(　　)
6. 小心使用附件功能。(　　)
7. 小心使用抄送功能。(　　)
8. 发出商务邮件要确认。(　　)
9. 收到邮件要回复。(　　)

10. 慎重使用群发功能。(　　)

11. 写电子邮件时不用表情符号。(　　)

12. 发送邮件之前要校对内容。(　　)

13. 迅速回应他人的邮件。(　　)

14. 定期检查时间标示。(　　)

15. 保存重要的邮件。(　　)

(二)评估标准和结果分析

1. 如果你有11道题以上选择的是“×”，说明你对电子邮件礼仪知识的掌握得很薄弱。

2. 如果你有6～10道题选择的是“√”，说明你对电子邮件礼仪知识的掌握很一般。

3. 如果你有11道题以上选择的是“√”，说明你对电子邮件礼仪知识的掌握得很好。

第三节　网络礼仪

案例导入

互联网成为礼仪之“敌”

《纽约时报》报道说，许多美国人从小便无法从家里的亲人长辈处学到适当的礼节，因此长大后就会显得“没礼貌”。佩吉·波斯特是美国著名礼仪专家艾米莉·波斯特的曾孙女，她同时也是位于美国佛蒙特州伯灵顿市的艾米丽·波斯特礼仪学院的代言人。她表示，现代社会快节奏的生活使得许多父母没有充分的时间教导孩子们在公共场合如何适当地举手投足。

桃乐茜·约翰逊是位于美国缅因州的一所礼仪学校的创办者，自1988年以来，许多专业礼仪教练从这所学校“出师”。约翰逊认为，现代礼仪的缺失现象滋生于电脑技术的发展。“许多年轻人在电脑前花了太多的时间，他们缺乏那些面对面的交流技巧。”她说，“对于很多沉迷于电脑的人来说，即便是面对面的闲聊，他们也会觉得很困难。”

【思考】网络礼仪是互联网使用者在网上对其他人应有的礼仪，它关系到一个人的修养、内涵。在互联网上人与人之间的交流，由于各种因素，对方未必可以完全正确理解你所表达的意思，容易陷入“言者无意，听者有心”的困境。所以，必须更加注意自己的礼节礼貌。

案例

韩国学生“网络礼仪”课程

2008 年，韩国教育科学技术部计划进一步扩展致力于培养网络道德和礼节的教育课程，促进孩子从更小年龄起就形成文明上网观念。

根据教育科学技术部计划，从 2009 年 3 月起，韩国小学二年级以上学生均将接受“网络礼仪”课程教育，作为社会技能课程培训的一部分。眼下，只有四年级以上学生才接受网络礼仪教育。

教育科学技术部一名官员说，因特网可以匿名的特点使越来越多网上陋习暴露无遗，“我们有一个共识，即应该加强网上行为教育”。新增课程将不仅教育学生们避免在网上使用侮辱性语言及攻击他人，还力求提高他们保护知识产权和个人信息的意识。

作为一种新的、非常有效和被普遍使用的传播媒介，网络已颠覆了传统的生活方式。但网络礼仪的发展却没有跟上网络本身的发展速度。不仅在韩国，在世界各国也非常有必要开展网络礼仪课程，以规范和遏止网络暴民的行为。

一、网络基本礼仪

（一）记住他人的存在

互联网给来自五湖四海的人提供了一个共同聚集平台，这是高科技的优点，但往往也令使用者在面对电脑屏幕时忘了是在跟其他人打交道，行为也因此容易变得粗鲁和无礼。因此，网络礼仪第一条就是：记住他人的存在。

（二）尊重他人及其隐私

尊重他人是获得他人尊重的开端。因为网络的匿名性质，别人无法从你的外观来判断，因此你的一言一行成为别人对你印象的唯一判断。所以现实生活中面对别人不能说、不该说的话在网上也不要说；注意用词和语法，不要故意挑衅和使用脏话；不要随意评论对方的长相、宗教信仰、智商、生活方式和饮食习惯等。另外，亲切热情固然是好事，但如果对初次见面的人表现得过分亲切热情的话，也会令人难以接受，甚至会让人产生恐惧感。

他人的电子邮件或聊天记录也属于隐私的一部分。如果认识的某个人用网名上网，未经个人同意将他的真名公开则是一个不友好的行为。如果不小心看到别人的电子邮件或秘密，不应该到处传播。

案例

阅读同事邮件而被降级

1993 年，《洛杉矶时报》莫斯科办事处的一名通讯员由于阅读了同事的电子邮件而被降职。早先，他的同事在系统记录中发现有人在他不在电脑旁边的时候登录进入系统，并查看了他的电子邮件。对此，他设计了一个小圈套，在从该报纸的其他外国办事处发来的消息中插入了虚假的信息，而当那位通讯员阅读了这封电子邮件，并在稍后向他的同事们问起这件事时暴露了自己。这位通讯员立即被调回了洛杉矶并被重新安排了一份工作。

【思考】不尊重他人的隐私已经不仅仅是不礼貌的网络行为了，它很有可能使得你丢掉工作，甚至被投进监狱。

（三）心平气和

不管论坛还是聊天室，人们共聚一起，意见总是会有分歧的，矛盾总是存在的，争论是正常的现象，但是争论要心平气和，要以理服人，不要进行人身攻击。

（四）学会自我保护

在网络世界里面充满太多的未知因素。它为想象和创造提供广阔空间的同时，也给各种邪恶留下了可乘之机。因此，在网络生活中应当时刻保持警惕，保护好自己的人身、财产和隐私安全。在网上经常会有一些虚假的消息广泛传播，甚至有非法的内容大行其道。因此要保持清醒的头脑，增强辨识能力，不要轻信他人所言，更不要人云亦云、以讹传讹，甚至主动发布假消息以致谬误流传。

（五）慎选浏览内容

网络上的色情、暴力、反动等不良内容，往往利用网民的猎奇心理来吸引他们的注意力。网民在面对此类内容时，应该保持冷静和理智，自觉抵制网络上的不良内容，以免害人害己。

各类网络小说、网络游戏、网络电影等，通常以其引人入胜的情节和感官刺激来博得点击率。这些让人“欲罢不能”的网络资源，无形中成为网民自制力的试金石，对此类内容适度的涉及而不过度沉迷，才是健康的生活方式。

（六）知识分享

网络的力量在于其参与者数目众多。互联网得以创造并发展的一个原因就是科学家们希望能够分享他们的知识。如果你能够与他人分享你对某一个问题的理解，那是一种礼貌的做法。假如你在某个讨论组里面是个有影响力的参与者，如果这个讨论组还没有常见问题的话，你可以考虑动手写一个。如果你对某个你认为其他人也许同样会感兴趣的问题做了一番研究，将它写出来并张贴出去，这样就可以给他人提供很多方便。

【小贴士】　　网络文明“五要五不要”

2001 年 11 月，共青团中央、教育部等多部委向全国青少年推出了“五要五不要”的《全国青少年网络文明公约》。即：

要善于网上学习，不浏览不良信息；

要诚实友好交流，不侮辱欺诈他人；

要增加自护意识，不随意约会网友；

要维护网络安全，不破坏网络秩序；

要有益身心健康，不沉溺虚拟时空。

二、QQ、微信与微博等使用礼仪

（一）QQ 和微信

QQ 是腾讯公司于 1999 年年初推出的即时通信软件。微信是腾讯公司于 2011 年年初推出的能够发布文字、语音、视频和图片的即时通信软件。截至 2016 年，QQ 注册用户已超过 10 亿，其中，月活跃用户达到 8.6 亿，2016 年微信注册用户月达到 9.27 亿。如此庞大的用户数量，要遵守网络基本礼仪，还需注意以下几点：

（1）在个人资料卡中，避免填写个人手机号或具体地址。

（2）在 22：00～次日 8：00 尽量不要给他人发送消息，以免打扰对方休息。

（3）发送信息前要检查是否有误，以免造成麻烦。

（4）不在 QQ 空间或者微信朋友圈里“刷屏”，发布商业广告。

（5）不论是两个人聊天还是在群里聊天，都要注意用语文明。

（6）不发布、转载色情、暴力、敏感、虚假及涉及他人隐私的信息。

（7）不私自登录他人账号或以他人名义回复消息。

【小贴士】　　微信朋友圈

微信是腾讯公司于 2011 年 1 月 21 日推出的一款通过网络快速发送语音短信、视频、图片和文字，支持多人群聊的手机聊天软件。用户可以通过微信与好友进行形式上更加丰富的类似于短信、彩信等方式的联系。微信朋友圈，就是指你在微信上通过一些渠道认识的朋友形成的一个圈子。用户可以对好友新发的照片进行“评论”或“赞”，用户只能看相同好友的评论或赞。

如今，微信以其实用性和易操作性消耗了很多手机一族的日常时间。

（二）博客与微博

博客（Blog）又称网络日志，用来发布个人心情及对某些事的评论。微博，即微博客（Microblog）的简称，是一个基于用户关系的信息分享、传播及获取平台，以 140 字（2016 年 1 月 28 日起，原创文字上限扩展至 2000 字，评论和转发字数维持 140 字上限不变）为上限发布信息，并实现即时分享。如今，从个人的生活琐事至体育运动盛事，再到全球性的灾难事件，微博已经成为全世界的网民们表达意愿、分享心情的重要渠道。

使用博客、微博需要注意如下事项：

（1）不发布断章取义的信息。

（2）不发布夸大事实的信息。

（3）发布的信息态度真诚、友好。

（4）不要过于在意反对者恶意的诋毁或侮辱。

（5）不发布、转载色情、暴力、敏感、虚假及涉及他人隐私的信息。

（6）转载、引用他人文章时，需要征得他人同意。

（7）企事业单位在发布微博信息的时候要格外谨慎，确保准确无误。

【小贴士】　　　　　　　　网络诽谤违法

2013 年 9 月 9 日下午 3 时，最高人民法院召开新闻发布会，发布《最高人民法院、最高人民检察院关于办理利用信息网络实施诽谤等刑事案件适用法律若干问题的解释》(以下简称《解释》)。这部司法解释于 2013 年 9 月 10 日起施行。

《解释》规定：利用信息网络诽谤他人，同一诽谤信息实际被点击、浏览次数达到 5000 次以上，或者被转发次数达到 500 次以上的，应当认定为《刑法》第 246 条第 1 款规定的“情节严重”，可构成诽谤罪。

造成被害人自杀等后果的认定为“情节严重”。

《解释》规定，造成被害人或者其近亲属精神失常、自残、自杀等严重后果的，则不问诽谤信息实际被点击、浏览或者被转发次数，即可直接认定为“情节严重”，同时规定两年内曾因诽谤受过行政处罚，又诽谤他人的，也认定为“情节严重”。

三、在办公室使用聊天工具的礼仪

（一）公私分明

当你出现时，和你联络的组群可能都会看见你上线。这时候若有人和你打招呼，应该回应一下。见了人不予以理睬，或对于别人的问候毫无反应，都是失礼的。但在工作时间，或和工作伙伴“谈话”的时候，又不适宜和朋友聊天。所以，较好的办法是申请两个用户，一个在工作中和同事联络，另一个在生活中和亲朋好友联络。也可以在和某人谈话的过程中，把自己的状态设置成“忙碌”或者“正在工作”。在线上却又不能跟别人聊天时，应给对方一个礼貌的解释。

（二）网名固定

在工作中使用即时聊天工具时，最好使用真实姓名或者固定网名，让谈话对象知道是你，而不用去猜测，否则，会让你的工作伙伴摸不着头脑，因无法确定你的真实身份而耽误了联络。

（三）文字谨慎

在文字发送之前最好检查一下，看看语法、用词是否正确，以免引起对方的误解。不要刚刚输完字看也不看就直接发送过去，发完之后又要发解释、更正，把自己弄得手忙脚乱，职业形象也会大受影响。在正式会谈中，应该少使用表情符号、网络谐音词，这会有损会谈的严肃性。

案例

网络新词

公司人力资源部门新来的小慧刚从大学毕业，她时尚、新潮、阳光、活泼开朗，精神面貌不错，工作也很投入。然而，使年近半百的刘主任感到苦恼的是，每次他和小慧在QQ上进行谈话的时候，对方总是喜欢用一些新潮的网络谐音词，如“童鞋”（同学）、“油菜花”（有才华）、“筒子”（同志）、“灰常”（非常）、“果酱”（过奖）等。有时候遇到一个网络谐音词，刘主任还不得不先停下来琢磨该词的意思。

喜大普奔、活见久、弱爆了、不明觉厉、打酱油、细思恐极……从字面上看，这些词的意思猜得出来吗？

【**思考**】网络聊天的用词一定要注意聊天对象的年龄、文化背景及聊天所涉及的内容，否则，会引起不便甚至引起误会或耽误事。

课堂互动

网络礼仪认知测评

（一）情景描述

下面给出了一些有关网络礼仪的观点，哪些符合你的看法？

1. 网络是虚拟的，可以我行我素，不用理会他人的感受。

2. 不管论坛还是聊天室，争论是正常的现象，但是争论要心平气和，要以理服人，不要进行人身攻击。

3. 周末下班后，虽然同事已经累了一天了，但还是要努力说服他去网吧通宵玩游戏。

4. 工作时很忙，就将QQ设置一个“忙碌”或“隐身”状态。如果对方的状态是“忙碌”，不要和他闲谈，有重要的事，最好一句话将它说完。

5. 合理提示重要信息，不要动不动就用粗体斜体、颜色字体、加大字号等手段对一些信息进行提示。合理的提示是必要的，但过多的提示则会让人抓不住重点，影响沟通效果。

6. 退出已被屏蔽很久的组群。同时，保存聊天记录，以免就同一个问题重复向对方发问。

7. 不要在微博、微信朋友圈等公共信息平台上泄露别人的隐私。

8. 在新闻讨论组的规则中，坚持“先看再说”的原则：在发表见解之前，先要四处看看，了解其他人在讨论什么，然后再进行评论。

（二）评估标准和结果分析

请与你的学习伙伴共同讨论，以上说法你认同哪一项表述，不认同哪一项表述，并请说明原因。通过对本测试的回答与讨论，你可以更好地理解网络礼仪。

实践训练

活动一：讨论

（一）静听

数年前，纽约电话公司碰上一个最凶狠、不讲理的顾客。该顾客用最刻薄的字眼，责骂接线生。后来他又指出，电话公司制造假的账单，所以他拒绝付款。同时他要投诉到报社；还要向公众服务委员会提出申诉…… 这位顾客，对电话公司有多起诉讼。

最后，电话公司派出一位最富经验和技巧的调解员，去拜访这位不讲理的顾客。这位调解员去那里后，扑扑听着，尽量让这位好争论的老先生发泄他的牢骚。这位电话公司调解员所回答的都是简短的“是！是！”，并且表示同情。

这位调解员后来在一个公开场合说到这件事时，说出了当时的情形：“他持续不断地大声狂言，我静静听了差不多有三个小时。后来我又去他那里再听他没发完的牢骚。我前后访问了他四次。在第四次访问结束之前，我已成为他始创的一个组织的基本会员，他称之为‘电话用户保障会’；现在我还是这组织里的会员，可是据我所知，除了这位老先生外，我是里面唯一的会员。

在这次访问中，我还是静静听着，我用同情的态度，对待他所列举的每一点理由。据他表示：电话公司里的人，从没有这样跟他说过话，而他对我的态度，也渐渐地友善起来。我对他所需求的事，在前三次中，我不提一个字，最后在第四次，我完全结束了这桩案件。他把所有的账款都付清，并且撤销对公众服务委员会的申诉。”

无疑，这位顾客表面上看起来是为社会公义而战，保障公众的权益不受无理的剥削。可是，实际上他所要的是尊重感，他由挑剔抱怨去获得这种尊重感。当他从电话公司代表身上获得这份尊重感后，他就不必再提出那些不切实际的要求了。

【讨论】如何弥补电话沟通中造成的误会？

（二）被解雇的陈小姐

利达公司销售部文员刘小姐要结婚了，为了不影响公司的工作，在征得上司的同意后，她请自己最好的朋友陈小姐暂时代理她的工作，时间为一个月。陈小姐大专刚毕业，比较单纯。刘小姐把工作交代给她，并鼓励她努力干，准备在蜜月回来后推荐陈小姐顶替自己。某一天，经理外出了，陈小姐正在公司打字，电话铃响了，陈小姐与来电者的对话如下。

来电者：“是利达公司吗？”

陈小姐：“是。”

来电者：“你们经理在吗？”

陈小姐：“不在。”

来电者：“你们是生产塑胶手套的吗？”

陈小姐：“是。”

来电者：“你们的塑胶手套多少钱一打？”

陈小姐：“18 元。”

来电者：“16 元一打行不行？”

陈小姐：“不行。”

说完，“啪”一声，挂断了电话。

上司回来后，陈小姐也没有把来电的事告知上司。过了一星期，上司提起他刚谈成一笔大生意，以 14 元一打卖出了 1100 万打塑胶手套。陈小姐脱口而出：“啊呀，上星期有人问 16 元一打，我说不行。”上司当即脸色一变说：“你被解雇了！”陈小姐哭丧着脸说：“为什么？”

【讨论】

1. 请找出陈小姐在电话中出现的礼仪错误。

2. 请设计这个来电的应答内容和方式。

（三）名人博客“死”了一大半

受不了网友的谩骂，名人博客“死”了一大半。

有许多名人在开通博客后又陆续淡出博客。他们认为网络话语环境非常乱，躲之唯恐不及。当代著名女作家池莉在贴出《在关闭博客之前给我的读者的信》后，便从网上销声匿迹。池莉将此归因于网友留言“太咄咄逼人”，这种直接交流的方式是她“最不喜欢”的。而就在池莉开博客不久，她还曾对记者表示：“网友都很了解我，与他们交流我很开心。”

其实决意淡出博客的远非池莉一人，海岩和余华的博客已变成了“黑板报”——不是贴照片，就是贴演讲稿；陆川自“韩白之战”后便关掉了博客评论栏，来个眼不见为净；而因网友攻击“受伤”较深的几位名人，如陈染、白烨、高晓松等，则和池莉一样索性关闭博客，彻底了断。

不可否认，最初许多名人都是冲着与网友进行交流开设博客的，但他们却发现博客环境太恶劣，根本就没有互动的可能。因韩寒“粉丝”的谩骂而愤然关闭博客的白烨表示：“少了这个博客，虽然少了一个交流的渠道，但也少了一些不可预知的麻烦。”

不过对于名人纷纷淡出博客，网友也有不同的看法，有网友指出，名家淡出正说明了他们的脆弱，“博客毕竟不同于现实，有许多话在现实里要委婉地说，但到博客上就可以直言不讳，这是网络语言的特质。名家既然脸皮薄，承受不了网友对自己的批评和攻击，那当初何必赶热闹开博客呢？”

（四）清华大学教授贴吧风波

2010年6月，备受关注的清华大学教授蔡继明状告百度侵权案终审改判，法院认定百度公司怠于履行管理职责，致使网络用户侵犯蔡继明的损害后果扩大，应赔偿蔡继明精神抚慰金10万元。

蔡继明系清华大学人文社会科学学院教授、清华大学假日制度改革课题组负责人。蔡继明诉称，因其提出取消黄金周，国务院宣布取消“五一”黄金周后，一些反对者把他当成了发泄怨气的对象，经常有人通过电话、短信、电子邮件对他进行人身攻击。不久前，他发现百度贴吧中有一个“蔡继明吧”，贴吧里有人公布了其电子邮箱、家庭电话和手机，其中有大量对他进行谩骂、侮辱甚至语言威胁的帖子。蔡继明认为，作为运营方的百度没有尽到对网站内容进行审核的责任，放纵网民在论坛上发布侮辱或诽谤他人的信息，侵害他人合法权利，对他构成了名誉权、肖像权、姓名权、隐私权的侵害和语言威胁，遂将百度公司告上法院。

百度公司的代理人表示，涉案的“蔡继明吧”属于电子公告服务（即BBS服务），贴吧的名称和帖子内容均由网民发布，按法律规定应由发布者承担责任。百度只是贴吧的经营者，承担的是管理责任，包括事前提示义务和事后管理义务，上网用户应遵守法律法规，并对发布内容负责。发现贴吧中有违反规定的内容后，百度方面及时删除，已经承担了管理责任，因此不承担侵权责任。

一审法院判决驳回蔡继明索赔请求，但要求百度提供在贴吧里谩骂蔡继明的网民信息以便蔡继明维护自身权益。蔡继明不服提出上诉，北京一中院认为，百度公司并非造成蔡继明人格权益损害的直接侵权人，但怠于履行事后管理的义务，致使网络用户侵犯蔡继明的损害后果扩大，应当承担相应的责任，遂判决百度公司赔偿蔡继明精神损害抚慰金人民币10万元、公证费人民币5080元。

上例中蔡继明教授参与政策决策，可以接受正常的批评，但对其进行人身攻击就越过了批评的底线。作为网民，我们应该注意自己的语言，表现得太亢奋了，肆无忌惮，可能会给别人和自己造成无尽的麻烦。

【讨论】

1. 你如何看待名人博客上受网民谩骂的现象？

2. 网络上破口大骂可以容忍吗？网络上散布别人的隐私并对别人造成伤害是合法行为吗？

3. 有网民认为名人淡出博客是因为脆弱，你怎么看？

4. 你认为应如何强化网络礼仪？

5. 简要阐述一些加强网络礼仪的重要性。

推荐阅读

1.《网络礼仪及道德规范》作者：马云，朱一军；出版社：华东师范大学出版社，出版时间：2013年6月。

2.《电话销售中的成交技巧》作者：李智贤，出版社：机械工业出版社，出版时间：2014年6月。

第十章　涉外礼仪

【学习目标】

- 掌握涉外交往基本原则
- 了解涉外基本礼仪及交往礼仪
- 了解部分国家礼俗与禁忌

【技能目标】

- 运用涉外礼仪理论分析现实案例
- 掌握涉外交往技能，提升涉外交往能力

【名人名言】

- 《礼记》：入境而问禁，入国而问俗，入门而问讳。
- 歌德：有两种和平的暴力，那就是法律和礼貌。
- 孔子：博学于文，约之以礼。
- （日）幸田露伴：文明是所有人种植幸福的结果。
- （爱尔兰）奥利弗·戈德史密斯：有鉴别能力的旅行就会发现，聪明的人在世界各地都很知礼，而傻瓜只在家乡讲礼。

第一节　涉外基本礼仪

案例导入

被拒绝的生日蛋糕

有一位先生为一位外国朋友订做生日蛋糕。他来到一家酒店的餐厅，对服务小姐说：“小姐，您好，我要为我的一位外国朋友订一份生日蛋糕，同时打一份贺卡，您看可以吗？”小姐接过订单一看，忙说：“对不起，请问先生，您的朋友是小姐还是太太？”这位先生也不清楚这位外国朋友结婚没有，从来没有打听过，他为难地抓了抓后脑勺想想说：“小姐？太太？一大把年纪了，太太。”生日蛋糕做好后，服务员小姐按地址到酒店客房送生日蛋糕，敲门，一女子开门，服务员小姐有礼貌地说：“请问，您是罗格太太吗？”女子愣了愣，不高兴地说：“错了！”服务员小姐丈二和尚摸不着头脑，抬头看看门牌号，再回去打个电话问那位先生，没错，房间号码没错。再敲一遍，开门后，她说：“没错，罗格太太，这是您的蛋糕。”那女子大声说：“告诉你错了，这里只有罗格小姐，没有罗格太太。”“啪”的一声，门被大力关上，蛋糕掉在了地上。

【思考】这个故事结局就是因为错误的称呼所造成的。在西方，特别是女士，很重视正确的称呼。如果搞错了，会引起对方的不快。

美国房地产巨头唐纳德·特拉姆成功地把公寓销售和租赁给不同国籍的人，因为他了解在其他国家文化背景下应如何运作商业行为。在其著作《致富的法宝》中，他写道：“我一直生活在美国，但是我努力去了解其他国家的文化。我们对自己国家发生的事情非常敏感，但是我们却不关心发生在其他国家的事情。”

随着交通和联系的日益便利与快捷，国际交往日益频繁，各种形式的合作也越来越广泛，也为涉外工作和沟通提出了新课题。国际常用礼节，有东西方通用的，但也有一些礼节是存在差异的。同时，在涉外活动中也存在着一些基本原则，掌握它，才能使交往活动正常、高效地进行。

一、涉外礼仪准则

（一）服从大局

无论是谁，也无论是以怎样的形式，在涉外交往的时候，都要服从国家的相关规定，以大局为重，不能固执己见，更不能因为利益而做出有损国家利益的行为。

（二）不卑不亢

商务人员的形象体现了国家和民族的尊严，不卑不亢是每一名涉外商务人员必须高度重视的大问题。因此，在涉外商务场所，言行应当从容得体、乐观坦承，既不畏惧自卑，也不狂傲自大。

（三）尊重差异

到其他国家去要怀着开放和欣赏的心态，对自己生活的地方感到自豪没有什么错，但是自夸和比较并不能达到预期目标，不会帮助你成功地建立人际关系。

当你到一个公共场所，那里所有的人都说另一种语言，你就很容易忘记周围的人可能会有人听得懂你的语言，因此要时刻保持自己在语言上的风度。

案例

王晓华所在公司的总经理是一个日本人，起初对中国的文化和习惯方式并不了解。有一次，总经理对她说，办公室里有几个女员工显得很没有礼貌，每当与她们说话或布置工作任务时，她们的回答不是"嗯"就是"哎"。在日本，如果表达肯定对方的意思，应该说"Hi（嗨）"才是礼貌的应答方式，说明在态度上表示对对方的尊重，所以以后员工最好效仿日本人的应答方式。王晓华听后连忙对总经理解释说，在中国"嗯"就相当于日本的"Hi"，同样表达肯定的意思，员工们没有任何冒犯的意思。总经理听到这个解释后，才化解了对几个女员工的误会。

【思考】了解差异才能化解误会。

（四）平等相待

在涉外交往时，不能过分排外，歧视异族，也不能崇洋媚外。对于交往的国家，不应有三六九等之分，即使政府之间关系平淡，甚至冷漠，但作为友人之间的交往，最好还是要平等相待。尊重不同的文化，尊敬所访问的国家或者是来访的外国宾客的文化习俗，面对宗教、文化、习俗不同的国家，在商务交往时，要采取求同存异的原则。

（五）信守约定

遵时守约，在国际交往中是取信于人的一项基本要求。在现代社会，信誉就是效率，信誉就是形象。所以，涉外商务人员在国际交往中，必须认真严格遵守自己的所有承诺，说话务必算数，许诺一定要兑现，约会一定要守时。

案例

日本一位非常著名的政治家年轻时曾和恋人约定在地铁站附近的一个地方约会。日本人对守时是非常重视的。他按时到了，结果恋人迟到，实际上恋人在地铁出口出现的时间和他们约定的时间并不相差多少。据说这位政治家已经看到了他的恋人向他走来，但是他看了看表，他的恋人已经迟到了，于是他毅然决然地离她而去，因为在他的观念中这个恋人是不守时的，是不讲信誉的。

【思考】信守约定，讲求信用，从一点一滴做起，它事关信誉与形象。

案例

守信的小男孩

18 世纪英国的一位有钱的绅士，一天深夜他走在回家的路上，被一个蓬头垢面衣衫褴褛的小男孩儿拦住了。“先生，请您买一包火柴吧。”小男孩儿说道。“我不买。”绅士回答说，接着躲开男孩儿继续走。“先生，请您买一包吧，我今天还什么东西也没有吃呢。”小男孩儿追上来说。绅士看到躲不开男孩儿，便说：“可是我没有零钱呀。”“先生，你先拿上火柴，我去给你换零钱。”说完男孩儿拿着绅士给的一个英镑快步跑了，绅士等了很久，男孩儿仍然没有回来，绅士无奈地回家了。

第二天，绅士正在自己的办公室工作，仆人说来了一个男孩儿要求面见绅士。于是男孩儿被叫了进来。这个男孩儿比卖火柴的男孩儿矮了一些，穿得更破烂。“先生，对不起了，我的哥哥让我给您把零钱送来。”“你的哥哥呢？”绅士道。“我的哥哥在换完零钱回来找你的路上被马车撞成重伤了，在家躺着呢。”绅士深深地被小男孩的诚信所感动。“走！我们去看你的哥哥！”绅士去小男孩的家一看，家里只有他们的继母在照顾受到重伤的小男孩。一见绅士，小男孩连忙说：“对不起，我没有给您按时把零钱送回去，失信了！”绅士了解到两个男孩儿的亲生父母都双亡时，毅然决定把他们生活所需要的一切都承担起来。

【思考】守信是最值得提倡的美德之一。守信，不是让你失去，而会让你得到更多。

（六）保守机密

商务人员在涉外交往中，要小心翼翼，谨言慎行，以防止国家和商业秘密泄露，被居心叵测别有用心之人利用。

案例

在过去很长一段时间里，我国独自掌握景泰蓝工艺。有一次，一个日本访问团到一家知名的景泰蓝厂参观，一位陪同人员在介绍各种工艺流程时，无意中将绝密的制作工艺泄露。结果，日本的同类产品很快在国际市场上出现，与中国展开激烈竞争。

【思考】这是典型的泄密事件，把绝密工艺泄露给了他人，结果给自己树立了劲敌。

（七）要灵活有耐心

性格死板的人，在商务活动中往往会遇到困难。在新的环境中，应该尝一尝新的食品，学一学新的言谈举止。开始时，可能由于不熟悉这些新的举止，你会觉得“很可笑”，但一定要坚持下去，即使你学得不太好，当地的主人也会赞赏你积极尝试的态度。

（八）热情有度

所谓热情有度，是指要对交往对象热情友善，又要注意尺度，不能有碍于人，影响于人，骚扰别人。

1. 关心有度

由于大多数外国人都强调个性独立、自由，过分的关心会让人感觉碍手碍脚、多管闲事，甚至被认为是干涉隐私。所以要礼待外国客人，不该关心的事不要多操心。

案例

阿涵被派到一位来京工作的英国专家家里做服务工作。因为她热情、精明能干，专家夫妇对她的印象很不错，把她当成自己家庭的一个成员。

一个星期天，那位英国专家携夫人外出归来。阿涵在问候他们之后，如同对老朋友那样，随口就问：“你们去哪里玩了？”这位专家迟疑一阵后，才吞吞吐吐地说：“我们去王府井步行街了。”阿涵没有注意对方的脸色，继续问道：“那你们逛了什么商店？”对方无奈地答道：“王府井书店。”“哦，那边书挺多，而中关村那边有个图书大厦，那边的书更多。”阿涵好心地向对方提出建议，然而，没等她说完，这对老夫妇就阴沉着脸转身进屋了。

事后，阿涵才知道自己问得太多了。

【思考】因为文化的差异，阿涵过度的关心，只会引来冷漠。

2. 距离有度

很多中国人讲究人与人的关系亲密无间，外国人则主张人与人之间应该保持适当距离，与对方距离过近，会让对方产生被“侵犯”、不自在的感觉；距离过远，又使对方感觉被冷落。

例如，一个日本人和一个美国人站在酒店的大堂聊天，人们会看到这样的现象：两人在大堂里慢慢地走来走去，美国人不断地后退，日本人则渐渐地靠近美国人，他俩都试图不断地做出调整，保持一个彼此在文化上都可以接受的距离。

这是一幅典型文化差异图景。一般来说，亚洲人的亲密地盘要比欧美人的亲密地盘小一些。日本人的亲密地盘只有 25 厘米左右，他不断地向前调整他的空间距离，但他这样做就侵入了美国人的亲密地盘，使得美国人不得不后退，调整他的空间。这种录像高速播放时，给人一种印象，仿佛两人在会议室跳舞，领头的是日本人。因此，当谈判业务时，亚洲人同欧美人都用怀疑的目光注视着对方。欧洲人或美洲人说亚洲人过于亲昵，而亚洲人则说欧洲人或美洲人冷淡、冷漠。

（九）女士优先

女士优先是国际社会公认的一条重要的礼仪原则，在西方国家更是如此。这要求一个成年男子，在社交场合都要尽一切可能来尊重妇女、照顾妇女，并做好准备，随时挺身而出为妇女排忧解难。

【小知识】 **“女士优先”的由来**

“女士优先”的原则起源于欧洲中世纪的骑士之风。在当时，骑士为贵妇人开道，勇战匪徒，为贵妇人吟唱英雄史诗，为贵妇人而决斗，得到对方的赞美，被认为是骑士的莫大荣耀，这逐渐演变为对女士的关爱和保护，即“女士优先”的原则。

关于“女士优先”，有着不少动人的故事。1911 年，“泰坦尼克号”在沉没前，男人们纷纷把逃生的机会让给妇女和孩子。1937 年 9 月 22 日，日寇飞机开始对南京进行轰炸。这天，德国西门子公司南京分行的经理拉贝守在自己家简陋的防空洞门口，让抱着婴儿的妇女优先进入，其次是带着较大孩子的妇女，最后才让男人进入。事后，数百位难民在院子里排队向拉贝鞠躬感谢。拉贝却连说："不敢当！我只是在危险时刻做了我认为正确的事。"

（十）三思后说

当对方使用与我们不同的语言时，就会减弱沟通渠道的作用，而且很容易产生误会。当微妙的商业谈判处于危险的境地的时候，翻译的作用是至关重要的。如果你需要翻译来帮助你同来自其他国家的人沟通，要看着对方直接跟对方说，而不是跟翻译说。如果你不用翻译的话，要使用简单直接的言语方式。幽默是一种主观的行为，很多笑话和俚语都很难翻译得原汁原味，这可能会带来混乱和冒犯。一定不要说诸如政治、宗教这类比较有争议的话题，除非是东道主首先提起。

二、礼宾次序与国旗悬挂礼仪

（一）礼宾次序

礼宾次序是指国际交往中对出席活动的国家、团体、各国人士的位次按某些规则和惯例进行排列的先后次序。礼宾次序既体现东道主对各国宾客所给予的礼遇，又表明各国主权平等的关系。礼宾次序安排不当或不符合国际惯例，会引起不必要的争执与交涉，甚至影响国家关系。常见的礼宾次序排列方法有以下几种。

1. 按照身份与职务高低排列

官方活动一般按身份与职务的不同安排礼宾次序。如按国家元首、副元首、政府总理（首相）、副总理（副首相）、部长、副部长等顺序排列。各国提供的正式名单或正式通知供排序参考。由于各国的国家体制不同，各部门的职务高低有所不同，所以要根据各国的规定，按相当的级别和官衔进行安排。在多边活动中，有时可按其他方法排列。但无论采用何种排列方法，身份与职务的高低问题必须考虑。

案例

伦敦G20峰会合影

2009年，伦敦举行的G20峰会有一张集体照：中国国家主席胡锦涛排在主办国首相布朗身边，这个位次被国内一些媒体解读为英国重视中国，甚至是“讨好”中国。还有人认为，美国总统奥巴马被排在第二排，体现英美两国之间的“不合”等。其实，这只是某些中国人自己想多了。

【思考】在一些国际会议上，有一个不成文但行之有效的约定，即按照领导人职务的高低和资历的长短来进行安排。此次合影正是按照领导人任职资历的长短来排列的。

2. 按照字母顺序进行排列

在举行大型国际会议或体育比赛时常用此法。多边活动中的礼宾次序往往按参加国国名字母顺序排列，一般以英文字母排列居多，个别情况会按其他语种进行排列。在国际会议上公布与会者名单、悬挂与会国国旗、安排座位等均按各国国名的英文拼写字母的顺序排列。如召开联合国大会时，各专门机构的会议和悬挂会员国国旗等均按此法。联合国大会的席次也按英文字母排列，但为了避免有些国家经常占前排，因此每年抽签一次，决定由哪一字母打头，以便让各国都有机会排在前列。

3. 按照通知代表团的先后顺序排列

在一些国家举行的多边活动中，这也是排列礼宾次序经常采用的办法之一。东道国对同等身份的外国代表团，按派遣国通知代表团组成的日期排列，或按代表团抵达活动地点的时间先后排列，或按派遣国决定应邀派遣代表团参加该活动的答复时间先后排列。采取何种排列方法，东道国在致各同的邀请书中，都应加以明确注明。

4. 按照来宾抵达时间顺序排列

当各国大使同时参加派驻国的某项活动时，通常以其到达时间早晚来排定其礼宾序列。在非正式的涉外活动中，也可用此法进行排列。

5. 不排列

所谓不排列，其实也是一种特殊的排列方法。当以上方法都不适用时，便可采用这种排列方法。比如有些国家并不参照惯例，而是把和本国关系密切的国家排在最前列。

在礼宾实践中，可交叉使用以上的方法。但是，不论采用何种排列方法，均应事先向外国来宾进行通报。如在某一多边国际活动中，排列与会礼宾次序时，首先是按正式代表团的规格，即代表团团长的身份高低来确定。在同级代表团中则按派遣国通知代表团组成时间先后来确定，对同时收到组成日期的同级代表团则按国名英文字母顺序排列。

（二）国旗悬挂礼仪

国旗是国家的象征和标志，在国际交往中悬挂国旗成了一种惯例。

1. 悬挂国旗的场所

（1）一国驻外使领馆。

（2）国家领导人外出访问的时候。

（3）国际会议会场内悬挂。

（4）重大体育赛事当中。

2. 悬挂国旗的要求

（1）室外悬挂的国旗要日出而升，日落而降。

（2）悬挂双方国旗时，右侧为上，左侧次之。

（3）国旗不得挂反或倒挂。

（4）致哀时应降半旗。

课堂互动

一、涉外礼仪测试

（一）情景描述

以下是有关涉外基本礼仪的选择题，每题有三个选项：A. 尚未做到；B. 基本做到；C. 做得很好。请根据自己的情况如实作答。

1. 在涉外商务谈判中，能够坚持国家利益至上，不因个人私利而损害国家。(　　)

2. 在涉外商务活动中，时刻遵守国家的法律法规、不做违法的交易。(　　)

3. 在参加外事活动、面对外方人员时，能做到不卑不亢。(　　)

4. 积极了解外方客人有关礼仪习俗方面的知识。(　　)

5. 与外国客户谈判时，做到求同存异。(　　)

6. 尊重外方客户的宗教信仰。(　　)

7. 与外国客人相处时热情有度。(　　)

8. 在外国客户打交道时，信守约定。(　　)

9. 与外国客户接触时，表现灵活而富有耐心。(　　)

10. 坚持“女士优先”的原则。(　　)

11. 在涉外活动中，会正确安排礼宾的次序。(　　)

12. 在涉外活动中，能正确地悬挂双方国旗。(　　)

（二）评估标准和结果分析

选A得0分，选B得1分，选C得2分。各项得分的总和即是自测总分。

20分及以上，表明你已经很好地掌握了涉外基本礼仪。

15～19分之间，表明你较好地掌握涉外交往礼仪，应继续加强。

14分及以下，表明你对涉外交往礼仪知识的掌握较差，应努力加强。

二、礼宾次序安排练习

（一）阅读案例

《红楼梦》提到过封建大家庭生活中的座次问题，相当讲究，也很严肃。第三回林黛玉进贾府第一次用餐时是这样描写的：“贾母正面榻上独坐，两旁四张空椅，王熙凤忙拉黛玉在左边第一张椅子上坐下，黛玉十分推让，贾母笑道：‘你舅母和嫂子们是不在这里吃饭的。你是客，原该这么坐。’黛玉方告了坐，就座了。……迎春坐右手第一，探春左手第二，惜春右手第二。”由此可见，按传统习惯，左为上，在同辈之间，左边的第一个位子应该是客人的座位，然后本家人依次而坐。

（二）小组讨论

1. 在上面这个案例中，你体悟到什么？

2. 在你的工作和生活中，有没有因为座次问题而引起的不愉快？碰到这类问题，你将如何解决？

3. 请给下列人员排座次：市委书记、市委副书记兼市长、主管教育的副市长、市委秘书长、市人大主任、市人大副主任、市人大秘书长、市政协主席、市政协副主席、教育局局长、国税局局长和公安局局长等。

第二节　涉外交往礼仪

案例导入

会面着装不当，险失合作机会

王某是国内某家星级酒店的外宾接待人员，他所在酒店欲与德国某家企业达成长久合作。酒店在得知德国这家企业董事长要来本市访问的消息时，特派王某前去接待商谈合作事宜。王某想方设法，请有关人员为他们牵线搭桥。后来得知对方也有兴趣同他所在的酒店进行合作，而且希望尽快会面。

到了双方会面的那一天，王某特地对自己的穿着做了精心准备，他根据自己对时尚的理解，穿着自以为很帅气的服装，上身一件皮夹克衫，下身牛仔裤，头戴棒球帽，脚上穿着个性的休闲鞋。他希望给对方留下自己非常精练能干、时尚新潮的印象，但是结果却并不是他想象的那样。那位德国老总认为王某着装随意，穿着打扮不合常规，打扮前卫，有失沉稳，决定合作之事再议。后来，王某的经理出面，向德方合作伙伴表示歉意，最终才促成了合作。

【思考】合适的着装能够使会面活动顺利进行，尤其在涉外交往时，要特别注意自己的着装，做到着装与场合相符合。

涉外交往礼仪是指交往中人们用以维护自身形象，向交往对象表示尊敬与友好的、约定俗成的行为准则和礼仪规范。这种运用于国际交往中的行为规范和准则称为国际惯例。

涉外交往过程中，需要考虑的因素不能仅仅以国内的礼仪为规范做参照，而是要重视东西方交往礼仪中存在的差异。只有熟悉了解相关礼仪，才能表现得有礼有节，而不至于在涉外交往的过程中失了礼节。

一、迎送礼仪

迎送宾客是整个外事活动的开始和结束，也是对不同身份的外宾表示尊重的重要形式。

（一）迎送前的准备

1. 确定迎送规格

依据来访者的身份、访问性质和目的，根据国际惯例及双方关系，确定规格。一般采用的是“对等”原则，主迎送人员要与来宾的身份、职务、地位相当，双方的差距不宜过大。特殊情况下，可以打破惯例，安排较大的迎送场面，给予较高的礼遇。

2. 拟订迎送方案

在确定双方情况后，制定迎送接待方案。方案内容包括：拟定迎送人员名单、迎送方式、交通安排、食宿安排、安保措施、工作日程、游览观光、欢迎晚会、礼品准备等。

3. 其他准备

除了以上准备，还需要布置场地；制作欢迎条幅；悬挂双方国旗；铺欢迎红地毯；确定献花人员，以及欢迎、欢送群众；确定摄影录像人员。

（二）欢迎礼仪

（1）提前到达机场（车站）等候。

（2）见到客人后先问候“一路辛苦”“欢迎来到某地”，握手致意。

（3）献花。一般由少年儿童献花。

（4）相互引见介绍随行人员。一般由双方地位最高的人员介绍。

（5）欢迎仪式。奏国歌、升国旗、鸣礼炮（国事访问时采用），发表欢迎演说。

（三）送行礼仪

由我方与对方级别相当的人员进行话别送行。在话别时，可以对双方的合作表示满意，或听对方游览的观感，可以送一些小礼品，要便于携带，时间一般为20～30分钟。

送行人员必须准确把握外宾乘坐的飞机（船）离开的时间，并把外宾在登机之前送到相应的地点，不得迟到。送行人员应在外宾临上交通工具之前，按一定顺序同其一一握手告别，并向外宾挥手致意，行注目礼，直至远去，不可过早离开。

（四）迎送礼仪 10 忌

（1）规格不当。

（2）场面不当。

（3）主人晚到或误迎误送。

（4）不主动热情。

（5）迎送人员多变。

（6）迎送中不拘小节。

（7）身份较高者为客人提行李。

（8）迎送人员过多或过少。

（9）迎送时间过于紧。

（10）迎送工作安排不周密。

案例

在广州工作的万先生有一个好习惯：每次有接待任务，他都提前做好充分的准备。比方，去酒店接客人，他都会提前算好精确的时间，绝对不会让客人在大厅多等一分钟。在送客人坐飞机或坐火车时，他都送客人过安检，直至看不到客人的背影才离开。他的服务每次都能给客户舒适和良好的体验。由于服务的周到细致，体贴入微，他在客户中建立了一个非常正面、敬业而又温文尔雅的职业形象。他所签下的合同也特别多，业绩特别突出。

【思考】这个案例让我们明白，迎来送往不在表面功夫，而是真正给客户带来不矫揉造作、不过分热情、距离有度的、注重实效和体验的真诚感受。正是这些良好的、不太起眼的细节帮他树立的职业形象让他在职场中立于不败之地。

二、会面礼仪

（一）通用礼仪

1．握手礼

握手，是大多数国家见面和离别时相互致意的礼仪。握手既是人们见面相互问候的主要礼仪，也是祝贺、感谢、安慰或相互鼓励的适当表达方式。如对方取得某些成绩与进步时，对方赠送礼品，以及发放奖品、奖状、发表祝词后，均可以握手来表示祝贺、感谢、鼓励等。

2. 点头礼

点头礼，也就是颔首礼。点头礼的做法是头部向下轻轻一点，同时面带笑容。注意不要反复点头不止，点头的幅度不宜过大。点头礼适用的范围很广，如路遇熟人或与熟人，朋友在会场、剧院、歌厅、舞厅等不宜交谈之处见面，以及遇上多人而又无法一一问候之时，都可以点头致意。行点头礼时，最好摘下帽子，以示对对方的尊重。

3. 举手礼

行举手礼的场合，与点头礼的场合大致相似，客观存在最适合向距离较远的熟人打招呼。行举手礼的正确做法是举起右臂，掌心朝向对方，四指并拢、拇指略内收，轻轻左右摆动 2～3 次。右臂举起的高度视与对方距离的远近而定。比如：距离较远时，要将右臂举得高一些。不要将手上下摆动，也不要在手部摆动时用手背朝向对方。

4. 脱帽礼

戴着帽子的人，在进入他人居所，路遇熟人，与人交谈、握手，进入娱乐场所时或在升国旗、奏国歌的场合时，应自觉摘下帽子，并置于适当之处。女士在一般社交场合可以不脱帽子，不会被人认为是失礼行为。

（二）东方礼仪

1. 作揖礼

作揖礼，即拱手礼，是华人中最流行的见面礼。行礼方式是起身站立，上身挺立，两臂前伸，双手在胸前高举抱拳，自上而下，或者自内而外，有节奏地晃动两三下。

2. 鞠躬礼

行鞠躬礼时，应脱帽立正，双目凝视地面，在上体保持直线的前提下前倾。男士双手应贴放于身体两侧裤缝处，女士的双手则应下垂搭放在腹前。上身倾斜的角度越大，表示越谦恭，鞠躬的深度、时间和次数要视彼此身份、地位、相识程度而言。

【小知识】

“鞠躬”起源于中国，商代有一种祭天仪式“鞠祭”：祭品牛、羊等不切成块，而将整体弯卷成圆的鞠形，再摆到祭处奉祭，以此来表达祭祀者的恭敬与虔诚。这种习俗在一些地方一直保持到现在，人们在现实生活中，逐步沿用这种形式来表达自己对地位崇高者或长辈的崇敬。

鞠躬礼在日本特别盛行。有的商场服务人员在顾客购买物品后，送走客人时多用鞠躬礼，有的甚至鞠躬至客人背影消失为止。

鞠躬的度数：15 度左右鞠躬，表示问候他人或向对方致谢，鞠躬时以髋关节为轴，上体前倾 15 度左右，不要低头，不要弯腰。30 度左右鞠躬，表示郑重、谦恭和致谢等含义。90 度鞠躬，也叫大鞠躬，一般适用于比较特殊的场合，如婚礼、悼念、谢幕等。

3. 合十礼

合十礼，亦称合掌礼，即双手十指相合为礼。具体做法是双掌十指在胸前相对，指尖向上并与鼻尖基本持平，手掌向外侧倾斜，双腿立直站立。中身微欠，低头。可以口颂祝词或问候对方，亦可面含少量微笑。但不能在行礼时手舞足蹈，点头不止。行礼时，合十的双手举得越高，越体现了对对方的尊重，但原则上不可高于额头。

（三）西方礼仪

1. 拥抱礼、亲吻礼

西方各国常用拥抱礼，有时还伴以贴面和亲吻。拥抱礼的动作要点是：两人面对面站立，各自举起右臂，将右手搭在对方左肩后，左臂下垂，左手扶住对方右腰后侧，首先各向对方左侧拥抱，然后各自向对方右侧拥抱，最后再一次向对方左拥抱，一共拥抱三次。亲吻礼有时会与拥抱同时采用，即双方会面时既拥抱，又亲吻。双方关系不同，亲吻部位也会不同。长辈吻晚辈，应当吻额头；晚辈吻长辈，当吻下颌或吻面颊；同辈之间，同性应该贴面颊，异性应当吻面颊。行亲吻礼时，非常忌讳发出亲吻的声音。

2. 吻手礼

正确的吻手礼是：男士行至已婚女士面前，首先垂首立正致意，然后以右手或双手捧起女士的右手，俯首用自己微闭的嘴唇，去象彻性地轻吻一下其指背。这种礼节，主要流行于欧美国家。吻手礼的受礼者，只能是女士，而且应是已婚女士。

【小知识】　　　　吻礼的起源

古罗马时严禁妇女喝酒，男子外出归来，常常要检查一下妻子是否喝酒，便凑到她嘴边闻一闻。这样，夫妇把嘴凑到一起的举动就逐渐成为夫妻见面的第一道礼节。后来，这个礼节逐渐普及，范围还渐扩大，终于演变成今天的吻礼。

三、馈赠礼仪

（一）馈赠规则

涉外送礼和国内存在着很大的差别，涉外送礼的关键是让人觉得舒服，接受起来没有压力。涉外送礼的规则如下：

（1）欣然接受、不说谦辞。国内送礼收礼常说“薄礼，请笑纳”“不成敬意”“受之有愧”等，在涉外送礼的时候不宜说这些，否则会造成误解。

（2）不宜过于贵重。太贵重会引起对方的猜想，认为是有所求。

（3）包装精美。

（4）送礼时要公开、大方。

（5）当面打开，以示尊重

（6）一般情况下，不宜拒绝收礼。

（二）礼品选择

（1）圣诞节礼物。送给孩子玩具和糖果。大人们一般互送书籍、文具、盆景、巧克力糖。

（2）生日礼物。一般送蛋糕。送其他礼物（领带、书销、饰品、陈设品、文具等）时，包装上往往会附上一张卡片，并写下寄语。

（3）结婚礼物。一般赠送日用品、家庭饰品，如瓷器花瓶、地毯、家具、刺绣等。

（4）探望病人。一般选择送鲜花。

（5）宴会礼物。参加大型宴会不需要送礼品，参加私人宴会，送一束鲜花即可。

（6）赠别礼物。外国友人在远行时通常赠送鲜花、点心、水果或书籍杂志等。

（三）部分国家的馈赠礼仪

案例

赠礼不当惹尴尬

国内某家专门接待外国旅客的酒店，在一次接待来华游玩的意大利宾客时，为了表示对他们的欢迎，特地派人找到当地知名真丝商品制造商赶制了一批真丝手帕，上面印有本酒店的信息，还绣有中国传统书法，以及中国四大美女图案和菊花图案，非常典雅，富有中国特色。并且还特地用一个小纸盒装着，显得非常精美。中国丝织品闻名于世，酒店方面认为外方旅客一定会喜欢这份别致的礼物的。

当酒店外宾接待人员将礼物送给意大利宾客后，只见这些意大利宾客一阵哗然，议论纷纷，显现出非常不高兴的样子。特别是其中一位宾客还大声喊叫，显得情绪非常激动，很是气愤，并且有些伤感。酒店外宾接待人员一下子慌了手脚，他不知道到底出了什么错，自己好心好意特意为外宾准备的精美礼物，非但没有得到外宾的感谢，反而会出现此种景象。

中国人都认为礼多人不怪，这些意大利外宾为何会大为不满呢？后来经过仔细询问才知道，意大利人只有在亲朋好友相聚一段时间后要告别时才送手帕的，取意为“擦掉惜别的眼泪”。此外，菊花虽然在中国象征着高贵，但在意大利却是用来祭祀亡灵的，情绪激动的那位宾客得到的是绣有菊花的手帕，自然是心情气愤难平，不能自已。

【思考】涉外赠礼前，需要了解外方人员的礼仪禁忌，否则会导致“好心办坏事”的情况产生。

（1）美国。美国人忌讳不带礼物就去赴宴，同时又忌讳礼物太贵重。与美国人交往，有两种场合可通过赠礼来自然地表达祝贺和友情：一是每年的圣诞节期间；二是当你抵达或离开美国的时候。在美国，请客人吃顿饭、喝杯酒，或去共度周末，普遍被视为“赠礼”。你只要对此表示感谢即可，不必再作其他报答。

去美国人家中做客一般不必备厚礼，带些小礼品如鲜花、美酒和工艺品即可，如果空手赴宴，则表示你将回请。当然也可送葡萄酒或烈性酒。高雅的名牌礼物他们很喜欢，尤其是尽量送一些具有浓厚乡土气息或别致精巧的工艺品，以满足美国人的猎奇心。送礼可在应酬前或结束时，不要在应酬中将礼物拿出来。

（2）英国。给英国人送礼要轻，英国人不喜欢收到贵重的礼物，尤其是涉及私生活的服饰、香水、带有公司标志的物品等。鲜花、威士忌、巧克力、音乐会门票、工艺品等是馈赠的首选。给英国女士送鲜花时，宜送单数，不要送双数或13枝，不要送被英国人认为象征死亡的菊花和百合花。在英国，合适的送礼时机是请别人用完晚餐或在剧院看完演出之后。

（3）法国。法国人最讨厌初次见面就送礼，一般可在第二次见面时送。法国人喜欢有文化和美学内涵的礼品，如唱片、磁带、艺术画册等。他们常喜欢名人传记、回忆录、历史书籍，讨厌那些带有公司标志的广告式礼品。法国人认为在接受礼品时若不当着送礼者的面打开包装，是一种无礼的表现。

（4）德国。德国人喜欢价格适中、典雅别致的礼物，包装一定要尽善尽美。

（5）日本。日本人盛行送礼，他们既讲究送礼，也讲究还礼。一般要等日本人送礼后再回送礼物给对方，以免造成误会。他们比较注重牌子，喜欢名牌礼物和礼品的包装，但不一定要贵重礼品。送礼通常送对其本人用途不大的物品为宜。送礼者不要在礼物上刻字作画以留纪念，因他还要将此礼品继续送出去。要选择人不多的场合送礼。

（6）韩国。在韩国如被邀请去做客，不可空手前往，应带一份小礼物，并一定要用双手奉上。韩国人接受礼物时，不会当面打开。韩国人喜欢本地出产的东西，故你在送礼时只需备一份本国、本民族、本地区的特产为好，但是不能以食品作为礼物，也不能送日本货给韩国人。

（7）新加坡。接待客人一般是请客人吃午饭或晚饭。到新加坡人家里做客，可以带一束鲜花、一瓶美酒或一盒巧克力作为礼物。新加坡人对玉饰、陶饰等很欢迎。新加坡人对“恭喜发财”这句祝福话极其反感，因此与新加坡人交往时一定要注意。

（8）沙特阿拉伯。沙特阿拉伯人喜欢赠贵重物品，也喜欢得到贵重物品，喜欢名牌和多姿多彩的礼物，不喜欢纯实用性的东西。初次见面不能送礼给他们，不能送旧物品和酒。向沙特阿拉伯人送礼要尊重其民族和宗教习俗。不要送古代仕女图，因为沙特阿拉伯人不愿让女子的形象在厅堂高悬；不要送酒，因为多数阿拉伯国家明令禁酒；向女士赠礼，一定要通过她们的丈夫或父亲，赠饰品给女士更是大忌。

课堂互动

一、涉外交往礼仪测试

（一）情景描述

下面是一组有关涉外交往礼仪的判断题，根据自己的判断，在括号内画“√”或“×”。

1. 可以根据实际情况提高迎送规格。(　　)
2. 普通商务迎送活动中，不需要举行升旗仪式。(　　)
3. 参加悼念活动时，可以鞠30度躬。(　　)
4. 吻手礼的受礼者，只能是女士，成年女性即可。(　　)
5. 心情不快时，可以拒绝收礼。(　　)
6. 美国人常常在应酬中送出礼物，以示惊喜。(　　)
7. 英国男士喜欢送给未婚女士百合花预示着她的纯洁。(　　)
8. 给日本人送礼时，最好在礼物上写下祝福语。(　　)
9. 去韩国做客，带上泡菜会令主人十分开心。(　　)
10. 韩国人不喜欢以日本产品作为礼物。(　　)
11. 给新加坡人送礼时说一声“恭喜发财”会使气氛更愉快。(　　)
12. 阿拉伯女士喜欢他人送给自己首饰。(　　)

（二）评估标准和结果分析

题号	1	2	3	4	5	6	7	8	9	10	11	12
画“✓”得分	1	1	0	0	1	0	0	0	0	1	0	0
画“×”得分	0	0	1	1	0	1	1	1	1	0	1	1

各项得分相加得出测试总分。

10分及以上，表明你已经很好地掌握了涉外交往礼仪。

6～9分之间，表明你对涉外交往礼仪知识的掌握程度一般，需继续提升。

5分及以下，表明你对涉外交往礼仪的知识掌握较差，应努力学习。

二、东西方会面礼仪PK

（一）训练过程

1. 将全体成员分为三组，一组为通用礼仪，一组为东方礼仪，一组为西方礼仪。

2. 三组成员挑选各自最具有代表性礼仪规范。

3. 按顺序上台表演，每组5分钟。各组可派出代表进行表演，也可全组成员进行现场秀。

4. 总结评奖。

（二）关键点提示

1. 其挑选礼仪是否具有代表性。

2. 上台表演者的礼仪是否规范、得体。

第三节　部分国家习俗与禁忌

案例导入

入境忌讳

张女士是一个白领，她机敏漂亮，待人热情，工作出色。有一回，张女士所在的公司派她和几名同事一道，前往东南亚某国洽谈业务。可是，平时向来处事稳重、举止大方的张女士，在访问那个国家期间，竟然由于行为不慎，而招惹了一场不大不小的麻烦。事情的经过是这样的：

张女士和她的同事一抵达目的地，就受到了东道主的热烈欢迎，在随之为他们特意举行的欢迎宴会上，主人亲自为每一位来自中国的嘉宾递上一杯当地特产的饮料，以示敬意。轮到主人向张女士递送饮料之时，一直是“左撇子”的张女士不假思索，自然而然地抬起自己的左手去接饮料，见此情景，主人神色骤变，重重地将饮料放回桌上，扬长而去。

原来，在那个国家里，人们的左右手有着明显的分工。正规情况下，右手被视为“尊贵之手”，可用于进餐、递送物品及向别人行礼。而左手则被视为“不洁之手”，用左手递接物品，或是与人接触、施礼，在该国被人们公认为是一种蓄意侮辱。所以，张女士在这次交往中犯忌了。

【思考】礼仪受国别、地域、宗教信仰、文化背景、民族特征、社会风俗和政治制度等因素的影响，不同国家、不同地区的礼仪会有所差别，形成不同的礼仪文化。因此，在国际交往活动中，要了解、尊重有关国家的习俗，避讳其禁忌，做到因人施礼。

一、美国

1. 日常习俗

（1）见面时通常点头致意、打声招呼，而不一定握手。

（2）拜访一个美国家庭，事前约会是必不可少的，否则就会被当成不速之客，甚至吃闭门羹。在美国人家中做客，不必过分拘礼，不要轻易吸烟。

（3）赴约要守时，做客时更要彬彬有礼，自然大方。首先要敲门或按门铃，得到主人允许之后才进门。

（4）美国人不随便送礼。逢到节日、生日、婚礼或探视病人时，送礼还是免不了的。最盛行的是在圣诞节互赠礼品。探病大多是送鲜花，有时也送盆景。

2. 饮食习惯

一般情况下，美国人对饭菜没什么讲究。他们注重饮食的质量，而不讲排场。美国人早餐一般是牛奶、面包、果汁，晚餐较为丰盛。美国人爱吃牛排、猪排。美国流行快餐文化。做客的时候，上菜之后，客人一般要待女主人动手吃后才开始吃。饭后，也应由女主人领头离席，客人才离席。美国人不喜欢餐盘有剩的食物。

3. 禁忌

（1）美国人讨厌蝙蝠，认为是凶神恶煞的象征。因此，凡有蝙蝠图案的旅游商品，不能向美国旅游者介绍，以免引起麻烦。

（2）美国人喜欢白色、蓝色，不太喜欢红色。

（3）忌讳在公共场合携手而行或勾肩搭背。

（4）忌讳数字“3”和“13”。

（5）忌问个人收入及财产情况。

（6）忌问女士年龄、婚否及衣饰价格。

二、英国

1. 日常习俗

（1）相识和交际习惯于介绍。在介绍之前可能显得冷漠寡言。称呼时，常常使用荣誉头衔，重视荣誉和身份，尊重传统和资历，可以和名字相互称呼。

（2）交谈时天气、历史、建筑和园艺被认为是恰当的，不要谈论涉及宗教、政治和有关王室的话题。不要谈论北爱尔兰、金钱和价格等内容。

（3）约会需经事先安排，准时赴约，可以稍稍晚到，但不可以很早到达。

（4）习惯于握手致意，但不要交叉握手。

（5）尊重隐私，免谈私人问题。

（6）一般不邀请客人到家中用餐，商务招待活动大多数安排在宾馆、饭店或餐馆进行。

2. 饮食习惯

（1）英国人有一日四餐的习惯，早餐、午餐、午后茶点和晚餐。

（2）英国人喜欢中国的京菜、川菜、粤菜。

（3）英国人爱喝茶，把喝茶当作必不可少的一种享受。英国人喝茶的习惯是先往杯子里倒入冷牛奶或鲜柠檬，加点糖，如果先倒茶后加牛奶会被认为没教养。

（4）受到款待后，要写信表示感谢。

（5）在斋戒日和星期五，英国人正餐吃炸鱼，不吃其他肉。

3. 禁忌

（1）英国人忌用大象图案，把孔雀看作淫鸟、祸鸟。

（2）忌用人像作商品装潢。

（3）不要以百合花做礼物送人，百合花意味死亡。

（4）不要系杂色领带，以免与英国各学校的制服领带相仿。

（5）与英国人交谈，不要涉及王室、教会及地区矛盾等敏感话题。

（6）英国人忌讳绿色、黑色、红色。

【小知识】　　英国人社交习俗特点的概括

英国客人重仪表，风度翩翩气质好；
处事稳重不随便，小心谨慎不毛糙；
社交乐于很坦率，忌讳转弯假客套；
私事反对他人问，因为无须你知晓；
女士优先最盛行，礼貌规矩不可少。

三、法国

案例

一对夫妇的两家法国餐厅故事

度新婚蜜月时，我和先生准备第一个晚上奢侈一下，去一家昂贵的法国餐厅就餐。当时我们两个是刚刚大学毕业的、正在热恋的孩子，对美食充满了好奇，点完菜后，侍者问我选择哪种佐餐的葡萄酒，因当时没有喝葡萄酒的经验和兴趣，我先生婉拒了侍者的请求，点了我们爱喝的汽水。侍者立即面露不悦，余下的那个晚上态度冷若冰霜。回头想想，去法国餐厅就餐不喝葡萄酒是多么“没文化”的表现，我们因此冒犯了那位侍者。

当我们纪念结婚5周年时，我在先生不知情的情况下事先订了一间海边豪华旅馆，希望给他一个惊喜。那天晚上，我们同样决定奢侈一番，准备到旅馆最昂贵的餐厅就餐，碰巧，同样是家法国餐厅。谁知刚到门口就被拦住了，因为来此就餐的男士要求穿西服，扎领带，但我先生没戴领带。幸运的是，领班亲切地给我们引位，借给我们一打领带供挑选，解除了我们的尴尬。正式法国大餐的着装礼仪就是我们这次就餐的意外之得。整个晚上，调酒师耐心地向我们介绍法国饮酒文化，食物与酒搭配的艺术，告诉我们如何选酒。他的热忱和耐心，以及对酒的热爱感染了我们，使得我们想了解更多有关的品酒礼仪。从聊天中他发现我们是来纪念结婚周年庆的，因此特意请来小提琴手为我们演奏一曲，让我们大为惊喜。我们度过了一个如此美妙的夜晚，之后，我们决定了解更多饮酒的知识，还因此参加了品酒的短期培训。

【思考】第一家餐厅的记忆让人难受，第二家餐厅的奇遇值得回味。花很少的一点时间去学习这些西方用餐礼仪，会使你在餐桌前更加快乐愉悦。

1. 日常习俗

（1）在社交场合与客人见面时，大都以握手为礼。一般是女子向男子先伸手，年长者向年少者先伸手，上级向下级先伸手。少女通常向妇女施屈膝礼。

（2）有耸肩膀表示高兴的习惯。同人交谈时，喜欢相互站得近一些。

（3）法国妇女装朴实风格走俏，素色衣裳尽领风骚，男人特别注重穿着和仪表，出门前总要刮脸梳头，在外面总是衣冠整齐，令人赏心悦目。

（4）男女结婚前一般要先订婚，由女方的家长宴请男方的家长及兄弟姐妹，也可同时邀请其他亲友出席。

（5）与法国人会面，可由第三者介绍，也可作自我介绍。法国人谈生意一定要守时，否则不会被原谅。

（6）付小费的项目很多，一般均付账面费用的 15%。

2. 饮食习惯

（1）法式菜肴的特点是选料新鲜，烹调讲究，美味可口。

（2）法国人特别善饮，几乎餐餐离不开酒，爱喝葡萄酒和苹果酒。

（3）当地人大都爱吃中国菜，仅巴黎就有中餐馆 3000 多家。

（4）绝大多数人在餐桌上饮不碰杯，食无声响。

3. 禁忌

（1）在法国，不得提出年龄、职业、婚姻状况、宗教信仰、政治面貌，甚至个人收入等问题。忌讳过多谈论个人私事。

（2）如果初次见面就送礼，法国人会认为你不善交际，甚至认为“粗俗”。

（3）法国人忌讳“13”及“星期五”。

（4）忌讳男人向女人送香水和化妆品。

（5）法国人厌恶用英语交谈。

四、德国

1. 日常习俗

（1）在社交场合与客人见面时，一般行握手礼。与熟人朋友和亲人相见时，一般行拥抱礼。

（2）举止庄重，讲究风度。与德国人相处时，几乎见不到他们皱眉头等漫不经心的动作。

（3）德国人不喜欢服装花哨，注重衣冠的整洁，穿西装一定要系领带。在赴宴或到剧院看文艺演出时，男士经常穿深色礼服，女士则穿长裙，并略施粉黛。在东部地区，已婚者都带上金质戒指。

（4）德国人看重职衔、学衔、军衔，喜欢称呼时带上头衔。

案例

德国人对博士学位的重视

在德国，获得博士学位是一件大事。国学大师季羡林的《留德十年》中有这么一段记载，在季羡林通过博士答辩的当晚，房东太太就郑重其事地更改了对他的称呼——博士先生。在德国，拥有博士头衔的人可以申请将头衔印在护照和其他证件上，这在他们看来是一件很自豪的事。

（5）一旦约定时间，迟到或过早抵达都被视为不懂礼貌。

（6）交谈时，喜欢原野风光方面的话题。

（7）不随便停车，更不会闯红灯。在列车上大多有禁烟或可抽烟的标志。每年 5 月至 10 月是旅游旺季。

2. 饮食习惯

（1）德国人举办大型宴会时一般是在两周前发出请帖，并注明宴会的目的、时间和地点。

（2）宴会上有个习俗，就是吃鱼的刀叉不能用来吃别的。

（3）德国人饭后有喝咖啡的习惯，平时喜欢喝啤酒。

3. 禁忌

（1）与德国人打招呼时要带上头衔，如某博士、某教授等，切不可称呼名字。

（2）交谈中不要议论打垒球、篮球或美国式的橄榄球，最好谈德国的原野、个人的业余爱好和足球之类的体育项目。

（3）交谈时不要打听个人私事及德国统一后的国内政治问题。

（4）忌讳吃核桃。

（5）德国人认为红色、茶色、深蓝色是不吉利的颜色。

（6）忌讳在服饰或其他商品上使用纳粹标志。

五、俄罗斯

1. 日常习俗

（1）俄罗斯人的姓名由三部分组成：本名、父名、姓。俄罗斯女性婚前用父亲的姓，婚后用丈夫的姓，本人的名和父名不改。俄罗斯人见面时，通常以姓相称，初次见而或极为正式的场合，才将姓名连一起称呼。

（2）对于初次见面的人习惯于握手，对于久别重逢的朋友，多会拥抱并亲吻对方面颊。

（3）拜访俄罗斯家庭时，进屋后应自觉脱下外套、帽子、手套。

（4）在俄罗斯民间，已婚妇女必须戴头巾，以白色为主；未婚姑娘不带头巾。

2. 饮食习惯

（1）俄罗斯人讲究大实惠，油大味重。

（2）俄罗斯人以面食为主，爱吃黑面包，俄罗斯的特色食品还有鱼子酱、酸黄瓜、酸牛奶等。

（3）俄罗斯人的早餐简单，午餐、晚餐较为丰富。吃水果时，几乎不削皮。

（4）俄罗斯人能喝冷饮。爱喝伏特加酒，不爱喝葡萄酒。

3. 禁忌

（1）称呼女性时，切莫用“太太”。

（2）遇见老者、妇女、上级时不应主动伸手，要等对方先伸手。

（3）与人交谈时，切莫说“你发福了”之类的话。也不要说“你应该”之类的话，会被认为发号施令。俄罗斯忌讳的话题有：谈论政治矛盾、经济难题、宗教矛盾、民族纠纷、苏联解体、阿富汗战争及大国地位问题。

（4）忌讳以左手触碰他人或递送物品。

（5）数字方面，俄罗斯人喜欢数字“7”，认为是成功、美满的吉兆。

六、日本

1. 日常习俗

（1）日本人见面一般都互致问候，脱帽鞠躬，表示诚恳、可亲。初次见面，互相鞠躬，交换名片，一般不握手。

（2）日本人在听对方讲话时，目光一般望着对方的双肩与胸之间的部位。

（3）日本人行“站礼”时，双手自然下垂，手指自然并拢，随着腰部的弯曲，身体自然向前倾。行最高站礼时，腰要弯到脸面几乎与膝盖相平的程度。接受晚辈行礼时，背和脖颈要挺直；平辈之间，腰要稍弯，脊背要直，头不宜向下垂，腰弯曲，上身向前倾斜。

（4）“坐礼”一般在日本式房间的“榻榻米”（房内地板上铺的垫席）上进行。

（5）日本人拜访他人时一般要避开清晨、深夜及用餐时间。在拜访他人时常带些礼物。现在送一些土特产和工艺品更受欢迎。

2. 饮食习惯

（1）日本人爱吃生鱼。

（2）日本人爱喝茶、爱喝酒。

（3）日本人偏爱甜食。

（4）日本人早上一般吃稀饭，午餐、晚餐吃米饭。

（5）日本人喜欢吃比较清淡的菜，不喜欢吃猪内脏和羊肉。

（6）日本人斟酒时要右手拿着酒壶，左手从下面托着壶底，但千万不能碰着酒杯。

3. 禁忌

（1）忌讳荷花图案，认为荷花是妖花。

（2）忌讳绿色，认为绿色不祥。

（3）在日本，三个人不能合影，他们认为中间的人被两个人夹着是不祥的预兆。

（4）在日本发信时邮票不能倒贴，倒贴是绝交的表示。

（5）日本人忌讳别人打听他的收入。

（6）年轻女士忌讳他人询问她的姓名、年龄及是否结婚。

案例

日本草莓族上班前恶补职场礼仪

日本草莓族现在逐渐进入社会，让企业大伤脑筋，草莓族自己也胆战心惊，为了教导草莓族职场上应对进退之道，除了各种相关书籍纷纷出笼，甚至还有厂商推出电玩游戏。有的草莓族干脆在求职之前，先到补习班职前训练一番。据报道，这样的训练课程一个人要7万日元，有日本年轻人说：“我希望在30岁时能当上经理，先来做好职场准备是有必要的。”

训练的课程还包括实地演练拜访客户的各种状况，像如何拿出自己的名片，还有对话时怎样才能让客户满意，这让抗压能力较低的日本草莓族先接受了职场的震撼教育，为步入职场打下基础。

七、泰国

泰国是中国人2015年出境旅游首选目的地，当年旅游泰国的中国人超过800万人次。熟悉泰国国情对我们相当重要。

1. 日常习俗

（1）泰国城市中的男子在正式社交场合通常穿深色的西装，打领带。妇女在正式社交场合穿民族服装，也可穿裙子；在日常生活中，可穿各式流行服装，但在公共场合忌穿短裤。

（2）在泰国，进入佛殿要脱鞋，进入当地人家的客厅也要脱鞋。

（3）泰国人见面时通常合掌说声“萨瓦迪卡”（你好）。

（4）泰国人的婚礼必须邀请德高望重的僧人主持仪式，新郎和新娘还要接受客人的祝福。泰国人的出生和丧葬，要按佛教习俗办理。

（5）到泰国从事商务活动的最佳时间是11月到翌年3月，与大公司打交道须在赴泰国前两个月约定。

（6）当地人习惯给年龄大的人让座。僧侣坐后面，避免与妇女接触。

（7）在泰国，小汽车的后座是上座。主人请外宾上车时，总是让客人和接待主人一起坐到汽车后座上，一般工作人员则坐到司机座位旁边。

泰国是一个信奉神佛的国家，因此有很多约定俗成规矩。如未经允许，严禁任何人对佛像拍照；泰国人认为门槛下住着善神，因此绝对不可以踩踏门槛；夜间也不能开窗户，否则恶神会闯入屋内。

2. 饮食习惯

（1）泰国人的主食是大米，特爱吃辣椒，而且是越辣越好。不爱吃牛肉，不喜欢酱油。

（2）泰国人早餐多吃西餐，午餐、晚餐多吃中国的粤菜川菜。

（3）泰国人不喝热茶，而习惯在茶里放冰块，称为冰茶。

（4）用餐时，泰国人习惯围着小圆桌跪膝而坐。

（5）用手抓食，不用筷子，但现在有用叉子和汤匙的。

3. 禁忌

（1）泰国人重视人的头部，摸人的头是极大的侮辱。

（2）睡觉忌头朝西方，认为日落西方是死亡的象征。

（3）忌用红笔签名。

（4）泰国人就座时忌讳翘腿，认为鞋底对着人是把别人踩在脚下，是一种侮辱性行为。

（5）不能把东西扔给别人，他们认为这是不礼貌的。

（6）穿背心、短裤或赤胸裸背进入寺庙被视为玷污圣堂、亵渎神灵，是严格禁止的。

课堂互动

他国礼仪认知测试

下面是一组部分国家习俗与禁忌的判断题，自己的判断，在括号内画“√”或“×”。

1. 在美国人家中做客，不必过分拘礼，但不要轻易吸烟。上菜之后，客人一般要等女主人动手吃后才开始吃。饭后，也应由女主人领头离席，客人才离席。

2. 英国人约会需经事先安排，准时赴约，可以稍稍晚到，但不可以很早到达。

3. 同英国客户交谈时，可以谈谈天气、历史、建筑和园艺被认为恰当，不要谈论涉及宗教、政治和有关王室的话题。

4. 可以送百合花给英国客人。

5. 法国人忌讳“13”及“星期五”，忌讳男人向女人送香水。

6. 在德国赴宴时，吃鱼的刀叉不能再用来吃别的东西。

7. 于初次见面的朋友，俄罗斯人多会拥抱并亲吻对方面颊。

8. 日本人见面一般都互致问候，脱帽鞠躬，表示诚恳、可亲。初次见面，互相鞠躬，交换名片，一般不握手。

9. 在日本时，注意不在清晨、深夜和用餐的时间拜访日本人。

10. 给日本客人送礼物时，不用绿色包装纸包装，同时，尽量避免赠数字为“4”和“9”的礼品。

11. 在泰国旅游或进行商务活动，在进入当地人家的客厅时，先脱去鞋子。

12. 到泰国从事商务活动的最佳时间是3月到11月，与大公司打交道须在赴泰国前两个月约定。

题号	1	2	3	4	5	6	7	8	9	10	11	12
√	1	1	1	0	1	1	0	1	1	1	1	0
×	0	0	0	1	0	0	1	0	0	0	0	1

各项得分相加得出测试总分。

9分及以上，表明你已经很好地掌握了有关国家的习俗与禁忌。

5～18分之间，表明你对有关国家，习俗与禁忌知识的掌握程度一般，需继续提升。

4分及以下，表明你对有关国家习俗与禁忌知识的掌握较差，应努力加强。

实践训练

活动一：情境再现演练

（一）程序和规则

1. 每组2～3人，由组长带领，自行设定选用以某个国家为情境背景，用时10分钟。

2. 组内进行见面交谈、商务礼仪、旅游礼仪等模式演练。

3. 按顺序上台表演，每组5分钟。各组可派出代表进行表演，也可全组成员进行现场秀。

4. 总结评奖。

（二）关键点提示

1. 情境设计思路是否流畅、具有整体故事性。

2. 情境过程是否涵盖较多礼仪内容。

3. 上台表演者的礼仪是否规范、得体。

活动二：讨论

一家日本公司和一家美国公司的代表将在夏威夷进行商务洽谈，双方都想表达对对方风俗和文化的尊重。

美国公司方面要求他们的代表团成员穿着三件套西装，并且在会晤时行鞠躬礼，因为日本人的着装一般比美国正式，而且见面鞠躬是日本传统问候礼节。而日本公司方面则向他的代表团强调美国人很随便，要求着装随便些，见面时同他们握手就行。

可以想象，双方的第一次见面是非常有趣的，当穿着夏威夷花衬衫的日本代表伸出手时，西装革履的美国人却正准备鞠躬。双方都意识到，尽管彼此的行为方式不同，但都显示出愿与对方合作的诚意，从而使对方的关系更加融洽。

讨论：

1. 为什么双方第一次见面的场景比较滑稽，但却能更好地展开合作？

2. 这个案例体现了涉外商务礼仪的哪些内容？

活动三：制定迎送接待方案

国外某大学一代表团（5 人组成）前往清华大学访问，开展交流，寻求合作。代表团 5 人中有 2 人是女士，代表团负责人是副校长，其他 4 位分别是外事秘书 1 人、物理学院和化学学院教授 3 人。代表团将于 2021 年 5 月 18 日 17：20 抵达首都机场开始为期 2 天的访问。结合所学内容，制定迎送接待方案。

推荐阅读

1. 金正昆：浙江东阳人，生于 1959 年。知名的礼仪与公共关系专家，现任中国人民大学国际关系学院外交学系主任，礼仪与公关研究中心主任。主要从事外交学、传播学、礼仪学与公共关系学研究。现为多部门礼仪顾问，中国人民公安大学等多所高校兼职教授。

2. 金正昆主编及著作：21 世纪实用礼仪系列教材：《涉外礼仪教程（第 2 版）》《外事礼仪》《商务礼仪》《公司礼仪》《国家公务员礼仪教程》《大学生礼仪》等。